古代国家形成期の東国

眞保昌弘 著

同成社

目　次

序　章　中央集権的国家形成期の在地社会
　　　　——坂東と陸奥国を中心として—— ………………………………………… 3

第 1 章　坂東における中央集権的国家の形成 …………………………………… 7

第 1 節　坂東を中心とした中央集権的国家の形成
　　　　——寺院・官衙の造営と在地社会—— ………………………………… 7
　　1　各地の遺跡とその様相　8
　　2　遺跡からみた各種の特徴　38
　　3　地域支配の二面性　45

第 2 節　上野三碑とその周辺 …………………………………………………… 47
　　1　上野三碑成立前の様相　47
　　2　総社古墳群について　49
　　3　上野三碑とその周辺　51
　　4　わが国の古碑と上野三碑　54
　　5　周辺での寺院、評（郡）衙の様相　57
　　6　地域的特質について　60
　　7　上野地域の役割　61

第 3 節　那須国造碑と渡来人 …………………………………………………… 64
　　1　那須国造碑の輪郭　64
　　2　国造碑から韋提の実像に迫る　66
　　3　国造碑とその周辺——那須の産金について——　71
　　4　那須国造碑の語るもの　71

第2章　坂東と陸奥国にみる接圏地域の歴史的特性 …… 73

第1節　那須の独自文化圏
　　　　　——那珂川と東山道の交流・交通—— …… 73
　　1　那須の地域的特色　74
　　2　古墳時代の那須地域の動向　77
　　3　古墳にみる「那須」と「下毛野」　81
　　4　「那須」独自文化圏の継承　84
　　5　「那須郡役所」那須官衙遺跡　85
　　6　坂東と陸奥——東山道と交通——　87
　　7　那須の「神」と資源、技術　90
　　8　道の推移と那須　93

第2節　下毛野と那須の古墳から寺院・官衙へ …… 95
　　1　下毛野地域の古墳から寺院・官衙へ　96
　　2　那須地域の古墳から寺院・官衙へ　99
　　3　「下毛野」と「那須」から「下毛国」へ　105

第3節　那須と白河・多珂と石城
　　　　　——接圏から境界へ—— …… 108
　　1　歴史的にみる関東と東北　108
　　2　中央集権的国家形成前後の東国　109
　　3　陸奥国成立と諸段階　110
　　4　東山道と東海道から、陸奥国へ——石城石背2国の分置——　111
　　5　那須から白河へ　112
　　6　多珂国造から多珂・石城2評（郡）へ　113
　　7　境（国）界の厳然化　114

第3章　瓦からみる中央集権的国家形成期の陸奥国 …… 117

第1節　陸奥国腰浜廃寺跡出土の素弁系鐙瓦と製作技法 …… 117
　　1　腰浜廃寺跡の概要　117
　　2　素弁系鐙瓦について　119

3　創建期に関わる諸題点　123
　　　4　鐙瓦にみる地域のつながり　126

　第2節　陸奥国夏井廃寺跡出土古瓦の基礎的研究……………………………………128
　　　1　夏井廃寺跡の概要　128
　　　2　軒先瓦の分類　130
　　　3　接合技法　139
　　　4　供給瓦窯跡　140
　　　5　瓦群のセットとその変遷　142
　　　6　供給瓦窯跡と歴史的背景　147
　　　7　鐙瓦の文様系譜と年代観　149
　　　8　陸奥国南部出土古瓦の様相　154
　　　9　夏井廃寺跡出土瓦の特性　155

　第3節　陸奥国南部に分布する二種の複弁系鐙瓦の歴史的意義………………………158
　　　1　山王廃寺系複弁蓮花文鐙瓦　158
　　　2　複弁6葉蓮花文鐙瓦　162
　　　3　文様と技術の系譜　166
　　　4　上・下野国の陸奥地域への関与　166
　　　5　上・下野系鐙瓦分布の意義　167

　第4節　古代陸奥国初期寺院建立の諸段階
　　　　　　──素弁・単弁・複弁系鐙瓦の分布とその歴史的意義──………………170
　　　1　素弁8葉蓮花文鐙瓦　170
　　　2　有稜素弁8葉蓮花文鐙瓦　171
　　　3　有稜素弁系鐙瓦と接合技法　175
　　　4　山田寺系単弁8葉蓮花文鐙瓦　176
　　　5　山王廃寺系複弁7、8葉蓮花文鐙瓦　180
　　　6　川原寺系複弁6葉蓮花文鐙瓦　182
　　　7　瓦採用の諸段階とその分布　184

　第5節　出土瓦にみる中央集権的国家形成期の陸奥国支配体制の画期とその側面……187
　　　1　陸奥国における郡衙・寺院の造営と瓦葺　187
　　　2　陸奥国における坂東北部系瓦群の採用　192

3　陸奥国内での多賀城様式瓦群　193
　　　4　常陸国の多賀城系瓦群——那賀郡衙（台渡里廃寺跡長者山地区）について——　199
　　　5　歴史的位置づけとその背景　201
　　　6　瓦から読む「坂東」と陸奥国　205

終　章　坂東と陸奥国の在地社会からみる古代国家形成期の視座 …………209
　　1　伝統的地域の継承と中央集権的地方支配の展開　209
　　2　在地社会にみる譜第意識とその表示　213
　　3　坂東と陸奥国にみる地域間の歴史的特性　214
　　4　陸奥国の地方支配施設からみる中央集権的国家形成期の特性　216
　　5　寺院・官衙の瓦からみた蝦夷・隼人施策の比較　218
　　6　考古学資料の語るもの　221

参考文献　223

あとがき　239

古代国家形成期の東国

序　章
中央集権的国家形成期の在地社会
——坂東と陸奥国を中心として——

　秦漢帝国以降の中国における統一国家出現にともない、東アジア諸国では、国家基盤の強化が図られるなど大きな転換を迎えることとなった。わが国でも強固な国家を形成するため、隋や唐を範に、大王（天皇）を中心とした集権的国家の形成が進められていく。その起点とされるのが「大化改新」であり、大化2（646）年正月甲子（1日）条の「改新の詔」には、大宝令による潤色がみられるものの、公地公民、国家と地方組織の整備、戸籍計帳、班田収授、租税などの施策が示されるのである。

　わが国は中央集権的国家を築くための制度として中国で形成された律令を継受した。ほぼ踏襲される律などのほか、わが国固有の伝統に基づくところが見え、古代国家の支配制度に独自な方向性を読み取ることができる。特に唐では、わが国の郡に相当する約1500の県にまで令、丞、尉の三官が派遣されるのに対し、評督（郡司）は氏族世襲など伝統的に任用される譜第主義が図られ、国造系譜の地方豪族に一定の配慮がなされる。このことから、中央集権的国家の構築にあたっては、在地社会における地方豪族の持つ直接的な支配権を行政的、制度的に継承することに大きな力が注がれたことをうかがうことができる。

　このような視点に立ち、中央集権的国家体制の構築が急速に進められた7世紀後半から8世紀前半にかけての約100年間、古代国家の支配制度の特質ともいえる在地社会の動向を明らかにするため、考古学的な資料から考察したのが本書である。

　全国一律となる中央集権的地方支配のため、地方豪族を官人として取り込み、豪族居館に代わって行政的施設である評（郡）衙を造営することが、在地社会からうかがえる最も大きな変化とすることができる。同じ地方支配施設である国府は、天武12（683）年の諸国境界の画定が進み、領域支配の基礎が築かれることにより、中央から派遣される国司が常置するための支配拠点として整備される。現状の調査では、国府は7世紀末から8世紀初めに造営される事例が多い。このことからも7世紀後半に古墳時代の国造から引き継がれ、孝徳朝に設置される評に伴う官衙である評（郡）衙を主な検討対象とすることになる。ほかにも蝦夷対策など軍事機能をもつ城柵、民衆を思想面で支配教化する場としての寺院が、国家による支配において重要な役割を担う地方支配施設とすることができる。これらの施設と前代の遺跡である古墳や豪族居館から見る伝統地域の継承、官衙の構造と関連施設の変遷、古代道との関わり、官衙や寺院に葺かれる瓦から読み取れる交流などの検討を通して、在地社会の動向を読み解くことができれば、古代国家が中央集権的な体制を構築する中で重視した地域支配がどのように行われてきたのかを、地方の視点から明らかにすることができる。ここに本書の主旨がある。

対象地域としては、調査事例が多く、地理的、歴史的にも関わりが深い坂東と陸奥国を中心に検討を加えるものである。両地域は、後に畿内となる「高市・葛木・十市・志貴・山辺・曾布」の倭国六縣とともに国司が派遣される東国に位置し、『日本書紀』には、大化元（645）年8月庚子（5日）条を始め、3回にわたる東国国司の記事が見える。目的は戸籍登録と田畝調査、国造支配権の確認、国造など地方豪族層の審査と中央への申告、武器収公であり、中央集権的支配基盤の形成が図られたことがわかる。重視された理由には、古墳時代にさかのぼるヤマト王権との経済的、軍事的な関わりをもつ上毛野地域と上毛野君の存在、さらに背後に国家の北限域となる陸奥国とその北方に支配の及ばない地域の存在や蝦夷対策が考えられる。

　坂東は、防人徴発範囲である遠江、信濃以東を指す東国のなかでも、足柄、碓氷坂以東となる現在の関東地方にあたる。養老4（720）年の蝦夷の乱により、神亀元（724）年の陸奥国多賀城の設置にみる長期的戦略に基づく兵站拠点として、より軍事的な役割が課され、従来の上毛野などの一氏族、一地域の対応は下毛野とともに坂東北部、さらに「坂東」に引き継がれる。そして古墳時代からヤマト王権を支える軍事、経済、人的基盤であるバックグランドとして、さらには地理的にも背後の蝦夷対策を含む陸奥国を控え、辺境開拓のフロンティアとして重視され続けた。

　古墳時代から奈良時代への在地社会は、首長墓である終末期古墳と評（郡）衙や寺院との時間的、地理的な継続性がうかがえ、比較的円滑に移行するものが多いことがわかる。特に上毛野、下総、武蔵、陸奥国での例はその代表となる。『常陸国風土記』には、大化5（649）年、国造の支配領域を新たに分割再編し、評が設置されることが記される。遠江、信濃以東で陸奥を含めない国造数は、東山道域で6、東海道域で22、計28であったものが、『倭名類聚抄』による郡数はそれぞれ44、59の計103と3倍以上に増加する。このことは、地域の分割や再編を繰り返し、国造層はもちろんのこと新たに王権と結びつき郡領層となる地方豪族の姿がうかがえる。

　陸奥国は、およそ阿武隈川下流域の南北で国造設置、未設置地域に区分され、古墳時代から続く首長墓、評（郡）衙などの官衙や寺院の造営状況に相違が認められる。しかし、8世紀初めには蝦夷居住域が複雑に入り込む「黒川以北十郡」と一括して呼ばれる大崎平野まで陸奥国支配施設である評（郡）衙や寺院が造営され、領域的支配と仏教教化が及んでいる。周辺は、いずれも領域が狭く、『和名類聚抄』にみる管内郷数は2から5郷で平均3.3郷となる。これ以南の東山道は、平均7.2郷であり、規模が極端に小さいことがわかる。これと似た状況は、薩摩国13郡のうち北部の出水郡、高城郡を除く、いわゆる「隼人十一郡」でも11郡で24郷、1郡あたり2.2郷となり、中には1郡1郷も3例ある。陸奥国と薩摩国でみられる1郡内での少数郷は、国家の東西両端で実施された蝦夷と隼人に対する支配施策の表れと考えられる。

　東国への国司派遣は、地方支配の実態把握にその役割があり、国造のもつ支配権を存置したままとなるなど懐柔的であったと考えられる。これに対して武器収公は、管理権を国家が掌握するという実効的なものとなるが、蝦夷と境を接するところでは武器の掌握後、所有者に返すという措置が図られる。このことは「饗給、斥候、征夷」という任が求められる陸奥国司への職務と同様、蝦夷対策への特殊な取扱いが指摘できる。

　これら陸奥国で造営される支配施設の評（郡）衙では、全国でも稀な瓦葺によって整備されるこ

とが多くの遺跡から明らかであり、隣接する寺院でも同范瓦群が採用され、計画的な造営が図られる。これらの瓦群は、畿内に祖型をもつ山田寺系単弁8葉蓮花文と川原寺系複弁8葉蓮花文鐙瓦(3)などの坂東北部系瓦群であり、陸奥国中央集権化への畿内および坂東からの強い関与を示している。

　養老2（718）年5月乙未（2日）条には、陸奥国南部で石城石背2国を分置するなど、着実な中央集権化が進められてきた。しかし、養老4（720）年9月丁丑（28日）条の「蝦夷反き乱れて按察使正五位上上毛野朝臣広人を殺せり」を契機として、軍事基盤の強化など大きな政策転換を迫られることになる。2国は再編され、軍事基盤強化を図る拠点として、新たな国府である多賀城と北部を中心に城柵が整備される。整備に際し、多賀城様式が創出され、付属寺院である多賀城廃寺をはじめ、拠点となる郡衙や寺院にも坂東北部系瓦群に引き続き採用される。前代を含め瓦の移動はきわめて限定的で、祖型の生産に関与した工人によって得た技術が継承され、各地で生産されることになる。このことは、陸奥国支配施設の整備に伴い、坂東からの技術者の派遣や坂東での技術伝習が行われ、陸奥国各地で瓦が生産された可能性を示し、中央集権的支配施設の造営にあっても在地間の結びつきが強かったことを物語る。

　このような中央集権的国家の拡充に伴う城柵、評（郡）衙、寺院の造営と同范などの瓦群の採用は、陸奥国という蝦夷との最前線地域での権力や権威の顕示であり、安定的支配に欠かすことのできない象徴的存在であったと理解できる。ここに時代と地域の特性が最もよく示される。そして、陸奥国を中心に展開する寺院、官衙に採用される瓦群は、祖型が坂東北部となること、さらに坂東の常陸国でも多賀城系瓦群が複数瓦倉の造営とともに認められ、その後の坂東北部での郡衙正倉への瓦葺採用の嚆矢として展開する可能性がある。これらの状況からは、坂東と陸奥国が中央集権的国家形成において在地社会を含め相関する状況を読み取ることができる。ここに「坂東」設置の一因がうかがえるのである。

　陸奥国における中央集権的国家の拡充で重要視される施策として、「華夷思想」がある。これは、中国の国家的統一により支配者である天子が天命に基づき王者として徳化を広め、礼と法の秩序を立てることを理想としたもので、中核が「中華」、周辺の東夷、西戎、南蛮、北狄を差別する観念が生じ、従属の秩序、朝貢の義務を負うことになる。わが国でも蝦夷や隼人を徳化し、支配する日本型「華夷思想」が取り入れられ、その存在は必要不可欠となる。

　陸奥国での状況を考える際、国家の境界域となる出羽国、薩摩国との比較は重要である。蝦夷と関わる出羽国は、和銅5（712）年9月に越後国より出羽郡を割いて建国され、翌10月に陸奥国の置賜、最上2郡を編入し、北陸道から分割された出羽は東山道に属すという複雑な変遷をもつ。出羽国では出羽柵造営後、その機能が秋田城へ移され、奈良時代は国府として瓦葺が採用される。隼人の存在と関わりの深い薩摩国では、国分寺造営に伴い隣接する肥後国分寺系鐙瓦、豊前国分寺系宇瓦が採用されるが、他の寺院や瓦葺の存在はきわめて少ない。このような国府、国分寺を中心とする瓦葺は、陸奥国のような国内一円となる評（郡）衙、寺院への瓦葺採用とは異なる様相であり、陸奥国の独自性をことさら示している。その中で、陸奥国での官衙への瓦葺と、隣接寺院で同范となる共通瓦群が坂東北部系瓦群を中心とすることは、前代からの上毛野、下毛野などの地域や有力豪族からの政治的、文化的な影響を前提とするもので、わが国の国家支配にある華夷思想を示す徳

化と仏教教化が、蝦夷対策を含む陸奥国で強く結びついたものと考えることができる。

　養老4（720）年、蝦夷の乱以後、陸奥国に2国を再編して広域陸奥国を復活させる。さらに蝦夷の居住域と接する黒川以北十郡では、坂東諸国から物資や人員を組織的に導入し、城柵官衙など支配施設を大規模に整備する。一方で、調庸制の停廃、勧農、軍事教練、舎人衛士仕丁などの本国帰還を組織的に実施し、広域陸奥国一国で平時の蝦夷支配を安定的に行える体制を創設する。また、鎮守府、鎮兵制が創設され、坂東を含めて征夷の兵士が徴発される動きが読み取れる。多賀城が成立する神亀元年前後にこの体制が一応の完成をみることから「神亀元年体制」と呼ばれている（熊谷 2000）。

　坂東と陸奥国は、後に東山道となる下野国那須と陸奥国白河、東海道となる常陸国多珂と陸奥国石城間を中心に相互の強い結び付きが認められる。これらは南から北へと一様にもたらされるものではなく、在地社会における伝統や交流の中で展開し、畿内王権の成立以後も畿内から東国、さらに坂東から陸奥国への窓口となり続けた。このことは陸奥国の初見となる斉明5（659）年3月是月条の「道奥国」であることからもうかがえる。中央集権的国家の形成や神亀元年体制による軍事的強化により、坂東と陸奥国を区分する関が整備される。軍事的には、陸奥国とその支援地域である坂東は表裏一体ではあるが陸奥国として一国の軍事的権限、国家としての重要性が増大すると、人や物の移動に制限が加えられることになる。そして、組織的な蝦夷の乱が終息する弘仁年間以降、関としての本来の機能、役割が減じていく中でも、都での遠く離れた辺境、蝦夷の地は歌枕などに用いられ続ける。そのことにより境界としての意識が増長され、当時の関の機能をはるかに凌駕した感覚を植え続け、今日も行政文化面で厳然として存在することになる。本来一体であった両地域は、在地社会ではなく、政治や軍事により意図的に境界が形成されることになるのである。

　中央集権的国家体制の形成過程は、従来、『日本書紀』『続日本紀』などの文献史料による研究では、中央と東国・坂東、中央と陸奥国・蝦夷など、限定的に捉えられがちであった。しかし、本書では、坂東を東国における中央集権化の拠点として位置づけ、さらに「評（郡）衙」「寺院」、「石碑」、「瓦」といった考古資料から、中央集権化の形成過程、領域拡大、中央と密接に結びついた在地社会の様相、そして坂東と陸奥国との関わりをより鮮明に導き出すべく、次章以降、具体的な遺構、遺物などを細詳に分析していくものである。

註
（1）坂東とは、防人徴発範囲である遠江信濃以東をさす東国のなかでも、現在の関東地方に限定した地域の名称として用いる。また、その国々をさす場合には坂東諸国を用い、神亀元（724）年の陸奥国多賀城などの設置に伴って蝦夷に対する長期戦略に基づく兵站拠点として関東地方に設置された「坂東」を用いる際は括弧書きとする。
（2）壬申の乱により成立する天武・持統朝が古代国家の成立期と考えられ、天皇の用語が用いられるようになる。それ以前、列島各地の有力豪族によって営まれる前方後円墳を中心とする政治的連合をヤマト政権、その中枢を構成する勢力をヤマト王権と呼び、そこに君臨する権力者として大王の名称を用いる。
（3）瓦の名称については、歴史用語を基本とする軒先瓦、鐙瓦、宇瓦、男瓦、女瓦を使用する。

第1章
坂東における中央集権的国家の形成

第1節　坂東を中心とした中央集権的国家の形成
—— 寺院・官衙の造営と在地社会 ——

　わが国における中央集権的国家の取り組みは、氏族制社会から大王（天皇）を中心とした国家をめざした、いわゆる「大化改新」以後、急速に進められることになった。中央集権化の推進には厳格な法制度が必要であり、わが国は唐にならい「律令」を施行し、持統3（689）年6月庚戌（29日）に公布された飛鳥浄御原令、大宝元（701）年8月癸卯（3日）に公布される大宝律令において一応の完成をみることになる。

　律令支配の特徴は、1. 国評（郡）里により人民を区分した地域支配。2. 天皇を頂点とする二官八省の中央行政機構と国衙・評（郡）衙に代表される地方行政機構による中央集権的支配。3. 行政機構を構成し公権力をふるう官司制・官僚制の確立。4. 戸籍計帳などによる人民の個別人身的支配。5. 良賤制あるいは公民制という身分制による支配。6. 国家的土地所有などがあげられる。

　なかでも中央集権的国家形成を特徴づける地方支配の拠点となる評の設置は、古墳時代以来、各地に設置されたミヤケなどにみられる領域支配方式の全国化と位置づけられ、文献史料の検討から孝徳朝（645-654年）全面立評されたという説（鎌田 2001）が有力である。従来の人的支配から中央集権的国家の展開は天武朝の国境確定、飛鳥浄御原令施行、大宝律令による国郡里制という領域支配として整備され、国造のクニから評、そして郡へと分割や再編を繰り返しながら成立することになる。これらの拠点施設として地方に評（郡）衙が造営され、国造をはじめ在地豪族が評督（評造）、助督に任じられるなど官司に取り込まれることになる。このような改新後の動きの中で、その2カ月後の大化元年8月庚子（5日）には、ただちに「東国国司」として使者がそれぞれ8地区に派遣される。このほか大王（天皇）直轄地である高市、葛木、十市、志貴、山辺、曾布の「倭国六縣」にも使者が遣わされ、畿内中枢とともに東国において新たな国づくりが進められることになる。

　東国が重要視された要因としては、上毛野君に代表される古墳時代以来の王権による国内外の軍事や経済を支えてきた豪族の存在、中央集権的国家拡充の到達地である陸奥国と接するなど歴史、地理的な要因をうかがうことができる。そして、中央集権化の中で国造から評督、そして郡司へと時代変化に伴う豪族勢力の推移と伝統地域の変遷、それとともに畿内との結びつきをより具体的に解明するためには古墳時代後半以降の在地支配施設となる豪族居館や官衙、権力表示や一族の紐帯をしめす構築物である前方後円墳などの古墳や寺院などの考古学的検討は欠くことができないもの

となっている。
　ここでは、東国でも現在の関東地方である坂東の古墳時代後期から奈良時代にかけて古墳、居館、寺院、官衙などを中心に中央集権的国家の形成過程をみていきたい。また、坂東の歴史的な位置づけを考える上で重要な位置を占める陸奥国との関係についてもふれるものである。

1　各地の遺跡とその様相

(1)　武蔵国橘樹評（郡）衙と周辺遺跡

　武蔵国橘樹評（郡）衙に比定される千年伊勢山台遺跡は、川崎市高津区千年伊勢山台に所在する。多摩丘陵の東側に広がる下末吉台地の北東端を流れる矢上川、江川に侵食された支谷と、北東部は多摩川の氾濫原を見下ろす位置にある。同一台地上の西には白鳳寺院である影向寺があり、周辺には終末期切石積横穴式石室をもつ馬絹古墳などが所在し、古墳から評（郡）衙と寺院へと継続する地域となる（図1-1）。
　平成8（1996）年の調査によって総柱建物群が発見され、のべ8次にわたる確認調査が実施される。建物はすべて掘立柱によるもので台地平坦部に正倉院や雑舎などの建物が配置され、総柱建物21、側柱建物20、床束建物1、区画溝と塀が明らかとなっている（図1-2）。建物主軸は北から西に30°前後と東に60°前後に振れる斜方位が先行し、その後、北方位となる。建物構造も布掘りから壺掘りへの変遷がうかがえる。Ⅰ期の斜方位遺構は8世紀前半までの時期で、隣接する影向寺下層から発見された建物群の方位と同様であり、中央地区となる第2次3地区01、02、03の3間×3間の総柱建物跡が「品」字に配置される。さらに西側では2間×5間となる第3次A、B地区01、02、2間×4間となる第4次A地区01、02の4棟の側柱建物が並列し、建物群は溝により区画される可能性がある。周囲には空閑地があり、他の建物と区別された正倉域を形成し、総柱建物、側柱建物など複数の倉庫群が計画的に配置されている。Ⅱ期の北方位の建物はa、b期が官衙地区として最も整備が進み、c期で縮小される。a期で中央やや北側に東西方向に並んで第7次地区01、02、03など3間×3間となる3棟の総柱建物群、b期は追加造営期となり、北や東へ04などの3間×3間の建物群がまとまりをもって造営される。影向寺の造営は7世紀末から8世紀初頭と考えられ、寺院下層ならびに伊勢山台遺跡Ⅰ期の斜方位建物群はそれ以前となる7世紀第3四半期までさかのぼるものと想定されている。
　天台宗影向寺は、江戸時代文化・文政期（1804～1829）に地誌として編まれた『新編武蔵風土記稿』に記載される古刹で、周辺での古瓦の分布から古代寺院の存在が指摘されている。昭和52（1977）年からの発掘調査で基壇や掘立柱建物跡などが確認される（図1-3）。基壇は推定12m四方の版築が見られ、影向石と呼ばれる塔心礎の上面には二重の舎利孔が穿たれるなど三重塔である可能性が高い。金堂は現薬師堂が建っている地点と考えられ、東西20m以上、南北15m以上の東西棟で法起寺式伽藍配置をとる。創建期の鐙瓦は、単弁8葉蓮花文鐙瓦で内区外縁の線鋸歯文の巡るⅠ類と線鋸歯文のないⅡ類の2種、重弧文は5、4、3重弧となる3種の型挽重弧文宇瓦がある（図1-4）。塔基壇内に鐙瓦Ⅰ類をはじめ瓦が含まれ、金堂より遅れて造営されたことがわかる。また、[1]

第1節 坂東を中心とした中央集権的国家の形成 9

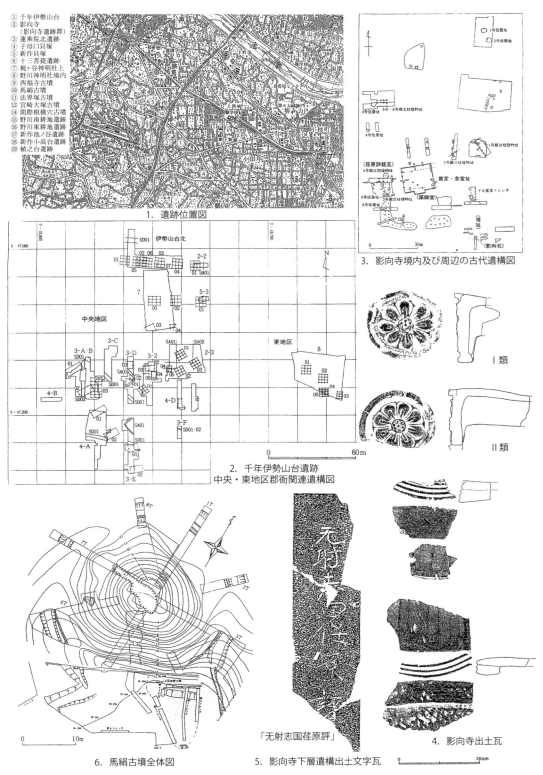

図1 武蔵国橘樹評（郡）衙と周辺遺跡

鐙瓦Ⅰ類からⅡ類への変遷がうかがえ、創建年代としては7世紀末から8世紀初頭と考えられる。金堂西側の8世紀中葉前後の建物である第4号掘立柱建物跡の柱穴底部から「无射志国荏原評」の文字瓦（図1-5）が柱受けとして出土している。瓦の製作年代は国評名の併記から国名が表記され始める天武12（683）年以降、大宝元（701）年の律令国郡制以前のものと考えられる。荏原評（郡）は、同じ无射志（武蔵）国である影向寺周辺地域の橘樹評（郡）とは多摩川をはさんで対岸にあり、影向寺には評（郡）域を越える公的、官寺的な機能が考えられている（山中 2009）。これらの地域は後に多摩、橘樹、荏原の異なる評域となるが、周辺は、『日本書紀』安閑天皇元年閏12月条の武蔵国造笠原直小杵と使主の一族同士の国造権争いの後に、王権に横渟、橘花、多氷、倉樔の4ミヤケを奉った有力候補地である。これらの地域は古墳時代後期以降にヤマト王権から直接下賜されると考えられる頭椎、円頭、圭頭大刀などの装飾大刀が複室構造となる切石積横穴式石室墳や横穴墓から出土する共通性がうかがえる（村田 2010）。

　影向寺の位置する野川、新作、梶ヶ谷、末長、馬絹などの台地上平坦部には、西福寺古墳や馬絹古墳など大小の高塚古墳が群集して造営される。特に馬絹古墳（円・33 m）は7世紀第3四半期に位置づけられ、全長9.2 m、高さ約4 m前後の大型で3室に間仕切りされ、胴張をもつ切石積石室となる（図1-6）。切石接合面は白色粘土によって目貼りされ、石室およびその前面には石室構築時の版築がみられ、当地域を代表する首長墓である。

(2) 上野国群馬評（郡）衙と周辺遺跡

　山王廃寺下層評衙は群馬県中央部の前橋市総社町山王に所在し、利根川右岸の牛池川を隔てて国府、国分2寺、八幡川を隔てた北東800 mに総社古墳群がある（図2-1）。昭和49（1974）年にはじまる山王廃寺跡の発掘調査によって14棟以上の下層遺構が明らかとなっている（図2-2）。

　3間×3間の総柱建物は伽藍北東付近でまとまって認められ、総柱建物SB3からSB5への重複がある。主軸方向はいずれも座標北から西へ33°、32°偏する。SB3とともにSB16では、柱掘方内に礎板として女瓦が使用される。講堂跡の西と南西の下層でも桁行の長いSB19、20の基壇建物が2基確認され、版築土に多量の瓦が突き込まれる。瓦葺建物は、寺院下層で現在確認されていないものの、山王廃寺跡創建期となるⅠ式の素弁8葉とⅡ式の隆線文素弁8葉蓮花文鐙瓦と胎土焼成が一致する。これらのことから南部の山王廃寺跡と重複するところに瓦葺前身寺院、北部に前期評衙となる実務官衙と倉庫群からなる構成が考えられ、その後山王廃寺下層の評衙は移転、隣接地にあった寺院を山王廃寺として造営されることが指摘されている（須田 2013）。さらに後に山王廃寺金堂、塔の創建に際して再度Ⅰ、Ⅱ式の鐙瓦を利用したものと考えられている（栗原 2010）。

　山王廃寺は大正初期に塔心礎が発見され、その後の耕作によって心礎根巻石や石製鴟尾、瓦類が多数出土する。塔心礎、礎石、根巻石は輝石安山岩、鴟尾は角閃石安山岩で作られ、加工技術から付近に存在する宝塔山古墳（方・60 m）、蛇穴山古墳（方・39 m）といった輝石安山岩や角閃石安山岩による截石切組積石室との密接な関連が指摘されている（津金沢 1983）。前橋市教育委員会による昭和49（1974）年度から平成22（2010）年度までの発掘調査によって、塔、金堂、礎石建物、掘立柱建物などが明らかとなっている。

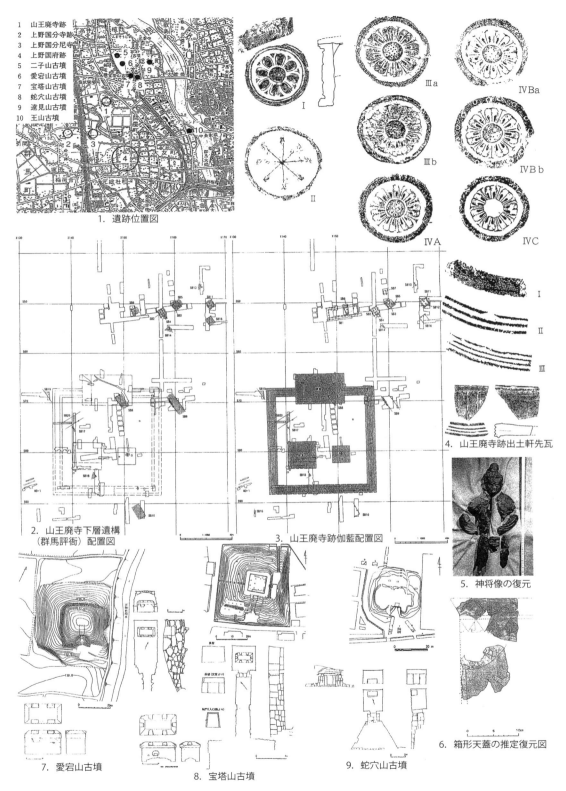

図2　上野国群馬評（郡）衙と周辺遺跡

塔跡は、14m四方の基壇が確認され、心礎以外の礎石はすでに失われている。塔の西側に南面する東西16.6m以上、南北11.7m以上の長方形基壇が金堂と考えられることから、法起寺式伽藍配置をとることがわかっている（図2-3）。塔跡の北東には礎石建物となる講堂跡がある。調査によって出土するヘラ書き文字瓦「放光寺」は、辛巳（681）歳の紀年がある山ノ上碑と長元3（1030）年作成とされる「上野国交替実録帳」の定額寺の列から除かれる中に認められ、山王廃寺跡が放光寺と考えられている。平成9（1997）年度から始まった下水道管埋設工事に伴う調査で発見された土坑から、多量の塑像片が埋納された状態で出土している。塑像片はいずれも火を受けており、如来、菩薩、神将（図2-5）、羅漢などの人物、猪や駱駝などの動物、器物、雲、山岳、磯形、箱形天蓋（図2-6）などは仏教的な主題に基づく山岳表現を伴う群像で法隆寺塔初層での安置空間との類似性が指摘されている。創建期の鐙瓦にはⅠ、Ⅱ式の素弁系鐙瓦のほか複弁7葉となるⅢ式、複弁8葉となるⅣ式などがある。宇瓦は素文のⅠ式、3重弧文のⅡ式、4重弧文のⅢ式があり、いずれも型挽重弧文となる（図2-4）。鐙瓦Ⅰ式は外区が直立し、周縁は2段に造られる。接合する男瓦は広端凹面を枘状に削り、細かくヘラ刻みを入れた半裁男瓦が外区外側から添えられ、はめ込み式に近い。中房花弁を囲む輪郭線、3角形の間弁、直立高縁、男瓦の凸面側に接着粘土を用いないなど大和山田寺式との類似点から、天智造営期頃の創建と考え、鐙瓦Ⅰ、Ⅱ式を7世紀第3四半期、Ⅲ、Ⅳ式を7世紀第4四半期から8世紀前半に位置づけている（栗原 2010）。また、複弁7、8葉蓮花文鐙瓦のⅢ、Ⅳ式は、上野、北武蔵地域でも変遷しながら採用される（大江 1988）ほか、陸奥国宇多郡、石城郡や常陸国多珂郡にも分布する（眞保 1994）。

　総社古墳群は山王廃寺の北東約800mにあり、古墳群の中で終末期と位置づけられているのが愛宕山古墳、宝塔山古墳、蛇穴山古墳の方墳群である。前方後円墳消滅後の大型墳への転換は群馬県でも本古墳群のみで認められる。

　愛宕山古墳（方・56m）は上野地域が中央集権的な体制へと進みはじめる7世紀前半の古墳で、自然石を使用する巨石、巨室である横穴式石室、大型刳貫式家形石棺を伴う畿内有力墳に類する（図2-7）。上野国内の他地域勢力とくらべヤマト王権との特別な関わりをもった結果と考えられ、東国への進出拠点として、その後に宝塔山、蛇穴山へと続く県内各地で認められる截石切組積石室をもつ古墳の頂点に立つ（右島 1994）。7世紀中葉ないし第3四半期の宝塔山古墳（方・60m）は、三段築成で截石切組積石室が採用される。全長約12mと大型の複室構造となり、漆喰塗布、さらに愛宕山古墳に続く家形石棺が採用される。家形石棺の脚部は格狭間形に造りだし、加工技術の完成度が高い（図2-8）。7世紀第4四半期ないし末葉の蛇穴山古墳（方墳・43m）は最後の古墳で、墳丘、石室も小型化するものの截石切組石室の完成度は高く、漆喰による塗布も宝塔山古墳に共通する（図2-9）。当地域は、古墳時代から続く上毛野君の東国拠点として畿内からも重要視されることになる。いわゆる武蔵国造の乱で国造争いにより殺された小杵が上毛野君小熊に頼ったことから、『日本書紀』安閑天皇2年5月甲寅（1日）に上毛野に置かれた「緑野屯倉」、山ノ上碑文にみる「佐野」、金井沢碑文にみる「下賛（下佐野）」などの「佐野屯倉」といったミヤケ設置地域であり、継続的な発展の中で、いち早く評衙や寺院が造営されるものと考えられる。[3]

(3) 上野国新田評（郡）衙と周辺遺跡

　天良七堂遺跡は太田市北東部の新田小金井町・天良にある。大間々扇状地が北に広がり、遺跡はその南端部にある。南東600 mには5世紀後半の鶴山古墳（前方後円・102 m）ほか亀山古墳（前方後円墳・60 m）がある。北東1 kmの成塚住宅団地遺跡から5世紀代の居館と推定される遺構が確認され、6世紀後半には北500 mに二ツ山一号墳（前方後円・74 m）、二号墳（前方後円・45 m）が築造される。その東4 kmには終末期古墳である巌穴山古墳（方・30 m）があるものの7世紀後半に至る顕著な古墳はない。東方2.5 kmには太田金山古窯跡、北2 kmには7世紀末の大規模製鉄遺跡である西の原遺跡がある。政庁の南部には東山道駅路と推定される複数の大規模道路遺構が検出されている。南隣接地で約11 mの幅を持ちN-80°-E前後の主軸をとる下新田ルート、さらに南400 mには7世紀後半から8世紀前半の路面幅約12 mで、N-83°-E主軸をとる牛堀・矢ノ原ルートがある。これらの南にある新野脇屋遺跡群の調査では、幅8〜12 m、N-28°-E主軸となる武蔵路と考えられる道路遺構が確認され、東国における交通の要衝にある（図3-1）。

　天良七堂遺跡の調査は昭和30（1955）年から実施され、平成19（2007）年からの本格的な発掘調査により新田評（郡）衙の政庁、正倉が確認されている（図3-2）。政庁は1号から8号の長大な掘立柱建物が東西南北を取り囲み、南側には区画に関係する1号〜5号、7号の溝がある（図3-3）。西側の1号掘立柱建物は17間（51 m）×2間（4.8 m）、2号は16間（48 m）×2間（5.4 m）、2号が真北で1号はやや西偏する。2号に続く8号建物は8間（24 m）×2間（6 m）で、柱穴はやや小振りとなる。東側の3、4号掘立柱建物跡はどちらも16間（48 m）×2間（5.4 m）で4号がやや西北に位置をずらして造営され、3号には南北ともに柵列が取り付く。南側5号掘立柱建物は現存15間（45 m）×2間（5.4 m）以上で攪乱により全体は不明となる。北側には掘立柱建物で2間×16間と推定される長大な東西棟6、7号建物があり、東西に柵列が続く6号建物が古い。中央には1号礎石建物（東西18 m、南北10 m）があり、北端中央付近には重複して掘立柱建物が確認される。建物時期は大まかに5段階に分けられ、7世紀後半から10世紀初頭に位置づけられる。建物の変遷として1、2段階が斜方位となり、新しい3、4段階の建物方位が北主軸となる。政庁規模は第1、2段階で東西86 m〜99 m、南北が89〜106 m、第3、4段階で東西が86〜90 m、南北が86 m以上に広がる可能性があり、一般的な政庁が50 m四方となるのに比べても大規模であり、広範囲の石敷きが及ぶことも特徴の一つである。『上野国交替実録帳』には新田郡の政庁は「東□屋壱宇　西長屋壱宇　南長屋壱宇　□□屋壱宇　公文屋壱宇　厨壱宇」とあり、政庁の東西南北に長舎建物が確認されるなど記載と建物構成が一致する。政庁北隣接地のほか西、北、東の4群は正倉域が展開している。北群では掘立柱建物で2時期、総地業礎石建物、壺地業礎石建物（図3-4）への変遷が認められるなど、各群とも8世紀後半段階となる3段階で掘立柱建物から礎石建物への変遷がみえる。これらの政庁と正倉は溝で区画され、3段階の拡張により、最大で東西400 m、南北350 mの台形となる（小宮2013）。

　政庁の南西1 kmにある入谷遺跡は、昭和59（1984）年からの調査で東西約180 m、南北約180 mと推定される区画溝内に5間×3間の南北棟となる瓦葺礎石基壇建物2基が72 m隔てて平行に配置されるなど官衙的色彩の濃い遺跡であることがわかっている（図3-5）。出土瓦には、上植木廃

14 第1章 坂東における中央集権的国家の形成

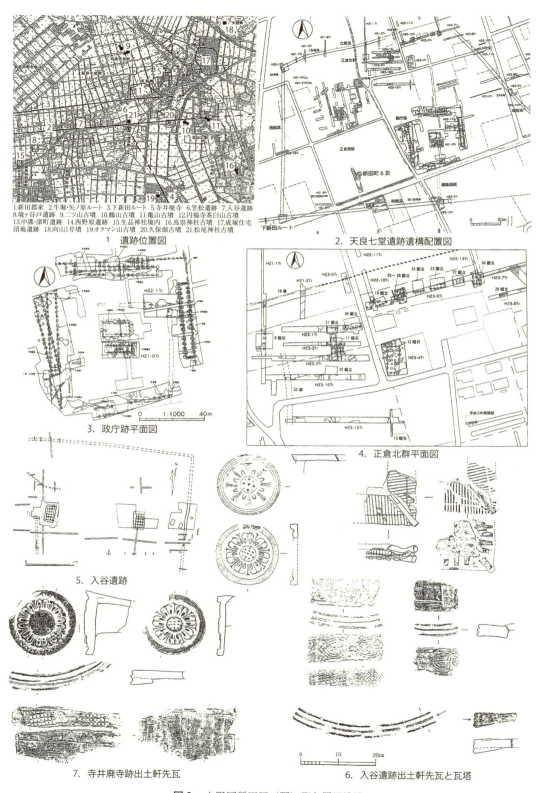

1.新田郡家 2.牛堀・矢ノ原ルート 3.下新田ルート 5.寺井廃寺 6.笠松遺跡 7.入谷遺跡 8.境ヶ谷戸遺跡 9.二ツ山古墳 10.鶴山古墳 11.亀山古墳 12.円福寺茶臼山古墳 13.中溝・深町遺跡 14.西野原遺跡 15.生品神社境内 16.鳥祟神社古墳 17.成塚住宅団地遺跡 18.向山1号墳 19.オクマン山古墳 20.久保畑古墳 21.松尾神社古墳

1. 遺跡位置図
2. 天良七堂遺跡遺構配置図
3. 政庁跡平面図
4. 正倉北群平面図
5. 入谷遺跡
6. 入谷遺跡出土軒先瓦と瓦塔
7. 寺井廃寺跡出土軒先瓦

図3　上野国新田評（郡）衙と周辺遺跡

寺系単弁8葉蓮花文鐙瓦と段顎による顎面施文をもつ型挽3重弧文宇瓦、寺井廃寺系複弁8葉蓮花文鐙瓦と3重弧文宇瓦がある（図3-6）ことなどから、7世紀後半～8世紀初頭の時期の新田駅家や新田評（郡）衙正倉別院と考えられる。このほか、瓦塔が多く出土することから仏教的な機能も果たしている可能性がある（新田町教育委員会 1981・1985・1987）。

寺井廃寺跡は、政庁から北東約300mの強戸小、中学校の敷地に主要部が所在すると考えられ、多くの瓦が広範囲に出土しているものの遺構の状況はわかっていない。創建期の鐙瓦は、川原寺式の面違鋸歯文縁複弁8葉蓮花文鐙瓦と段顎となる2、3重弧文宇瓦である（木津 1997）。このほかに山王廃寺系複弁7葉蓮花文鐙瓦がある（図3-7）。複弁8葉蓮花文鐙瓦は、複弁の花弁端部の彫り残し痕跡が認められ、同じ特徴をもつ下野薬師寺跡出土例の祖型になった可能性が指摘されている（山路 2005a）。また、陸奥国南部の官衙、寺院で採用される複弁6葉蓮花文鐙瓦の祖型として下野薬師寺跡とともに位置づけられる。

（4） 上野国佐位評（郡）衙と周辺遺跡

佐位評（郡）衙とされる三軒屋遺跡は、群馬県伊勢崎市本関町・上植木本町に所在する（図4-1）。赤城山から伸びる扇状地の南北に狭長な低台地上に位置し、北1kmには上植木廃寺跡や創建期瓦窯跡がある。北西約3.5kmの祝堂古墳（円・30m）は二重周溝をもち、石室の基盤部分には厚さ1mの版築が施されている（図4-4）。このほか北6kmの中里塚古墳、12号墳、15号墳といった3基の載石切組積石室墳があり、7世紀後半の造営と考えられる（高井 2013）。南2.5kmの地点では東山道牛堀・矢ノ原ルートが確認されるものの、この駅路の北側溝は牛堀と呼ばれる用水路により掘り直され、駅路は8世紀前半には廃絶することがわかっている。駅路南には、東西180m、南北250mの範囲を溝で区画し、北より中央に柵を巡らせ、内部中央に基壇建物と西南に方形基壇をもつ十三宝塚遺跡があり、8世紀前半に建立された氏寺的な性格が強い（群馬県教育委員会 1992）。

三軒家遺跡の調査は平成14（2002）年の公民館建設に先立つ調査以来13次に及び、40数棟の掘立柱建物、礎石建物9棟、正倉院区画施設と想定される大溝、竪穴住居跡などが確認されている（図4-2）。基本的に掘立柱建物は総柱から側柱、そして礎石建物へ、さらにその後掘立柱建物に建替えられる。総柱の主体は3間×3間となる。側柱建物は総柱建物に比べて大型のものが多く、礎石建物は、4号建物以外は掘込地業によるもので、1号建物は地業規模東西20m、南北10mで桁行7間、梁行3間の総柱となる。いずれも下層には掘立柱建物が存在する。八角形礎石建物は、総柱により八角形に近い掘込地業は東西14.7m、南北15.3mとなり、最大かつ特徴的な形状となる。下層にも掘立柱建物の存在が明らかであり、創建期までさかのぼる可能性が高い。『上野国交替実録帳』には「八面甲倉」との記載がみられる（図4-3）。建物主軸は、西偏する北群と真北方向の南群が設置から廃絶まで同一方位を踏襲する。遺跡での建物変遷は4期あり、Ⅰ期はさらに二分できる。Ⅰ期は7世紀末～8世紀初頭、Ⅱ期は8世紀中葉以降、Ⅲ期は9世紀、Ⅳ期は9世紀後半に位置づけられる。区画施設は古い段階の総柱建物を切って造営され、幅3～5m、深さ1.5m、覆土上層には浅間B軽石（1108年降下）の純層が堆積する（伊勢崎市教育委員会 2007）。

上植木廃寺跡は古くから瓦や礎石が発見され、発掘調査は昭和57（1982）年より、伊勢崎市教育

16 第1章 坂東における中央集権的国家の形成

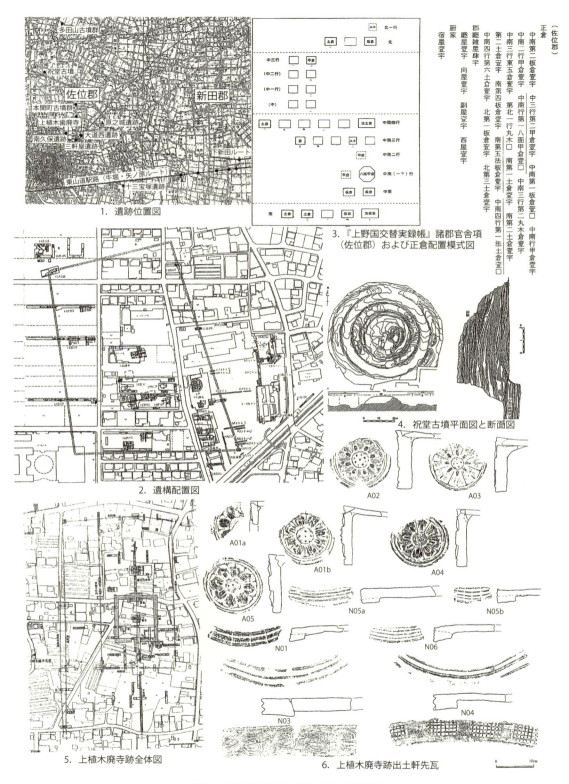

1. 遺跡位置図
2. 遺構配置図
3. 『上野国交替実録帳』諸郡官舎項（佐位郡）および正倉配置模式図
4. 祝堂古墳平面図と断面図
5. 上植木廃寺跡全体図
6. 上植木廃寺跡出土軒先瓦

図4　上野国佐位評（郡）衙と周辺遺跡

委員会によって実施される。調査の結果、寺域は南北238m、東西108mで、伽藍中軸線上に中門、金堂、講堂が並び、金堂の南西に塔基壇があり、中門から発する回廊は講堂に取り付くことがわかっている（図4-5）。主軸方位から金堂、塔、講堂と中門、回廊では主軸が異なり、前者が後者に先行して造営された可能性がある（出浦 2009）。伽藍は紀寺式伽藍配置の塔の位置を東西逆にした配置となる。それぞれの基壇建物の礎石はすでに失われているが、塔心礎は円形造り出しで舎利孔があったらしい。また、南門のほか掘立柱建物、寺院内外を区画する柵列や溝などが確認されている。なお、寺域の西40mには創建期瓦窯跡である上植木廃寺瓦窯が確認されている。

　出土する軒先瓦（図4-6）の分類により、創建期：7世紀後半、2期：上野国分寺創建前後の8世紀前半、3期：補修期1・上野国分寺創建期8世紀中頃（国分寺編年Ⅱ期）、4期：補修期2・上野国分寺補修期（国分寺編年Ⅲ期）と考えられている（出浦 2012）。特に創建期は素弁・単弁8葉蓮花文鐙瓦5型式7種の鐙瓦があり、A01aは素弁8葉蓮花文で、A01aを追刻した単弁8葉蓮花文はA01bとされており、いずれも外縁は斜縁の3重圏文となる。これらは上植木廃寺瓦窯で焼成される。A02は唯一花弁に輪郭線をもち、同系鐙瓦で最も出土点数が多い。A03の外縁は2重圏文となり、単弁内に棒状子葉、弁端は鎬状凸線で反転を表現する。中房は小から大へと変化する。A04は外縁斜面で2重圏文、弁端は点珠で反転を表現する。A05は、蓮弁端が尖り、反転を表現する。間弁は中房に達しない。A02からA05は雷電山瓦窯跡で焼成されている。これらに伴う宇瓦は型挽重弧文宇瓦6型式8種、いずれも女瓦は粘土板桶巻作りとなる。N01は段顎で有節（簾状）3重弧文で分割前施文、N02は段顎で有節（簾状）3重弧文で施文段階不明、N03は3重弧文、段顎の顎部に蓮蕾文を施文する。顎面施文後、分割し重弧を施文する。N04は段顎の顎面格子タタキ、型挽3重弧文を分割前に施文する。N05は3重弧文、有節、無節があり、弧線が凸線状となる。N06有節（簾状）段顎5重弧文となる。7世紀第4四半期前半の創建期にA01とN01が金堂、7世紀末から8世紀初のA02とN03が回廊、7世紀末のA03とN04が塔と金堂、8世紀初頭以降のA04, 05とN05、06は不規則な出土となる。上植木廃寺瓦窯で焼成された創建期の鐙瓦は尾張元興寺の重圏文縁素弁蓮花文鐙瓦の影響が考えられ（山路 1999）、その後、雷電山へ移動し、さらに8世紀前半代となる単弁8葉蓮花文鐙瓦に一本造り技法の鐙瓦が採用されるものと考えられている。東国における山田寺式鐙瓦の祖型の一つであるとともに、陸奥国北部へ山道沿いの官衙、寺院に系譜が追える（出浦 2012）。

(5) 下野国河内評（郡）衙と周辺遺跡

　河内評（郡）域は、現在の宇都宮市、上三川町、下野市、日光市の一部の鬼怒川以西、姿川以東の田川流域11郷からなる中郡で、広大な領域をもつ。南西には下野国府跡、下野国分寺跡、尼寺跡が造営される都賀郡が隣接し、両郡には古代下毛野地域として7地域で首長墓群が造営される。古墳から奈良平安時代にかけて古代下野国の中心的な位置にある。河内郡内には東山道が通過し、「田部」「衣川」の二つの駅家がおかれる。評（郡）内には多功遺跡のほか上神主茂原官衙遺跡、西下谷田遺跡などの官衙関連遺跡が造営され、複数官衙がそれぞれ深い関連性をもって設置されている（図5-1）。

18　第1章　坂東における中央集権的国家の形成

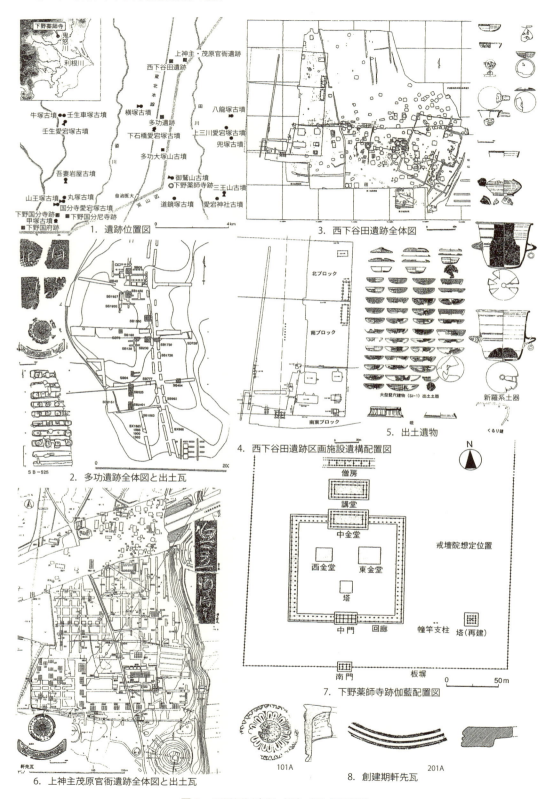

図5　下野国河内評（郡）衙と周辺遺跡

下野国河内評（郡）衙とされる多功遺跡は上三川町多功にあり、祇園原台地上に位置する。官衙周辺には御鷲山古墳（前方後円・74ｍ）のほか、終末期古墳である下石橋愛宕塚古墳（円・80ｍ）、多功大塚山古墳（方・54ｍ）など首長墓の造営が7世紀中葉まで続き、その後下野薬師寺跡が造営される。北3ｋｍには西下谷田遺跡、北東3.5ｋｍには上神主茂原官衙遺跡がある。昭和54、61年の個人住宅造成、昭和62年から平成8年にかけての区画整理事業に伴う調査により、掘立柱建物13棟、瓦葺礎石建物を含む掘込地業建物10棟などが確認されている。遺跡の西側に低地が広がり、台地縁辺に外郭区画と推定される溝が確認されている（図5-2）。政庁その他の施設は明らかではないが、東側の台地上に続く可能性がある。確認された建物群は規則的な配置がみられ、掘立柱建物から布掘地業の礎石建物、さらに掘込地業へと3期変遷が認められる。Ⅰ期は7世紀第4四半期から8世紀第1四半期、Ⅱ期は8世紀第2四半期で瓦葺礎石建物を採用、Ⅲ期は9世紀から10世紀初めと考えられている。特にⅡ期の瓦葺基壇建物SB525bは国分寺創建直前に造営され、9間（21.6ｍ）×3間（6.9ｍ）の規模をもつ。前身に8世紀第1四半期の7間（16.8ｍ）×3間（6.9ｍ）の布掘による掘立柱建物SB525aがあるなど、大型の倉が継続して造営されている（上三川町教育委員会1980・1993・1997）。

　西下谷田遺跡は宇都宮市茂原町、下野市下古山、河内郡上三川町上神主の3市町にまたがり、田川と姿川に挟まれた多功遺跡と同一の台地上に位置する。東800ｍには上神主茂原官衙遺跡がある。西下谷田遺跡で確認される遺構は、遺跡西側の掘立柱塀に囲まれた区画施設と、東側の竪穴建物150軒、掘立柱建物56棟、井戸12本、道路遺構、水場遺構3基、溝3条、円形有段遺構3基、鍛冶関連遺構1基、土坑墓17基などである（図5-3）。区画施設は南北150ｍ、東西推定108ｍの範囲を掘立柱塀SA14・15・19で区画し、南辺中央に南門SB10をもち、Ⅰ期の簡略な棟門からⅡ期には八脚門となる。内部はSA20により北ブロックと南ブロックに分かれ、SA20を挟んで2間×6間の南北棟となる掘立柱建物SB22・23が区画東辺となるSA15に沿って認められる（図5-4）。掘立柱建物13棟、さらに南ブロックのうち南東部分はSA16・17の掘立柱塀により区画され、内部には大型竪穴建物SI01・02・03の3棟ほか掘立柱建物が重複して認められる。大規模な改修があり、改修前後でⅠ期（7世紀第3四半期後半から第4四半期前半）とⅡ期（7世紀第4四半期後半から8世紀第1四半期以前）に分けることができる。

　西下谷田遺跡から出土する遺物の中には総数12点の新羅土器・陶質土器がある。器種別には長頸壺、蓋、椀、甑、柄杓形土器などで、このうち壺、蓋、椀の外面には印花文が施される。そのほか畿内産土師器、土師器、須恵器、墨書・刻書土器、瓦、鍛冶関連遺物、鉄製品である鎌、手鎌、刀子、大刀、鏃、くるり鍵、せめ金具、鐙金、銅製毛彫馬具、木製品など一般集落ではみられない多くの遺物を出土する（図5-5）。また土師器杯底部には刻書により「□乃（部）岡大舎　大舎」と記され、「大舎」は新羅の官位十二等位を示すものと考えられる。

　遺跡の性格としては、Ⅰ期を河内評家、Ⅱ期を国宰所とする指摘がある（板橋2007）が遺構としては継続性がみられ、今後の課題となる。隣接する上神主茂原官衙遺跡へ伸びる道路があることから同時期に併存するものの西下谷田遺跡が廃絶後も上神主茂原官衙遺跡では政庁、正倉などの官衙施設、その周辺での竪穴建物群の集住が継続されるという相違が認められる。また、出土瓦からも

下野薬師寺跡の造営とも深く関わり、新羅土器を含めて渡来新羅人との関わりがうかがえる（栃木県教育委員会 2003）。

　上神主茂原官衙遺跡は、上神主廃寺と呼ばれ、人名文字瓦が多く出土することで古くより著名であった。遺跡は田川を東に臨む比高差7mの台地上に位置し、遺跡南半を平成7（1995）年から上三川町教育委員会、平成9年度から宇都宮市教育委員会による範囲確認調査が行われ、遺跡の北半は平成8年から栃木県埋蔵文化財センターが発掘調査を実施している。北辺は不明なものの、外郭は南SD06・11、西辺は溝SD20・93、東辺は台地崖線などにより東西250m、南北350m前後に区画される。確認された遺構群から官衙内の施設を想定すると、南部「正倉」、中央部「政庁」、北部「北方建物群」の構成となる（図5-6）。

　正倉は遺跡の南半にL字で構成され、中央から東の位置で本遺跡唯一の瓦葺礎石基壇建物SB01がある。14間×4間の東西棟で周囲を溝で区画し、周辺からは下野国分寺跡と同種の鐙瓦と宇瓦のほか「神主部牛万呂」「雀部牧男」など約1160点の人名文字瓦が出土している。この建物を中心として東西南北に整然と3間×3間の総柱建物群が並ぶ。東正倉域は南北にSB55からSB58、東西にSB59からSB75が並び、西正倉域は南北列を意識した3間×3間を中心としたSB120からSB134の建物群、北正倉域は3間×3間を中心にSB151からSB163が北西に位置するなど、3群に分かれて正倉が造営される。政庁は正倉域の北約100m、遺跡中央やや東の台地崖を臨む位置にある。建物は東西棟となる正殿SB90・91、南北棟の長舎となる東脇殿SB103、西脇殿SB104からなり、Ⅰ期は南面庇の正殿と西脇殿のL字配置、Ⅱ期は四面庇の正殿と東西両脇殿のコの字配置となる。政庁の南北中軸線上、SB01の北にはSZ45（円・25m）があり、政庁の占地との関連が指摘されるとともに、正倉や正倉を区画するSD18が古墳を意識して配置されることから官衙施設内で機能していたことがわかる。北方建物は未調査区もあるが、側柱による掘立柱建物跡と特殊建物跡を中心とした建物群、竪穴住居跡、井戸から構成される。特殊建物は、5間×2間の身舎の南や東半分だけに庇状の取り付きを持つSB48・57・91と煙道の長いカマドをもつ大型竪穴SI43・99・100がある。古代道路は遺跡南東コーナー付近の台地上で路面とみられる幅8～9mの硬化面が確認される。台地下水田部分では2条の側溝が確認され、溝間は約12mある。切り通し部ではV字形の底の狭い溝と両側面から路面掘削に伴う段が確認され、当初平坦に成形された路面を後に幅狭の溝状に掘り直した可能性がある。遺構の時期は7世紀後葉から9世紀前半頃までの4期区分が想定され、東山道と考えられている。

　遺跡の造営時期は、隣接する西下谷田遺跡と時期的に重複する可能性をもち、西辺中央付近には西門（八脚門）SB32・33が付設され、その800m西延長上に西下谷田遺跡の南門（八脚門）が位置する。官衙として一体的に整備されたものの建物構成の変遷からⅠ期はL字配置となる政庁と西側正倉群、北方建物群、Ⅱ期は官衙の発展充実期で政庁は四面庇の正殿と東西脇殿による「コ」字配置と正倉群が大幅に増加、Ⅲ期以後には政庁と北方建物群が消滅し、正倉だけに官衙機能が縮小されてくる。それにかわって南部正倉群では掘立柱建物上に大型瓦葺建物と周囲の溝が造営されるなど大きな画期があり、その時期は瓦などから下野国分寺創建段階である8世紀中頃とされる。遺跡の性格としては東山道に隣接する位置での河内郡衙別院と考えられている（宇都宮市教育委員

会・上三川町教育委員会 2003）。

　下野薬師寺跡は、栃木県下野市薬師寺字 6 丁目ほかに位置し、安国寺境内を含む通称寺山を中心とする地区に所在する。鬼怒川に注ぐ田川右岸の南北に長く伸びる洪積台地東端に立地する。同一台地上には、河内郡衙に比定される多功遺跡と同じく上神主茂原官衙遺跡がある。周辺には寺域の北に隣接して 6 世紀末の切石積横穴式石室をもつ御鷲山古墳（前方後円・74 m）がある。下野薬師寺跡は天平宝字 5（761）年、大和東大寺、筑紫観世音寺と並び戒壇が設立され、本朝三戒壇と総称される。坂東十国（信濃以東）の僧侶の受戒に大きな役割を果たすとともに、造下野薬師寺別当として法王道鏡が配流された地でもある。この寺は東国で最も頻繁に文献に登場する寺院で、創建については『東大寺要録』天智九（670）年、『続日本紀』『類聚三代格』天武朝（672〜686）、『伊呂波字類抄』天武二（673）年、『帝王編年記』大宝三（703）年など諸説ある。その後、養老六（722）年頃に官寺に昇格し、造寺司のもとに造営が引き継がれることになる。

　発掘調査は、昭和 40 年に指定地を南北に貫く県道石橋・結城線の拡幅工事に伴い実施され、その結果一部から版築層と瓦片が認められた。これを契機に翌年から継続的に主要伽藍の調査が行われる。伽藍は寺域中軸線から約 36 m 西よりで南側に偏した位置に置かれる。回廊は中門と中金堂に取りつき、北西に西金堂、その東に東西棟の東金堂となる「品」字形の三金堂となる。新羅国芬皇寺などに源流をもつ伽藍配置（図 5 - 7）となり、金堂南には創建時の塔基壇がある（須田 2012b）。中金堂北側には同規模の基壇建物である講堂、さらにその北方には僧房と推定される東西棟の建物跡が確認されている。再建塔は回廊南辺東延長上に位置する。寺域を画する施設は、南辺西部や西辺での調査から掘立柱塀で 3 時期（Ⅰ〜Ⅲ期）、大溝による最終時期（Ⅴ期）への変遷が認められる。しかし、掘立柱塀と最終時期の大溝との時間差が認められることから、もう一時期分の区画が想定されている（須田 1995）。創建期の軒先瓦は鐙瓦 101 型式と宇瓦 201 型式、101 型式は 101a から笵型の摩耗が著しい 101b に進行し、さらに傷みが進んだためそれを祖型として 104 型式が製作される。101b と 104a 型式は 8 世紀第 1 四半期、101a 型式は 7 世紀末葉の 690 年代の文武朝に位置づけられる。宇瓦 201 型式も桶型から分割後に重弧文が施文される（図 5 - 8）ことから、この年代と矛盾しない（須田 2012b）。

　6 世紀後半以降、河内郡と一部都賀郡に及ぶ地域には、羽生田、壬生、石橋、薬師寺、国分寺、上三川、山王山、国府の 7 地区で広い一段の平坦面をもち、前方部への主体部造営、凝灰岩切石積横穴式石室を持つ「下野型古墳」（秋元・大橋 1988）と呼ばれる大型前方後円墳や円墳が造営される。そして 7 世紀前半には前方後円墳への埴輪樹立をやめ、さらに円墳へ変化し、その後古墳が造営されなくなる。しかし、河内郡の石橋・上三川・薬師寺地域では、帆立貝式古墳の下石橋愛宕塚古墳、方墳である多功大塚山古墳や多功南原 1 号墳などがみられ、7 世紀後半代まで下毛野地域を代表する大型古墳が築かれる。

　河内郡の官衙遺跡は下石橋愛宕塚古墳や下野薬師寺跡にも近く、7 世紀代にさかのぼる西下谷田遺跡がある。その関連の中で造営される上神主茂原官衙遺跡は、政庁、正倉、北方建物群など遺跡全体として郡衙的な建物構成を充実させつつも、8 世紀中葉以降に政庁が消失するなど遺跡機能に大きな画期がみられる。これらとほぼ同時期に設置された大規模官衙遺跡である多功遺跡は、政庁

が不明なものの郡衙となる可能性が強い。広域な郡内に東山道が通過し、「田部」「衣川」二つの駅家が所在するという河内郡の特性から、複数の官衙施設が東山道沿いの交通要所へ配置されたことが考えられる。これらの存在は伝統的な地域と関わりながら、東国における新たな中央集権的国家拡充の中で、東山道整備、広域郡内での税収納・運搬など新たな支配施設の展開をうかがうことができる。

(6) 上総国武射評（郡）衙と周辺遺跡

　嶋戸東遺跡は千葉県山武市大字嶋戸・野堀・真行寺・麻生新田に所在する（図6-1）。西に境川を控えた谷底平野に面した台地上にあり、南東350mには「武射寺」の墨書土器が出土する真行寺廃寺跡、2kmには駄ノ塚古墳が所在する。当地域一帯が古墳時代に引き続き中核的な位置を占めていることがわかる。平成3（1991）年から調査が行われ、掘立柱建物35棟、基壇建物跡9基、区画溝などが確認されている（図6-2）。掘立柱建物の柱間寸法は5.5尺から12尺までのものがあり、7尺を越える大型建物が多い。建物主軸は西に33.5°ふれるⅠ群と、西に16～20°ふれるⅡ群、真北および東西に5°前後ふれるⅢ群に分かれ、重複状況からⅠ群が古く、Ⅲ群が最も新しい。時期は、竪穴住居との関係で官衙の造営が7世紀後半、終焉は区画溝から10世紀代の土器群が出土し、それ以前と考えられる。Ⅰ群は遺跡中央に政庁建物群として西列のB-1、SB8建物群、北列のB-2など6間×2間の桁行長17.0mとなる長舎建物が連なり、これらがほぼ直角に配置される。政庁の南北規模は39mあり、方形もしくは横長となる可能性がある。Ⅱ群は南西部でⅢ群と重複する建物が多く確認される。8間×3間となるSB12は桁行22.8m、梁行5.9mの長大な側柱建物となる。Ⅲ群のSB1は5間×3間となる桁行18mの大型掘立柱建物で、同位置に2回建て替えられる。南53mには四脚門とみられるSB33があり、これらの建物が正殿と考えられる。正殿の南には古墳時代後期のSM2（円・25m）の周堀が確認され、内部に建物が認められないことから墳丘を取り込んだ状況で官衙が機能していることがわかる（図6-3）。これらの遺構を館とする説もある。正倉院は遺跡北東部に所在し、東、西、北をコの字型に2重の溝で区画する。ソイルマークの観察では南北300m前後、東西は350m以上となるものと考えられる。建物は基壇建物8棟、掘立柱建物1棟が確認され、基壇建物の下層から掘立柱建物の掘方が認められることから、正倉は掘立柱建物から基壇建物に変遷していることがわかる。建物主軸は北辺部が東西、西辺部が南北方向と区画溝に面して建てられる。

　真行寺廃寺跡は、昭和56から58年の確認調査で、基壇建物跡2基、掘立柱建物跡、鍛冶工房などの遺構が確認されている。このうち南北に並ぶ基壇建物は主軸方向を異にし、南基壇は掘込地業が行われる。北基壇では掘込地業をもたない瓦積基壇が確認され、南基壇が金堂跡、北基壇が講堂跡と推定される（図6-4）。区画溝や塔は認められていない。南基壇の南には門跡、南基壇の東で仏堂と考えられる四面庇となる建物跡が確認されるほか、寺院付属の掘立柱建物が北基壇の北と南基壇の南東に確認されている。北基壇の瓦積基壇は上総国分尼寺講堂の構築方法と共通することから、8世紀後半に造営の画期が求められる。また、南基壇周辺で11世紀以降の土器が出土し、存続時期を示している。創建瓦（図6-5）は紀寺式の雷文縁複弁8葉蓮花文鐙瓦で、二日市場廃寺跡の

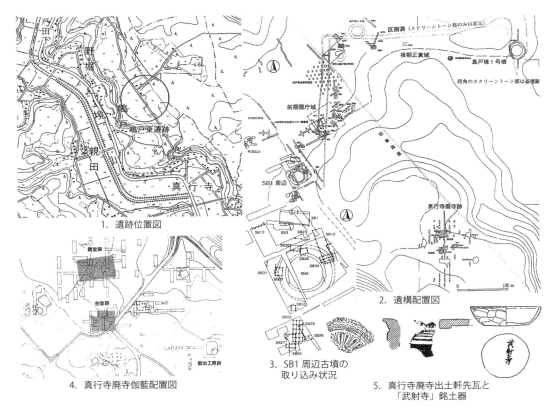

図6　上総国武射評（郡）衙と周辺遺跡

ものと同笵の可能性が高い。宇瓦は素文で段顎となり顎面には3条の隆線をもつものと2重弧文字瓦が出土している。墨書土器に「大寺」、「武射寺」などがあり、郡名寺院であった可能性が強い[(4)]。創建は7世紀第4四半期と8世紀第1四半期の両説がある。

　大規模前方後円墳がみえる板附古墳群中にある駄ノ塚古墳（方・62m）は昭和60、61年に調査され、切石で構築された複室構造の横穴式石室をもつ7世紀前半の終末期古墳で、房総では岩屋古墳に次ぐ規模となる。それに続く駄ノ塚西古墳（方・30m）は7世紀中葉頃の築造と考えられている。このような古墳時代後期の有力首長墓からの地域的な継続性とともに、群集墳である島戸境古墳群が官衙造営地と重複し、古墳を取り込みながら政庁や正倉域が形成されている。また、南に隣接する真行寺廃寺跡とこれらの正倉は軸を揃えており、計画的な評（郡）衙と寺院の造営がうかがえる。

(7)　下総国埴生評（郡）衙と周辺遺跡

　千葉県印旛郡栄町龍角寺にあり、印旛沼と利根川の支谷に挟まれた台地上に立地する。台地の西に印旛沼、東に長沼、北に鬼怒川があり、河口から続く香取の海をのぞむ台地西に古墳群と評（郡）衙、寺院が立地する（図7-1）。水上交通の要衝として古墳時代から引き続き、印旛国造などが造営に関わっていたものと考えられている。龍角寺跡の北方0.5kmの台地縁辺には供給瓦窯である龍角寺瓦窯と五斗蒔瓦窯跡が所在する。廃寺南西に位置する大畑遺跡群は埴生評（郡）衙跡と考えら

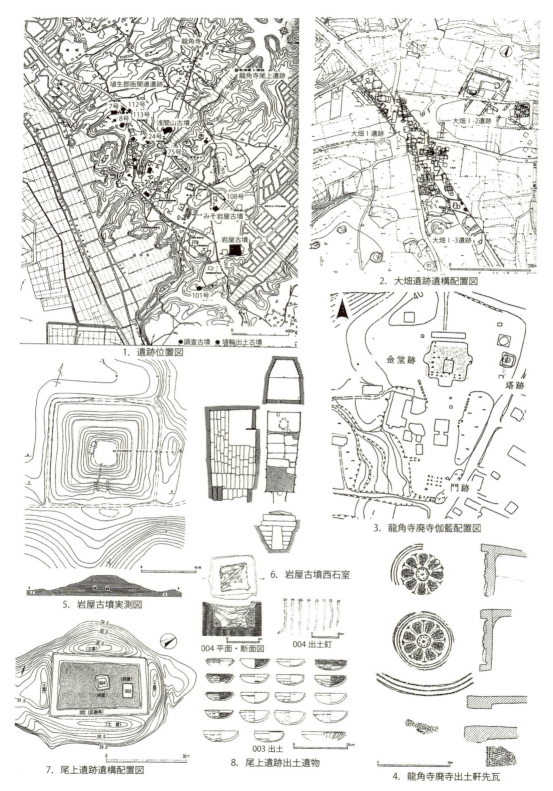

図7　下総国埴生評（郡）衙と周辺遺跡

れ、掘立柱建物は大畑Ⅰ遺跡で61棟、Ⅰ-2遺跡で8棟、Ⅰ-3遺跡で11棟あり、7世紀末から8世紀後半にかけて大きく5期に分けられる（図7-2）。中心となるⅠ遺跡では桁行3間が大部分で主軸方向も北から45°前後ふれる。8世紀第1四半期のⅡ期になると7世紀第4四半期のⅠ期に比べて大規模になり、主軸方向も一致して規格性をもつ。そして、長大で間仕切りのある特殊建物SB11などがみられる。Ⅲ期の8世紀第2四半期は一定の規格のなかで建て替えられ、廂付き建物もみえる。また、3間×4間の総柱建物SB28も造営される。Ⅳ期の8世紀第3四半期には建物の範囲が全体に広がり、3間×10間の遺跡内最大となるSB34など主要建物群が調査区西側にみえる。Ⅴ期の8世紀第4四半期は、Ⅳ期の主要建物に柱筋を揃えるなどきわめて規格性の高い建物群が造営される。

　龍角寺は本尊である薬師如来が白鳳仏であることから広く注目を受けていた。本格的な調査は、昭和22（1947）、昭和23（1948）年および昭和46（1971）年、昭和63（1988）年に行われた。南門の礎石は金堂主軸に揃い、北には東西約15.4 m、南北約12.4 mの金堂基壇、その東には2.5 m×1.8 mの塔心礎周辺で10.9 m四方の塔基壇が確認され、法起寺式伽藍に近い（図7-3）。講堂の存在は明らかでない。出土する鐙瓦は3重圏文縁単弁8葉蓮花文で、中房蓮子が1＋5で中心蓮子が小さいもの、同様であるが中心蓮子が大きいもの、中房蓮子が1＋10となるものの順に追刻される（図7-4）。山田寺式に属するもので、龍角寺を祖型に同系鐙瓦が今富廃寺跡、二日市場廃寺跡、岩熊廃寺跡などの上総国、木下別所廃寺跡、八日市場大寺廃寺跡、龍正院廃寺跡、名木廃寺跡、木内廃寺跡、長熊廃寺跡などの下総国に広く展開（図8-1）することから「龍角寺式鐙瓦」と呼ばれている[5]。龍角寺式に伴う宇瓦は3重弧文宇瓦と葡萄唐草文がある。男瓦は無段式、女瓦は凸面に平行、縄、正格子、斜格子タタキとなる粘土板桶巻作りである。また、男瓦、女瓦ともヘラ書き文字瓦があり、「朝布」「加刀利」「加刀入」「赤加」「赤加真」「神布」「神部布」「服止」「皮止部」「水津」「玉造」は周辺地の古地名が記載されたものと考えられている（図8-3、4）。龍角寺および五斗蒔瓦窯、龍角寺瓦窯からの出土文字瓦の製作技術と記名内容（図8-2）から創建前半と後半の文字瓦に分類されている（山路　2005c）。前半の示す地域・集団名の分布域は印旛国造の中心地域でのちの印旛評、さらに埴生評や香取評が分立される地域にかけての範囲となり、評分割は創建前半段階以降と考えられ、印旛国造による支配地域内には壬生部直によって管掌されたミヤケの系譜を引く前期評段階での支配域が考えられる。後半の文字瓦の示す地域や集団名の分布範囲は前の文字瓦を含まず、後の埴生郡域に限定される。このことから埴生評という領域支配がほぼ定まったことの表れとし、文字瓦の記載内容から一円的領域支配を伴う後期評への移行が捉えられている（志賀　2005）。創建年代については、山田寺系鐙瓦は間弁が中房に達しないA系統、間弁が中房に達するB系統に分けることができ、AからB系統へ変遷し、龍角寺例がB系統に属することから山田寺創建当初である7世紀第2四半期には遡らないものの、7世紀第3四半期に位置づけている（岡本　1996）。

　周辺には前方後円墳である浅間山古墳、大型方墳である岩屋古墳など約120基からなる龍角寺古墳群が5世紀から7世紀代に継続して造営される。南650 mには本古墳群最大、最後の前方後円墳となる浅間山古墳（前方後円・78 m）がある。後円部の南東隅に開口する横穴式石室をもち、出土する副葬品から7世紀第1四半期から第2四半期と考えられる。さらに南西の岩屋古墳（方・80 m）

26 第1章 坂東における中央集権的国家の形成

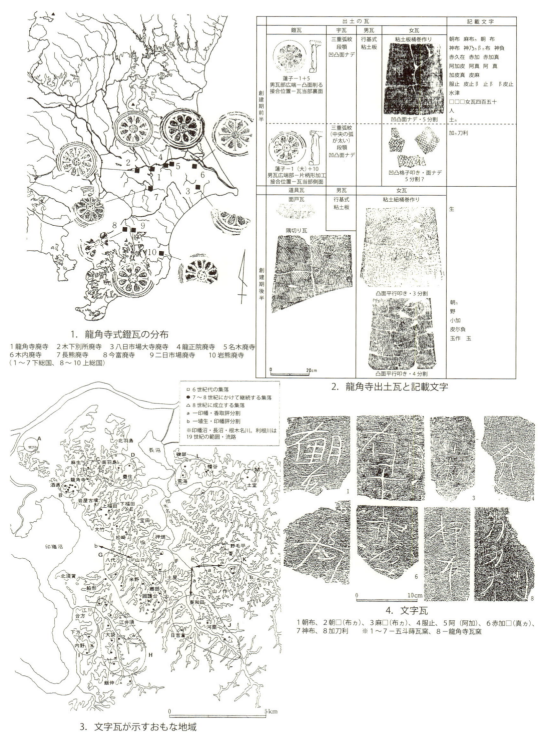

1. 龍角寺式鐙瓦の分布
1 龍角寺廃寺 2 木下別所廃寺 3 八日市場大寺廃寺 4 龍正院廃寺 5 名木廃寺
6 木内廃寺 7 長熊廃寺 8 今富廃寺 9 二日市場廃寺 10 岩熊廃寺
(1～7下総国、8～10上総国)

2. 龍角寺出土瓦と記載文字

3. 文字瓦が示すおもな地域
朝(麻)布－C、服止－D、王作－E、赤(阿)加－H・I?、神布－G、加刀利－J?・K?・L・M

4. 文字瓦
1 朝布、2 朝□(布ヵ)、3 麻□(布ヵ)、4 服止、5 阿(阿加)、6 赤加□(真ヵ)、
7 神布、8 加刀利　※1～7－五斗蒔瓦窯、8－龍角寺瓦窯

図8　龍角寺式鐙瓦と文字瓦

（図7-5）は、高さ12.4m規模の三段築成である。浅間山古墳に続く7世紀前半代とされ、東西2基の凝灰質砂岩の両袖型切石積横穴式石室が開口する（図7-6）。これに続く、みそ岩屋古墳（方・35m）は、高さ5.5m、墳丘東南隅に横穴式石室が開口し、石室は岩屋古墳同様の凝灰質砂岩の切石両袖型石室である。このほか尾上遺跡は東西22～25m、南北35～37m、深さ1.6～1.7m、断面逆台形の区画溝と掘り土で外周に幅6.0m、高さ0.5m～1.0mの土塁がある（図7-7）。区画内の中央には東西5.6m、南北5.0m、深さ3.3mの方形遺構があり、土坑内には木室が設置され、底面付近から長さ19.5cm～29.5cmという大型の鉄釘が9本出土する。区画内の北東隅には竪穴建物があり、7世紀第3四半期頃の土師器杯が出土する（図7-8）。木室墓と埋葬儀礼に伴う施設と考えられ、大型の釘の副葬から龍角寺造営に関わった被葬者像が指摘されている（白井 2009）。

周辺には有力な終末期古墳、評（郡）衙、白鳳寺院が存在するなど、古墳時代から中央集権的国家の形成期においても時代、地域的に本拠地域が継続する典型的な事例とすることができる。また、本遺跡周辺で出土する龍角寺式軒瓦の分布は国を越え、文字瓦も段階的な評などの領域を示すことから、国造領域などの旧領域が、中央集権化の中で分割、再編が繰り返されていく過程を知る上で重要である。

(8) 陸奥国石城評（郡）衙と周辺遺跡

石城評（郡）衙である根岸遺跡は福島県いわき市平下大越字根岸にあり、阿武隈山系から太平洋岸近くまで延びる丘陵東端に立地する。北側に夏井川、南側に滑津川が東流し、丘陵端部は樹枝状に分かれ、官衙をはじめ広範囲に遺跡が分布する。評（郡）衙に隣接して夏井廃寺跡が丘陵北裾に位置する（図9-2）。遺跡は昭和48（1973）年、土取工事の際に正倉となる総柱礎石建物跡が確認され、平成2（1990）年から平成10（1998）年の範囲確認調査によって政庁院、正倉院、豪族居館などを確認している。根岸遺跡の立地する台地は二つの段丘面からなり、低い段丘の東端に政庁、その西南に正倉群があり、東から入る沢で北群、南群に分かれる。高い段丘は低い段丘の南に展開し、7世紀前半から8世紀代まで継続する豪族居館跡があるなど、本遺構隣接地に官衙遺構が展開する。

政庁院は掘立柱塀によって区画され、北辺中央に正殿、その前面左右に脇殿をもつ。いわゆる「品」字形となり、正殿前は東西51mに及ぶ広場となる（図9-3）。正殿はいずれも掘立柱建物であり、大きく3期に分けられる。最古の建物は7世紀後半から8世紀初頭とみられ、4間×7間の四面庇付建物で北側には板塀が存在する。Ⅱ期は2間×7間の長舎建物で正殿北側に掘立柱塀が取りつき、「品」字形となるが脇殿は長舎建物となる。Ⅲ期は8世紀後半から9世紀に比定され、正殿が南に移動し、政庁院の区画施設は認められなくなる。正殿は2間×5間の建物となり、脇殿は3間×2間となるが、「品」字形配置は全期間で継承される。正倉群も7世紀後半から8世紀初頭、8世紀前半、8世紀後半から9世紀以降の大きく3期に分かれる。北群では礎石建物が棟を揃えて2棟並列して建てられ、周辺には側柱の掘立柱建物跡が2棟ずつ並列するなど計画的な配置がみられる（図9-4）。3期になると礎石建物が増築される。構造としては掘立柱建物から礎石建物跡へ変化する。また礎石建物跡は、坪地業から坪地業と堀込地業への変化がみられる。豪族居館跡は7世紀初頭～8世紀前半まで継続的に造営されるなど評（郡）衙造営と深い関わりがうかがえ、一辺10mの大型

28 第1章 坂東における中央集権的国家の形成

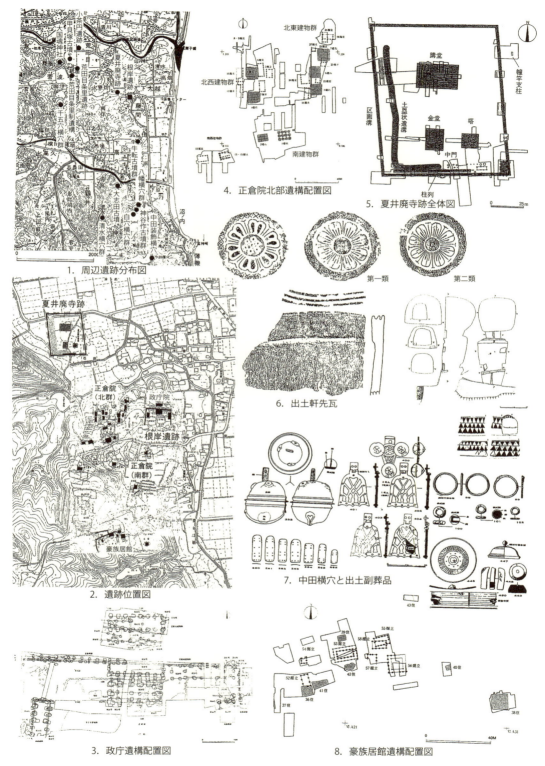

図9 陸奥国石城評（郡）衙と周辺遺跡

竪穴建物と5間×5間の方形掘立柱建物、さらに5間×3間の四面庇付掘立柱建物へと変化する。正倉群の礎石建物増築による整備拡充の中、柱がすべて抜き取られるなど何らかの理由で廃絶される（図9-8）。政庁院、正倉院、廃棄場から合わせて1400点以上の瓦が出土し、瓦葺建物の存在がうかがえるものの特定できていない。軒瓦には夏井廃寺跡と同様の複弁6葉蓮花文軒瓦、複弁8葉蓮花文軒瓦第二類が出土する。

夏井廃寺跡の伽藍は、東西96.3 m、南北119.5 mと周囲を溝で区画し、北へ向かってやや西にふれる。塔と金堂が東西に並び、南北棟の金堂北側に講堂が配されることから、いわゆる観世音寺式に類似する伽藍配置となる（図9-5）。塔基壇は東西12.8 m、南北11.8 mを測り、基壇版築土は高さ1 mほどで、中央に心礎をもつ。塔基壇内からはおびただしい量の瓦が出土するなど造営時期が遅れることがわかる。金堂は南北棟で、基壇規模は東西13.1 m、南北17.2 mとなる。講堂は東西棟で基壇は東西32.1 m、南北19.5 mをはかり、残存する礎石から桁行8間×梁行4間と考えられる。南面の区画溝の内側には一部柱列が並走し、塔と金堂のほぼ中間の位置に中門をもつ。また、区画溝北東隅から南に約20 m、東区画溝の東10 mの地点から幢竿支柱が確認され、付近に東門の存在も想定できる。寺院の造営は、7世紀末から8世紀初頭に創建され、10世紀前半まで存続する。当初は金堂と講堂、遅れて塔が8世紀中葉に建てられ、その後溝で区画されるが、9世紀後半には区画施設が溝から土塁状遺構に変化する。創建瓦は複弁8葉蓮花文軒瓦第一、二類と複弁6葉蓮花文軒瓦に型挽重弧文宇瓦がセットとなる。

根岸遺跡と夏井廃寺跡の創建瓦群（図9-6）は同笵となるなど共通性をもつことがわかっている。複弁6葉蓮花文軒瓦は、中房蓮子が1+6あり、花弁は輪郭線で囲まれ、花弁内分割線はない。周縁は傾斜縁で交叉状の線鋸歯文となる。複弁8葉蓮花文軒瓦は山王廃寺系であり、第一類は中房蓮子が1+4+8と2重に巡り、瓦当周縁は素文のものと竹管文の施されるものがある。第二類は中房蓮子が1+11となるもので、文様変遷は第一類から第二類へ変化することがわかっている。根岸遺跡では第一類がみられない。型挽重弧文宇瓦は顎部が段顎のもの、段顎がやや傾斜気味のものがある。夏井廃寺跡、根岸遺跡では重弧文の弧が太く、深く、いくぶん瓦当面がゆがむものがある。供給瓦窯は梅ノ作瓦窯跡で、粘土板桶巻作りとなり、分割後に重弧文が施文される（いわき市教育委員会2004）。また、重弧文宇瓦には、段顎の顎面に施文のないものと交叉状鋸歯文が施文されるものがある。軒瓦の文様と顎面施文共に陸奥南部地域である関和久・関和久上町、借宿廃寺跡や上人壇廃寺跡とも共通する。

夏井川の下流域では、石城国造に関連する墳墓との伝承をもつ甲塚古墳（円・37 m）がある。また、遺跡の南側の滑津川下流域はいわき地方有数の古墳・横穴の密集地（図9-1）であり、古墳では刳抜石棺、箱型石棺が発見された久保ノ作古墳群や、男子胡坐像などの人物や家形埴輪が出土する神谷作古墳群の101号墳などがある。横穴は6世紀後半から7世紀代まで造営され、中田横穴は6世紀末から7世紀初頭の複室構造となる横穴で、玄室全面に赤白の連続三角文がみられる。金銅製馬具、挂甲小札、装飾大刀、銀装鉄鉾、金環、銅碗蓋など約450点に及ぶ副葬品が出土する（図9-7）。また、7世紀代の八幡横穴群からは銀象嵌鐔、金銅製パルメット唐草文透彫金具、甲冑、打ち出し連珠文金銅製刀装具が出土する。清水横穴墓からは金銅製毛彫の鳳字形杏葉、円形辻金具、金銅

製有窓帯金具などの 7 世紀後半のきわめて良好な馬具一括資料が出土し、ヤマト王権と密接な関わりをもつ。夏井廃寺北の荒田目条里遺跡の運河跡からは 9 世紀半ばの木簡群が出土し、その中の郡符木簡から、郡内に「立屋津」という港の存在が明らかとなる。そこには津長という役人がおり、郡司の管轄下にあったことがわかっている。石城郡には蒲津郷、泊田郷など津、泊といった港と関連する郷名があり、盛んな水上交通がうかがえる。また、古墳時代から夏井川や滑津川の河川交通、その河口港などによる海上交通も盛んであったことが古墳や横穴からの豊富な副葬品により明らかになっている。時代を通して、石城郡における中核地域として交通の要衝を占めていたことがうかがえる。また、複弁 6 葉と複弁 8 葉蓮花文鐙瓦第二類は常陸国多珂郡大津廃寺跡との関わりをうかがわせ、『常陸国風土記』にみえる多珂国造領域内に属した地域が常陸国多珂評（郡）と陸奥国石城評（郡）に分割される地域的変遷を裏付けている。[6]

(9) 陸奥国白河評（郡）衙と周辺遺跡

　白河評（郡）衙跡は、福島県西白河郡泉崎村関和久地内の阿武隈川北岸の段丘上で確認されている。古代白河郡は、17 郷からなる「大郡」で陸奥国最大規模となり、現在の福島県南部から茨城県北部にまたがる広大な郡域をもつ。白河郡域には下野国との境に白河関を置くとともに、神亀 5 (728) 年 4 月丁丑 (11 日) 条に、「陸奥国、新たに白河の軍団を置き」とあり、政治、軍事上も重要な位置をしめる。関和久遺跡の南西 1.5 km の阿武隈川対岸には借宿廃寺跡、関和久遺跡の北からは畿内系横口式石槨をもつ 7 世紀後半となる谷地久保、野地久保古墳があり、野地久保古墳については、上円下方墳と考えられる。借宿廃寺跡の西には、6 世紀後半から 7 世紀前半の豪族居館を含む舟田中道遺跡、6 世紀末頃の前方後円墳である下総塚古墳がある（図 10 - 1）。関和久遺跡は昭和 47 (1972) 年から昭和 56 (1981) 年に調査が実施され、正倉院の明地地区、院を持つ官衙ブロックで館、厨と考えられる中宿・古寺地区からなる。正倉院は東西約 260 m、南北約 170 m、上幅 2～4 m の大溝による区画溝内に総柱掘立柱建物（倉庫）SB07・21・22 の 3 棟が確認され、郡衙の前身的性格を有する評段階の建物と考えられる。区画大溝は、北側において阿武隈川と合流する運河と考えられる旧河道につながるなど、倉庫群造営との関わりがうかがえる。7 世紀末から 8 世紀初めの Ⅱ 期が官衙整備期で前代となる掘立柱建物の主軸を踏襲しつつ、瓦葺礎石建物に建て替えられる（図 10 - 2）。区画溝内（SD28）に沿って南辺に SB05・06、SB23・20、SB11・10・26、東辺に SB01・02・03 が 2～3 棟ずつ 4 群に建て替えられる。同位置での重複から 4 時期認められる。正倉南西部では、区画溝と重複して東西 5.7 m、南北 3.8 m の長方形となる竪穴住居跡（SI12）がある。出土土器から 7 世紀前半頃に位置づけられる。住居堆積土表面には土塁基底部と考えられる黄褐色土層が確認されることから区画溝内側に土塁を伴い、造営が住居堆積以後であることがわかる。館院遺構は、正倉院の北に位置し、西側部分では東西 32 m、南北 140 m 以上の掘立柱塀と溝で区画された内部に掘立柱建物が規則的に配置され、西側は区画塀と建物から 3 期に分けられる。南面門付近の溝埋土から出土した土器から 10 世紀中頃にその機能を停止することがわかる。東側中央部では西区画に八脚門を築き、目隠し塀を挟んで南面庇の掘立柱建物が 8 世紀末から 9 世紀初頭にみえる。建物の北に接する溝からは 9 世紀前半の「白」「厨」「水院」などの墨書土師器杯が出土している。そのこと

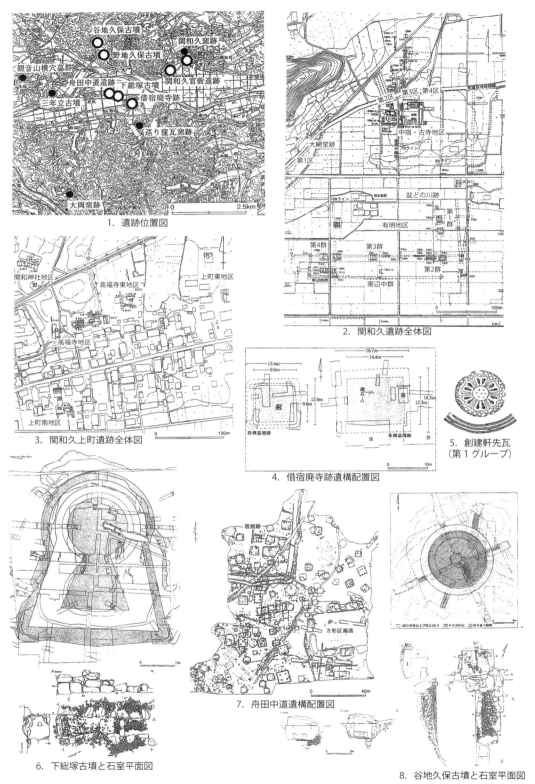

図10　陸奥国白河評（郡）衙と周辺遺跡

から「厩」や「館」などの官衙ブロックの存在が考えられ、評（郡）衙遺跡Ⅱ期から造営が始められる（福島県教育委員会 1985）。

関和久上町遺跡は、昭和57（1982）年から平成3（1991）年まで福島県教育委員会により発掘調査が実施されている。関和久遺跡の東北東約600mに位置し、南辺部では区画溝と掘立柱塀、中央部では大型の掘立柱建物や掘立柱塀などが確認されている（図10-3）。また中央部東では鍛冶工房、北西丘陵裾では漆工房とそれに伴う竪穴住居跡群も確認されている。中心建物は7間×2間で南面に庇が付く東西棟の掘立柱建物で4時期の変遷があり、3・4期は東側に軸線を揃えた同構造、同規模の建物が配される。また、西側に30m離れて西区画塀がある。中心建物は4期で総柱に建替えられ、西側にも総柱建物がみられることから地点の機能が移ったものと推測される。建物はSA42の柱列内にある掘立柱建物SB40により、最初の小規模な官衙ブロックが7世紀末に成立し、10世紀前葉で機能が停止したものと考えられる。関和久上町遺跡の小規模官衙ブロックは、正倉の初期掘立柱建物とともに評段階に遡る可能性がある。周辺の鍛冶工房は8世紀中葉～9世紀前葉、漆工房では8世紀中葉から9世紀前葉の土器が出土している（福島県教育委員会 1994）。

借宿廃寺跡は阿武隈川右岸にあり、隣接地西500mには舟田中道遺跡、舟田中道遺跡1号墳、下総塚古墳がある。東北地方唯一の磚仏が出土する寺院として著名で、平成15年度から本格的な発掘調査が実施される。東西に基壇が並立し、東基壇が東西14.4m、南北12.3m、西基壇が一辺9.6mの方形であることが確認され、西に塔、東に金堂、さらに北に講堂をもつ法隆寺式伽藍であることがわかっている（図10-4）。出土瓦には、関和久、関和久上町遺跡と同笵の瓦群がある。

これらの官衙及び寺院における出土瓦は詳細な分析があり、第1グループと呼ばれる瓦群（図10-5）が創建期に位置づけられている。複弁6葉蓮花文鐙瓦は、面径の違いと中房の周縁蓮子の位置から1100、1101、1102の3種がある。いずれも中房蓮子が1+6、6葉の花弁は輪郭線で囲まれ分割線は認められない。外区の傾斜面には、交叉状線鋸歯文がめぐる。セットになる型挽重弧文には3重弧文である1500、4重弧文である1510がある。第2グループは単弁8葉蓮花文鐙瓦1120とヘラ描3重弧文で顎面に交叉状鋸歯文がある1520などがある。1500と1510は段顎であり、顎面は無文のものが多く、一部にヘラによる細い沈線で交叉状鋸歯文が施されるものが認められ、1520との共通点がみえる。供給瓦窯である大岡瓦窯跡は3基からなり、官衙遺跡の南西3.7kmに位置する。1から3号窯まで発掘され、2号窯から蓋、杯　1、3号窯から鐙瓦1100などの瓦群が出土する。大岡瓦窯は窯跡群全体が関和久・関和久上町遺跡、借宿廃寺跡の成立に伴うものと考えられ、蓋の特徴はカエリ消失直後の形態であり、カエリを持つものと持たないものが供伴する段階である7世紀末～8世紀初に位置づけられている（福島県教育委員会 1985・1994）。

寺院の隣接地には、舟田中道遺跡など古墳時代後期の豪族居館や方形区画による祭祀遺構や下総塚古墳がみられる（図10-7）。豪族居館跡は6世紀後半から7世紀前半で、各辺中央部に張り出しをもつ区画溝内に一定の間隔を保って竪穴住居跡が展開する。方形区画は、周囲に幅5～8m、深さ0.4～1.5mの溝をもつ東西35m、南北30mの空間が確認されている。溝からは7世紀から8世紀前半以前の遺物が出土し、方形区画の空間は居館跡とほぼ同時期に機能した「祭祀場」の可能性も指摘されている。

下総塚古墳（前方後円・71.8m）は、東北地方最大規模の後期古墳であり、2段築成となる墳丘形態は栃木県下毛野地域の首長墳に認められる基壇を有する古墳と共通する特徴を持つ（図10‐6）。後円部の横穴式石室は7.1m、奥壁側で膨らむ羽子板状となる。盾形、人物、家型、円筒埴輪など東北地方で最終段階となる埴輪が出土し、6世紀後半に造営されることから白河国造の墓の可能性が指摘されている。下総塚の北50mには、推定全長8.2mの奥壁で隅切り状となる横穴式石室をもつ舟田中道遺跡1号墳（円・20m）があり、羨道部出土の土師器杯から7世紀前半～中頃に位置づけられる。これらの古墳が豪族居館や方形区画溝と併行して造営され、後に借宿廃寺跡が隣接地に造られることになる。関和久遺跡の展開時期と同じ頃に、官衙遺跡の西約2kmの谷を望む丘陵南斜面には谷地久保古墳、野地久保古墳が造営される。谷地久保古墳は2段築成となる円墳と考えられ、一段目で17m、二段目で10mとなり、埋葬主体部は畿内にみる切石を用いた石室と同様な構造をもつ終末期の横口式石槨と考えられている（図10‐8）。復元規模は玄室が奥行1.445m、幅1.38m、高さ1.19m、玄門が奥行0.425m、下端幅0.71m、高さ0.84m、羨道が奥行0.815m、幅0.97m、高さ0.117mとなり、7世紀後半から8世紀初頭の年代が考えられている。さらに南東450mにある野地久保古墳でも、谷地久保古墳同様の横口式石槨が確認されている。復元規模は玄室で幅1.62m、高さ1.44m、奥行1.44m以下と考えられている。また、墳丘調査によって二段築成となる墳丘が確認され、上段に葺石をもつ円墳、下段が方墳となる上円下方墳であることがわかっている。谷地久保古墳と大差ない時期のものとされるが、前後関係は不明である。畿内系の古墳の存在は関和久遺跡造営に関わる中央との結びつきをよく示し、さらに対岸の後期古墳、豪族居館、寺院を含め畿内や東国との関わり、地域変遷を考える上で重要となる（鈴木 2006）。

(10) 陸奥国府と関連遺跡

多賀城以前の陸奥国府と考えられる仙台郡山遺跡は仙台市太白区郡山二丁目から六丁目に所在し、太平洋に注ぐ名取川河口から6km上流の支流広瀬川との合流点付近の自然堤防と後背湿地上にある。調査は昭和54（1979）年から実施し、遺跡の範囲は東西800mから南北900mに及び、ここでは2期に及ぶ官衙遺構が重複して認められている（図11‐1）。

Ⅰ期官衙は、東西295m、南北604m以上にわたり、周囲を材木列（塀）により取り囲まれる。掘立柱建物跡、材木列、板塀跡が真北から西に50°から60°偏する遺構により、中枢部、倉庫、工房、雑舎、空閑地が横長に建ち並ぶ。特に材木列（塀）のSA255・800・1410は直線的に300m連続して認められ、この遺構が区画のみならず、基準となっている（図11‐3）。南の長辺118mから120m、短辺91.6mの範囲が中枢部として広場状の空閑地となり、後のⅡ期官衙正殿や石組池が配置される政庁域と重複する。掘立柱列による区画と総柱建物によるA期は、側柱建物からなるB期へ建替えられ、南東にあたる短辺正面には門が造られる（図11‐2）。特に主要建物と掘立柱塀が一連になるなど、郡衙政庁に一般的にみられる構造に通じる。中枢部周辺には倉庫群や竪穴住居が立ち並ぶ雑舎群、櫓状建物により警備された武器関連工房群、竪穴住居群などがあり、機能ごとに院を形成していたと考えられている。中枢部の北、南の両脇の倉庫群は2～4時期の重複がみられ（図11‐5）、総柱から側柱建物へ建替えられる傾向がある。規模は2間四方、3間四方、2間で梁行が3ない

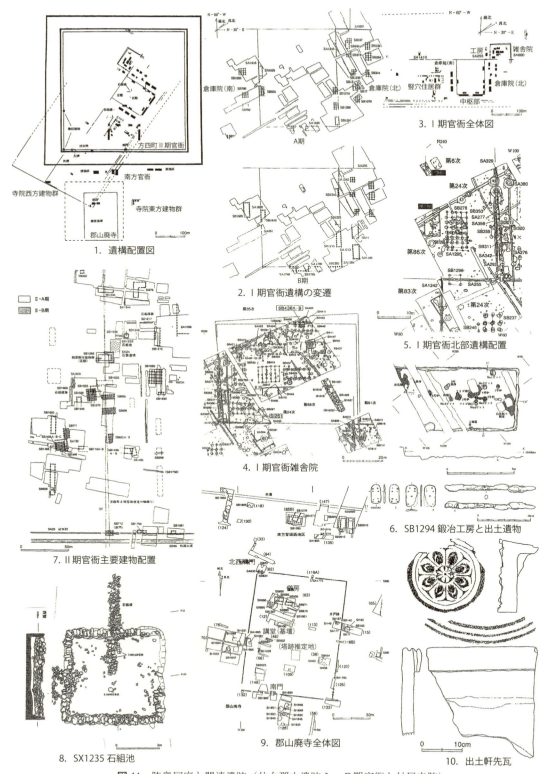

図11 陸奥国府と関連遺跡（仙台郡山遺跡Ⅰ・Ⅱ期官衙と付属寺院）

し4間のものがある。柱下部に川原石を敷いているものや柱直径が70 cmのものがあるなど、重量物の収納が考えられる。雑舎群は、短辺51～54 m、長辺65～66 mの区画内に竪穴住居と掘立柱が軒をそろえて建ち並び、3から4時期の変遷がある（図11-4）。雑舎域では材木列に近接して竪穴住居が配置されている。武器関連工房群は中枢部に隣接し、鍛冶工房や棟持ち柱を有する建物など特殊な遺構がある。SI1294は、短辺4.8、長辺9.4 m以上の大型竪穴住居跡で、床面からは炉跡が5カ所で見つかっている。鞴羽口のほか鉄製品が多く、武器武具の製造修理を行う鍛冶工房である（図11-6）。Ⅰ期官衙の機能は、倉庫群の多さから物資の集積、工房群での武器の製作、官衙内に竪穴住居が多数存在することから人員の集合などが考えられ、畿内産土師器の出土など中央と直結した官人が派遣される国家的な官衙施設と捉えられている。さらに立地も河川との位置関係に密接な関連があることから、渟足柵、磐舟柵のような海路の拠点となる「柵」的機能も考えられている（仙台市教育委員会 2005、長島 2009）。

　Ⅱ期官衙は中心官衙の周辺に南方官衙、寺院東、西方建物群があり、南には付属寺院である郡山廃寺など機能ごとに分化した建物配置となる[8]。官衙は、Ⅰ期官衙を取り壊し、真北主軸となる四町（428 m）四方に直径30 cmほどのクリ材を立て並べた材木列、その外側に大溝が巡る。材木列南辺中央には門（SB712）があり、南西コーナーと西辺上には櫓状の建物（SB51・134）が取り付けられる。大溝（SD35）は材木列から9 m離れ、幅3～5 m、深さ約1 mとなる。官衙中央やや南よりに中枢部があり、北よりに8間×5間の東西17.4 m、南北10.8 mの四面廂付建物（SB1250）が正殿と考えられる（図11-7）。正殿北側には建物に接して南北13 m、東西10 m以上となる小粒の河原石によるバラス敷きの石敷遺構（SX24）がある。また正殿の北廂の柱筋に沿って、やや大きめの川原石が並べられるなど建物と石敷きの境界が明瞭となる。石敷遺構北東には拳から枕大の川原石を積み上げて造った方形の石組池（SX1235）がある。内法で東西3.7 m、南北3.5 mのほぼ正方形で、深さは60 cmとなる。底面にも拳大の扁平な河原石を敷き詰め、底面側壁の裏込めには粘土やシルト土が詰められる（図11-8）。石組池の北壁と西壁には給排水用とみられる石組溝跡（SD1236・1249）が接続している。池の東には7間×2間の主柱穴に接して束柱痕跡のある高床の南北棟建物（SB1210）があり、正殿、石組池周辺の遺構は、創建から終末まで存続していたようである。これらの遺構の南には、SB1635・1555を中心に「ロ」の字形に数棟の建物があり、建物を挟むように南北棟による2列の建物列が東西に並んでいる。陸奥国司には蝦夷支配のため「饗給」、「征討」、「斥候」などの権限が付され、石敷遺構と石組池は飛鳥地方の宮殿に匹敵する構成となり、服属関係の儀礼を実施した可能性が指摘される。また、中心建物群の周囲に南北棟建物が東西に列をなす様相は、前期難波宮や藤原宮の朝堂院の建物配置を想像させる。

　国造の未設置地域として位置づけられており、周辺での後期古墳群の存在は認められない。古墳時代から引き続く状況は認められず、郡山遺跡Ⅰ期官衙はその構造から官衙や城柵として設置されている可能性が指摘できる。官衙遺構の下層及び西に接する西台畑遺跡や長町駅東遺跡には、6世紀末や7世紀初め頃となる官衙造営以前の総数400軒以上の竪穴住居跡と区画施設の溝と材木列が認められ、関東地方の特徴を有する土師器を使用した人々の住居が増加する傾向がある（長嶋2009）。阿武隈川以北となる東松島市赤井遺跡、一里塚遺跡（大和町）、権現山遺跡・三輪田遺跡（大

崎市)、山王遺跡(多賀城市)などでも同様な区画施設をともなった集落が発見され、関東や東北南部からの移住者が主体となる集落「官衙造営環濠集落」と考え(村田 2000)、中央集権的国家拡充にみる城柵や柵戸以前の原初的な事例がうかがえる。

　I期官衙は、遺構の切り合いから大まかには前半と後半に分けることができ、成立は7世紀中頃、畿内産土師器や関東系土器などⅡ期官衙の成立から後半は680年代の前半から690年代半ばまでの存続が考えられている。Ⅱ期官衙と郡山廃寺は多賀城跡及び同廃寺の創建により国府及び付属寺院の機能が遷されることから、690年代半ばから720年頃と考えられる。瓦は郡山遺跡Ⅰ、Ⅱ期官衙には葺かれず、観世音寺式伽藍となる付属寺院である郡山廃寺跡にのみ山田寺系単弁8葉蓮花文鐙瓦が葺かれる(図11-9・10)。その後、国府多賀城の創建により、付属寺院である多賀城廃寺跡とともに共通瓦群が採用されることになる。

(11)　陸奥国丹取(玉造)郡衙と周辺遺跡

　遺跡は宮城県大崎市古川大崎字名生館・城内・小館ほかに所在する。大崎平野の西端部、江合川右岸段丘上に立地し(図12-1)、範囲は南北1,400m、東西600mある。明治以降、玉造柵跡との関わりが指摘されてきた。南1kmに位置する伏見廃寺跡と同笵瓦である単弁8葉蓮花文鐙瓦が出土し、文様的にも技法的にも多賀城創建瓦を溯るものと推定される。玉造柵のほかに多賀城創建を溯る丹取郡衙とその前身官衙などに比定される(図12-2)。

　調査は、多賀城跡調査研究所により昭和55(1980)年から昭和60(1985)年、古川市(現大崎市教育委員会)により昭和61(1986)年から平成18(2006)年、宮城県教育委員会により平成10(1998)年から平成13(2001)年にかけ、ほ場整備に伴う調査を実施している。遺構は遺跡中央北よりの城内地区と南部の小館地区から7世紀中葉から9世紀後半のⅠ～Ⅵ期にかけての掘立柱建物、材木塀、溝が確認されている(図12-3)。政庁など官衙中心施設は時期ごとに構造を変化させながら、Ⅰ期(7世紀中葉～7世紀末葉)に小館地区を中心に小型掘立柱建物と竪穴住居跡が不規則に認められる。Ⅱ期(7世紀末～8世紀初頭)は城内・小館地区ともに真北主軸とする材木塀、溝による方形区画内に2間×3間を中心とした側柱建物がみられる。Ⅲ期(8世紀初頭～前葉)は城内地区の官衙院が政庁に改修される。東西52.5m、南北60.6mを掘立柱塀で方形に区画し、塀に取り付くように正殿となる四面庇付建物(SB01)と西辺脇殿となるSB61(10間×2間)、SB60(8間×2間)の2棟のほか正殿東にも3間×2間のSB11がある(図12-4)。これらはいずれも掘立柱建物であり、正殿前方は空間地となる。正殿の柱抜き取り穴から単弁8葉蓮花文鐙瓦、型挽重弧文、男女瓦が伴うことから瓦葺きと考えられる。Ⅳ期は、150m四方の土取工事により完全に破壊を受けた際に、多賀城創建期の重弁8葉蓮花文鐙瓦と男瓦、女瓦が多量に採集されたことから、小館地区に政庁が移動したものと考えられている(図12-6)。さらに北250mに東西に130mほど平行して伸びる二条の溝があり、溝の南には建て替えを含め8基前後の櫓が確認されるなど外郭施設とみられる。西辺と考えられる同様の溝は南北400m認められ、多賀城創建期の瓦をもち、大規模区画を伴う遺構のあり方が認められる。遺構の構造からⅢ期が丹取郡衙、Ⅳ期以降が玉造郡衙と考えられ、櫓を伴う区画施設が巡ることから郡衙の機能をあわせもった城柵である玉造柵兼郡衙と指摘されている(村田

第1節 坂東を中心とした中央集権的国家の形成　37

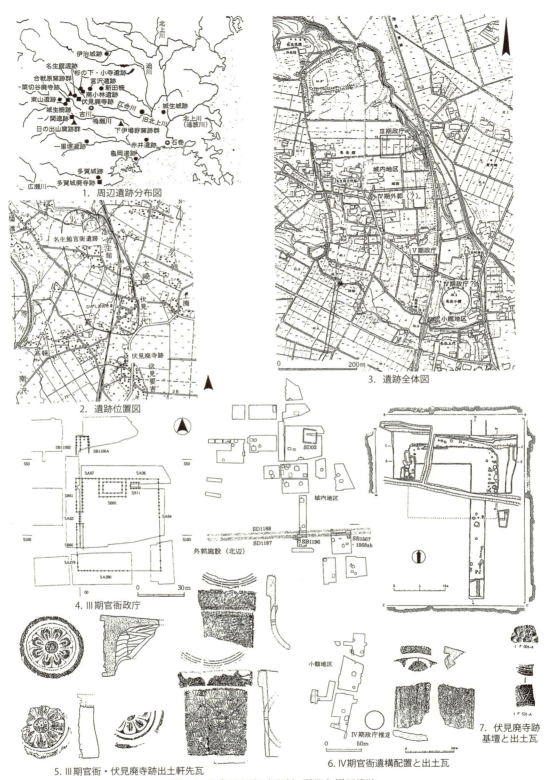

図12　陸奥国丹取（玉造）郡衙と周辺遺跡

2007)。

　伏見廃寺跡は大崎市大崎字伏見要害にあり、北1kmに名生館官衙遺跡がある。基壇状の高まりから瓦が出土することが知られていた（図12-7）。昭和45（1960）年の発掘により、基壇規模が東西17.6m、南北9.5mの川原石積基壇による単堂の寺院と考えられた。創建瓦は単弁8葉蓮花文鐙瓦と型挽重弧文で、名生館官衙遺跡と同笵瓦を含み（図12-5）、補修瓦としては多賀城創建期鐙瓦とヘラ描重弧文などがある（佐々木 1971）。

　両遺跡から出土する創建期瓦は単弁8葉蓮花文鐙瓦3種、宇瓦は型挽4重弧文3種、男瓦1種、女瓦4種の瓦群である。鐙瓦は上植木廃寺跡に祖型をもち、面径15.5cm〜16.5cm、平板な花弁の弁端に鎬状の凸線があり、子葉は棒状となる。内区と外区の間には1条の圏線をめぐらせる。伏見廃寺跡はⅢ期に伴い建立された可能性が強く、立地から郡衙付属寺院と考えられる（佐川ほか 2005）。

2　遺跡からみた各種の特徴

(1) 古墳から寺院、官衙にみる伝統地域の継承

　評（郡）衙が地域において、いかなる歴史的意義を有するものなのかという視点から、地理、歴史的環境の中で古墳時代後期から奈良時代へと移り変わる時期の権力構造、地域支配の推移をみることは、中央集権的国家の歩みを地域から読み取る有効な手段である。

　東国国司に課された施策の一つには国造など在地豪族層の詮議と評督等への任命があり、東国における中央集権化は古墳時代からの伝統的氏族の登用をいち早く打ち出すことにあった。このことを考古学的に考える上で、本拠地、非本拠地型論（山中 1994）は重要である。これは官衙の造営地を、郡域における5〜7世紀頃の古墳や豪族居館跡や拠点的集落跡、7、8世紀創建の寺院跡の分布地区との位置関係によって在地有力氏族の本拠地に営まれた本拠地型評（郡）衙遺跡と、本拠地と離れたところに造営された非本拠地型郡衙遺跡とに大別するものである。本拠地型は有力氏族の墳墓が造営されるなど伝統的な勢力を有し、代表者としての地位を占めた有力者の豪族居館、さらにはミヤケとの関係から本拠に造営されるA類、本拠をもつ有力氏族との競合関係の中、その一方に立地するB類等に分類される。また、寺院においても時間、地理的に評（郡）衙に近接する状況が読み取れ、およそ2km以内に存在するものを郡衙周辺寺院と呼び、文献等でも郡名寺院となるなど地方支配施設と密接な関係を持つことがわかっている。東国における最有力層の古墳群が評（郡）衙や寺院の近隣に存在するものとしては、上毛野国の総社古墳群と山王廃寺下層遺構、下総国の岩屋古墳群と龍角寺、大畑Ⅰ遺跡があり、地域的・時間的にも権力構造の継続が指摘できる。このほか武蔵国橘樹評（郡）域における馬絹古墳など終末期古墳群と千年伊勢山台遺跡や影向寺、陸奥国白河評（郡）域における終末期古墳である下総塚古墳、豪族居館である舟田中道遺跡と関和久・関和久上町遺跡や隣接寺院である借宿廃寺などのあり方も同様で、これらの遺跡が本拠地型A類の典型的な事例とすることができる。

　本拠地以外にも有力地域が見られるものとしては、下野国河内評（郡）をあげることができる。

伝統的な複数の拠点地域に郡内の複数官衙を設置する可能性があり、下野薬師寺、国府、国分寺も含めて、地域的な継承を指摘できる（眞保 2013）。

このほか官衙造営地域における古墳群との関係を見る上で、上総国武射評（郡）衙である嶋戸東遺跡、下野国河内評（郡）衙関連遺跡である上神主茂原官衙遺跡のほか、武蔵国幡羅評（郡）衙とされる幡羅遺跡でも、7世紀後半に造営される評（郡）衙周辺に存在する古墳や古墳群を官衙域に取り込みながら諸施設が展開していくことがわかっている（図13）。これらは各地域における最有力古墳とはいえないものの有力古墳群が形成される伝統地域であり、近隣に官衙が造営され、さらに景観や遮蔽の一部、祭祀施設として取り込まれることが考えられる。このことから地域権力の表象として踏襲、継承の意識が奈良時代以降にも何らかの形でみることができるのである。

また、評衙段階の遺跡の性格をしめすものに官衙施設内での竪穴住居の存在がある。栃木県西下谷田遺跡ではⅠ期（7世紀第3四半期後半から第4四半期前半）とⅡ期（7世紀第4四半期後半から8世紀第1四半期以前）に分かれ、区画施設は南北150m、東西推定108mの掘立柱塀の区画内の南に開く門から入って東側の南東ブロック内部に大型竪穴建物SI01・02・03の3棟が重複して認められる。重要な位置での長期的な竪穴住居の造営には祭祀的な意味合いを含め、豪族居館など古墳時代からの強い伝統がうかがえる。さらに宮城県仙台市郡山遺跡Ⅰ期官衙での官衙遺構内部での武器工房、千葉県嶋戸東遺跡でもⅡ期7世紀第4四半期から8世紀初頭の時期に16°～20°西にふれる中央官衙建物群内で鍛冶工房が認められている。また、武蔵国幡羅遺跡のⅠ期（7世紀第3四半期後半頃～第4四半期）、Ⅱ期（7世紀末～8世紀第1四半期）の区画溝内の官衙施設とともに鍛冶工房を含む多数の竪穴住居跡、陸奥国安積評（郡）衙とされる福島県郡山市清水台遺跡でも主軸を偏する鍛冶工房跡など手工業生産のための竪穴住居跡が認められている（図14）。これら評（郡）衙中枢での竪穴住居の存在と官衙と同一主軸の採用は官衙施設との未区分の状態を示し、その性格をよく示している。陸奥国石城評（郡）衙では、同一丘陵上に隣接して竪穴住居と掘立柱建物による豪族居館が7世紀初頭から8世紀前半に認められ、居館に伴い官衙施設が展開する時間、地理的な継続性もみることができる。このような評成立前後となる支配施設のあり方からも、豪族居館など族制的な職務執行機関と竪穴住居が評衙など律令的支配施設と混在するなど、構造、性格、地理、景観的に分化しない状況を読みとることができる。

(2) 先行遺構の構造と主軸について

中央集権的国家が地方でどのように拡充していったのか考える上で、支配拠点として機能する評などの成立、構造や変遷を検討することは重要である。全国的に評（郡）衙遺跡の調査事例が増加し、官衙施設に主軸方向を異にする重複遺構が明らかになってきている。8世紀以降の郡衙遺跡では全国的にも真北主軸を中心とする配置をとり、下層の遺構には斜方位となるものが多く、評衙関連施設をしめすものと考えられる。山王廃寺下層遺跡では西に33°前後、嶋戸東遺跡ではⅠ期7世紀第4四半期で西に33.5°、Ⅱ期7世紀第4四半期から8世紀初頭で16°～20°などである。橘樹評（郡）衙とされる千年伊勢山台遺跡ではⅠ期の西30°、東60°という斜方位主軸は、隣接する影向寺下層建物の方位と同様であり、これらの主軸は台地の自然地形に合わせていた可能性が指摘されて

40　第1章　坂東における中央集権的国家の形成

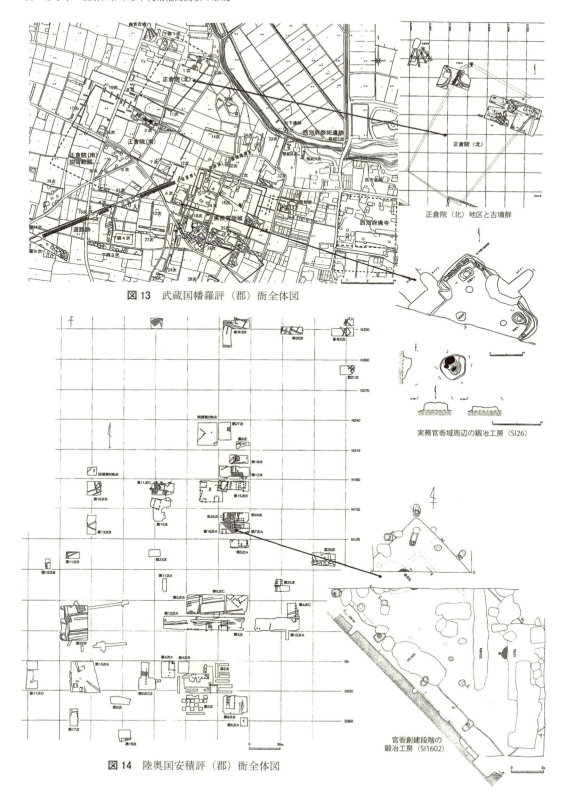

図13　武蔵国幡羅評（郡）衙全体図

図14　陸奥国安積評（郡）衙全体図

いる（村田 2010）。このほか常陸国那賀評（郡）衙とされる台渡里官衙遺跡の南前原地区では、長者山地区の正倉群に先行する可能性のある 7 世紀末段階の溝跡が東に約 40°偏して確認されている（図 15）。評（郡）衙に関連する施設を区画する遺構と考えられるが、この主軸方向は近接して通過することが推定されている東海道の傾きにきわめて近似するという指摘（田中ほか 2012）は、主軸の選択を考える上で興味深い。

　また、評（郡）衙を構成する建物は、重複や主軸方向の違いから時期的な変遷がうかがえる。山王廃寺下層遺跡では、14 棟以上の下層遺構が明らかとなっており、西に偏する建物の重複関係から総柱建物 SB3 から SB5 へと 2 時期に及ぶ遺構の存在がうかがえる。武蔵国豊島評（郡）衙とされる東京都北区御殿前遺跡での評段階の建物は、東に振れるものと振れないもので時間差を考えることが可能である（図 16）。評（郡）衙遺構は東西 300 m、南北 150 m の範囲に、15 間×2 間の西脇殿とともに長大な殿舎となる前殿からなる「ロ」の字型配置をとる。西 30 m には館と考えられる南北縦列する 3 棟の大型東西棟側柱建物、南西には厨家とみられる複数の竪穴住居跡が造営されるが、これら建物主軸は東への振れはみられない。西には主軸方向が東に振れる区画溝内に正倉の可能性がある総柱掘立柱建物が 2 棟建ち並ぶ。このことから 2 時期の評（郡）衙が同一地域に重複していることがわかる（図 17）。その後、8 世紀前半には建物が真北などの北主軸となり、前代の 4 倍となる東西 650 m、南北 350 m の大規模な郡衙施設が評衙の政庁、正倉の位置を踏襲して造営される。武蔵国都築評（郡）衙である神奈川県横浜市長者原遺跡は、西側台地では I 期の布掘の掘立柱建物は 3 間×3 間で 4 棟の重複がみられ、竪穴住居と坪地業建物が伴う可能性がある。II 期は 7 世紀第 3 四半期の竪穴住居群もみられ I 期の遺構が切られ（図 18）、評段階での建物変遷が認められる。その後、8 世紀初めに整然とした規模構造となり真北方向による郡衙が成立する。

　このように評段階で重複遺構が存在し、その後の郡段階での遺跡立地へ継続性がみられるものの、評段階ではそれぞれの地域における地形、河川、道路など独自な基準方位等により造営された可能性が強い。山中敏史は考古学的成果から、郡衙成立を遡る評衙施設の時期や構造などを 3 段階の発展として指摘している。第 1 段階は 7 世紀前半（孝徳立評に先行する時期）までの拠点的施設を端緒的評衙とする。第 2 段階はおよそ 7 世紀第 3 四半期（孝徳朝から天武朝前半期頃）であり、この段階の評、評衙を前期評、前期評衙とする。第 3 段階はおよそ 7 世紀第 4 四半期（天武朝期後半頃から文武朝）、この段階は飛鳥浄御原宮施行期で評、評衙を後期評、評衙として全面的な立評を考えている（山中 2001）。前期評衙と後期評衙の断絶や大きな構造変化により、制度的にも安定がみられない前期評は、後期評、そして 8 世紀には郡衙として、より整備拡充しつつ継続する密接な関係とは大きく異なっていたことが指摘できる。このような違いは天皇を中心とした中央集権的国家支配機構や都城が成立する一大画期とも合致し、新たな人民支配方式の展開に伴い、地方官衙の遺構主軸や構造変化が連動する可能性がある。地域的な連続性と官衙遺構の変遷こそが地方における中央集権化の拡充の諸段階を物語るものとなる。

　陸奥国南部の福島県地域では、評段階と考えられる官衙施設が石城評（郡）衙である根岸遺跡や白河評（郡）衙である関和久遺跡でうかがえた。周辺での古墳群から連続し『国造本紀』により国造が置かれた地域となる。養老 2（718）年には、同じ陸奥国となる宮城県地域の石背、石城国とし

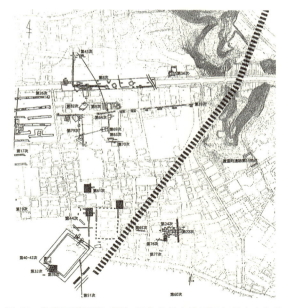

図15 常陸国那賀評（郡）衙先行斜方位区画と推定東海道

図17 武蔵国豊島評（郡）衙先行斜方位遺構

図16 武蔵国豊島評（郡）衙全体図

図18 武蔵国都築評（郡）衙先行斜方位遺構と竪穴住居跡

図19 東北地方における国造設置域から中央集権化の展開

図20 坂東における軒先瓦の祖型

て陸奥国より分離し、坂東的な位置づけがなされることになる。しかし、名生館官衙遺跡や仙台郡山遺跡の造営地域は、国造が未設置となり、古墳時代からの連続性が希薄である。特に郡山遺跡では、杭列による柵などの区画は城柵的な構造をもち、評（郡）衙としては特異な面をもつものである。Ⅰ期官衙はⅡ期官衙造営期の7世紀末から8世紀初頭を遡る7世紀後半に位置づけられる。前期評が設置される時期に遡り、大化改新直後の日本海側での渟足、磐舟柵と太平洋側での同様な軍事的な政策も読み取れる（図19）。また、関東系土器の出土など東国からの移民の存在が考えられ、その後、城柵を拠点に建郡するなど中央集権化による地方支配が確立することになる。このように陸奥国内では、南部と北部の大きな様相の違いを指摘することができる。

(3) 同一領域内での複数官衙遺跡の存在意義

　評（郡）域が広大で、各地域における河川をはじめ東山道など交通の要衝に、中央集権化による支配の拠点として複数の官衙が造営されるものがある。上野国新田評（郡）衙政庁や正倉とされる天良七堂遺跡周辺では、終末期の大型古墳が見られず、評（郡）衙、寺院が前代から本拠地的な地域にみられない非本拠地型官衙の代表に位置づけられる。しかし周辺には東山道が複数ルートで東西に走り、さらに本郡で武蔵路が分岐するなど交通の要衝となっている。分岐点近くには入谷遺跡が確認され、正倉別院の存在がうかがわれる。

　下野国河内郡では拠点的な古墳群周辺に多くの官衙が造営されている。これらの地域を貫くように東山道が通り、前代からの複数の伝統地域を継承しつつ、新たな支配、租税、交通施設が整備される状況をうかがうことができる。これらは、中央集権的国家の形成期における新たな展開と捉えることができる。また、入谷遺跡では寺井廃寺出土川原寺系複弁8葉蓮花文鐙瓦と同文の鐙瓦が葺かれた正倉の存在が明らかである。これらの瓦を祖型として、陸奥国での中央集権化の拡充により、計画的に寺院、官衙で採用される。同じ坂東北部系となる上植木廃寺の山田寺系鐙瓦も、陸奥国の評（郡）衙や寺院で採用されることになる。このほか川原寺系鐙瓦は北武蔵にもその系譜が認められることから、武蔵路に隣接して造営される入谷遺跡のあり方がうかがえる。このような、広域に及ぶ文様系譜の祖型となることも、新たに地域で国家と結びつき支配拠点施設が造営される要因となったと考えることができる。

　白河郡では阿武隈川の右岸に借宿廃寺、豪族居館や祭祀場のある舟田中道遺跡、古墳時代からの伝統的な前方後円墳となる下総塚古墳が隣接地域に造営される。これとは対照的に白河評（郡）衙と考えられる関和久、関和久上町遺跡は、川を挟んだ阿武隈川左岸に位置することになる。さらに官衙から低丘陵地帯に入ったわずかな平坦面に上円下方墳、南に開放する横口石槨をもつ、畿内系となる谷地久保古墳、野地久保古墳が認められる。このことは、郡内での支配施設の一体的な造営の中で、在地の伝統地域から継続する寺院と畿内との関わりで造営された官衙など、本拠地型となる白河郡での寺院と官衙の造営地域における対照的なあり方にも複数拠点的な背景を内包していることがうかがえる。

(4) 古墳から寺院―畿内との関わりの中で

　古墳は墓であるとともに古墳時代の権力、序列、系譜の象徴であり、大化改新以後、地域においては支配構造の再編成・転換が図られることになる。古墳造営に続き寺院など仏教が導入される思想的支柱となりえたのは、「君臣の恩」「七世父母」「生々世々」のためとする「祖霊追善」思想を考えることができる。このことは、古墳の持つ「祖霊追善」的機能と地方豪族の権威の継承としての寺院造営が、支配原理として矛盾するものではなかったと考えることができる。むしろ新たな中央集権的国家基盤の形成の中で、在地における同族内の結合、維持存続が強化継承されたことが指摘される（岡本 1996）。仏教伝来以後、崇峻元（588）年の飛鳥寺造営などを蘇我氏が推進し、推古2（594）年春2月のいわゆる「仏教興隆の詔」、その後も王権としての仏教受容により舒明11（638）年秋七月には百済大寺の本格造営をむかえる。大化元（645）年8月癸卯（5日）の詔には「天皇より伴造に至るまで造るところの寺、営むこと能はずは朕皆助け作らむ」と、広い階層への造寺援助策が見え、仏教興隆・寺院造営の推進がしめされている。地方の寺院は、大王（天皇）側が主導権を掌握し、仏教興隆を図ることによって地方豪族と結びついて造営されることになる。

　天武14（685）年3月壬申（27日）の「諸国毎家、仏舎を作る」の造寺奨励も継続的な施策と考えられる。これら一連の仏教奨励により、推古天皇32（624）年9月丙子（3日）には畿内中心に「寺46所」であったものが、『扶桑略記』持統6（692）年9月には「凡そ五百四十五寺」とあり、全国に急速に展開したことがわかる。

　初めての王権による寺院造営となる百済大寺と考えられる吉備池廃寺の出土鐙瓦は、重圏文縁の単弁8葉蓮花文となる。宇瓦は若草伽藍で使用された型押忍冬文と型挽重弧文が出土し、大和山田寺にみられる単弁8葉蓮花文鐙瓦や型挽重弧文の祖型とされている。これらの軒先瓦が「山田寺式」として畿内をはじめ全国的に展開するものの、東国に分布するものは中房に間弁が達しないB系統とされる一段階遅れる時期のものとの指摘がある（岡本 1996）。「山田寺式」の軒先瓦のほかにも「川原寺式」など、大和にあっていずれも王権によって建立された寺院で葺かれた瓦を祖型とする瓦（図20）が地方寺院に採用され、畿内と東国の結びつきの深さがうかがえる。地方寺院の急増は、全国的な評（郡）制施行によって在地社会が大きく変化する時期とも重なることが指摘され（三舟 1999）、まさに中央集権的国家の拡充の指標といえる。

　坂東において前代から地域的、時間的に継続される上野国の山王廃寺跡と下総国の龍角寺跡といった寺院の造営は、前期評段階に遡るものと考えることができる。山王廃寺下層前期評衙と寺院造営は、ヤマト王権の直轄地的な地域にいち早く設置された可能性が高く、王権擁護を第一として、その関係を堅持発展することと、祖先信仰に基づく自らの氏族の結束を図ることにあるとの指摘（須田 2013）は、造営の事情をよく捉えている。

　各地で採用された瓦を祖型として、国や郡域を越えて系譜をもつものが上総や下総国地域における龍角寺式の分布に顕著である。このほか、山王系複弁7、8葉蓮花文の北武蔵と陸奥南部地域、寺井廃寺跡や下野薬師寺跡などの川原寺系軒先瓦の北武蔵と陸奥南部地域、山田寺式単弁8葉蓮花文などの陸奥国山道沿い地域での分布など、地域的なまとまりをもって分布する（図21）。さらに、龍角寺での文字瓦の分析は、広域地域の地名の存在から国造領域が分割、再編され、評、郡となる地

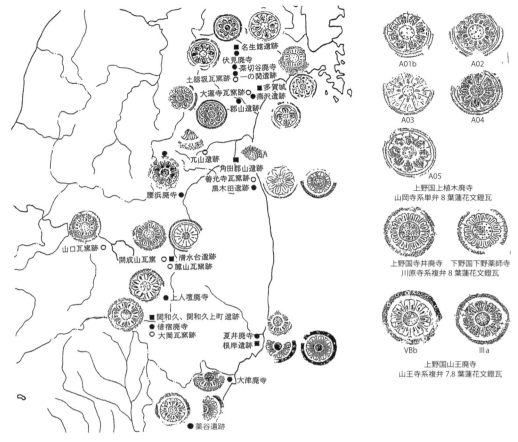

図21 陸奥国の坂東北部系鐙瓦の分布とその祖型

域の変遷や伝統的な地域間の交流関係などを示している可能性がある。

　このような領域を越えての文様や技術系譜の存在は、地域社会間の関わりを示すものと考えることができる。国境を越えない瓦には律令制という行政枠に強く縛られたあり方、国境を越える瓦の中には律令制が確立する以前の文化・経済圏や文化伝播メカニズムを知る鍵があるとの指摘（上原1997）は、瓦と地域社会のあり方とその変化をよく示している。中央集権的な動きを遡る前代の国造や評、郡への分割再編等、有力豪族間と王権を核とした関連こそが、古墳時代の社会からいかに中央集権化していったのか、その地域的な歩みを明らかにするものであり、これら瓦の存在はきわめて大きい。

3　地域支配の二面性

　中央集権的国家をめざす上で東国は、国家拡充の最終目的地である陸奥国に隣接する重要な地域である。新たな集権国家の展開において、地域では国造など有力豪族層をたくみに取り込んできたことが、本拠地域や権力の継続、斜方位主軸、竪穴構造の採用、居館や古墳の取り込みからもうか

がえた。それとともに、新たな官道の整備とそれを意識した官衙の設置、郡内複数配置、真北主軸への指向、計画配置の郡衙成立など、各地において規格的な施設造営へ向かっていったことも明らかとなった。このことは、支配構造が人から土地支配へと移行していく中央集権的国家の施策とも関わり、前代からの継続性と発展性の二面をあわせもち、地域的にも、内容的にも拡充していったことを読みとることができるのである。

註
（1）重弧文字瓦は、東北地方でロクロ挽と手描、他の地域で型挽とヘラ描の語を用いるなど地域的に呼称が異なる。ここでは後者の呼び方に統一して用いる。
（2）版築地業による3室構造切石積石室をもつ古墳は、同じ多摩川流域である熊野神社古墳（上円下方・32 m）、天文台構内古墳（上円下方・31 m）北大谷古墳（円・39 m）など広範囲に造営され、共通性が読み取れる。
（3）佐野三家は山ノ上碑に、三家は金井沢碑にみえるもので、大化前代に山ノ上碑や山ノ上古墳周辺を含む高崎市上佐野・下佐野町の地に設置されたヤマト王権の直轄領と考えられる屯倉と考えられている。安閑天皇元（534）年の武蔵国造の乱で、国造の地位を争って上毛野君小熊に助けを求めた笠原直小杵の誅伐により、紛争に介入した上毛野君に対する懲罰と、この地域の監視のために翌年に設置された緑野屯倉と同様の経緯での設置が考えられる。
（4）郡名寺院については、郡司など各地の有力豪族によって官衙隣接地に造営される場合が多い。造営資材や労働力編成の必要性に一氏族の財力による造営ではなく、非公式ながら行政組織を通じ造営資材調達、労働力徴発が行われたものと考えられる。公的、官寺的機能を備え、郡内支配を遂行し、郡名を冠した寺院名となる場合が多かった。
（5）龍角寺式鐙瓦については、龍角寺創建瓦となる山田寺系3重圏文縁単弁8葉蓮花文鐙瓦と段顎による型挽3重弧文字瓦の組み合わせを祖型とする。木下別所廃寺跡、龍正院廃寺跡、名木廃寺跡、木内廃寺跡、八日市場廃寺跡、長熊廃寺跡の下総国の他に、上総国としては二日市場廃寺跡、今富廃寺跡、岩熊廃寺跡で認められる。時期は創建期を7世紀第3四半期から8世紀第2四半期から第3四半期にかけて変遷し、最終的には宇瓦は唐草文となる。
（6）常陸国風土記の多珂国造は「久慈の堺の助河を以ちて道前と為し、陸奥の国の石城の郡の苦麻の村を、陸奥の国の石城の郡の苦麻の村を、道後と為しき」として国造領域が福島県大熊町熊川まで至っていると考えられる。この広大な領域支配から「多珂国造石城直美夜部、石城評造部志許赤ら申請に遠隔、往来不便のことから多珂、石城二郡の分置く」『常陸国風土記』と建郡評記事がみえる。この時、多珂国造が石城直であること、申請が石城評造との連名であることから多珂国造領域における石城地域の優位性をうかがうことができる。
（7）関和久上町遺跡高福寺地区における桁行7間×梁行3間の南面廂東西棟掘立柱建物を正殿とし、これに付属する建物群を含め西、南辺区画溝と柱塀が政庁院を構成する施設とする指摘は少なくない。
（8）陸奥国内での官衙に隣接して造営される寺院については付属寺院と位置づけられている。Ⅱ期官衙や多賀城での隣接寺院をはじめ、名生館官衙遺跡と伏見廃寺跡がその代表である。
（9）東国へつながる東山道、北陸道、東海道などの整備は、中央集権的国家の地方支配の基本となるものである。畿内系瓦当文様の東国への伝播は、東海道と東山道、北陸道では伝播のあり方に違いが認められ、東山道、北陸道は陸奥へ影響を与えるものの東海道での系譜はみられないことを指摘する（山路 2010）。

第2節　上野三碑とその周辺

　東国における渡来人の移入は、天武、持統朝以降、顕著にみえる。中央集権的国家形成期の渡来人配置が東国に集中するのは国家的な施策を示すものとして理解できる。「田賦ひ稟受ひて、生業に安からしむ」(『日本書紀』)などの記載から、閑地、寛国での開拓や農業生産等に従事していることがうかがえる。配置国には武蔵、常陸、下野などの国々がみえ、数次の配置など、地域的に遍在する傾向が認められる。この時期、上野国への渡来人配置の記載はみられないものの、天平神護2(766)年5月壬戌(8日)条の「上野国に在る新羅の人子午足ら一百九十三人に姓を吉井連と賜ふ」(『続日本紀』)という改氏姓から、上野国に多くの渡来人が移入していたことは間違いない。文献にみえる渡来人配置はごく一部分を反映した可能性が高い。

　昨今の上野地域での発掘調査では、5世紀代から渡来人、渡来系文物にみる高い技術が移入され、地域が開発されていることがわかってきている。また、山ノ上碑や金井沢碑文にみえるヤマト王権との関わりの中で設置されるミヤケを中心に、渡来人や渡来文化が内包され続けたことも明らかとなっている。そこでの高度な知識、文化、技術の継承は、東国から陸奥国へ至り、中央集権的国家の形成を推し進める拠点として重視され続けることになる。

　ここでは、上野を東国における中央集権的国家形成の拠点地域と位置づけ、上野三碑を取り上げる。さらに、ヤマト王権との政治的、技術的な関わりとそれに伴う渡来人の動向、陸奥国への関与をみながら、東国における中央集権的国家の形成過程について考えていきたい。

1　上野三碑成立前の様相

　上野地域では、西部の高崎市剣崎長瀞西遺跡などで初期のカマド住居、馬土壙、積石塚のほか、軟質系土器、垂飾付耳飾、多角形鉄矛、馬具などの朝鮮半島系資料が多く出土している(図22)。これらは、5世紀代にさかのぼる渡来人移入に伴うものと考えられている。神功皇后49年3月には荒田別・鹿我別を将軍として新羅に出兵し、応神天皇15年8月にも上毛野君の祖、荒田別・巫別(鹿我別)を百済に派遣して王仁を召したとある。また仁徳天皇53年5月にも上毛野君の祖竹葉瀬と弟の田道を新羅に派遣し、田道は新羅を攻め、四つの邑の人民を捕虜とすると『日本書紀』にみえる。これらの記事が渡来系遺物の出土と関連するものと指摘されるようになってきている(土生田2012)。このほか長野、静岡、山梨県の各地域においても5世紀代に渡来人配置施策ともいえる大規模な移入が認められ、多くの渡来系遺物が認められている。上野地域は5世紀以来の馬匹生産地で、延長5(927)年完成の『延喜式』左右馬寮御牧条には信濃16牧に次ぐ9牧を数え、さらに年貢条には毎年50疋が京進される地域となっている。上野地域では6世紀代にも、前代に比べて資料は少ないものの、鍛冶具などの生産具、冠、銅製水瓶、銅鋺、金糸などの副葬品、平底瓶形土器、二段

交互透かし孔高杯などの土器が出土する（図23）。『日本書紀』の安閑天皇2（535）年には緑野屯倉設置の記事がみえる。これは前年の武蔵国造の乱と呼ばれる国造の地位をめぐる笠原直使主と小杵の争いに端を発するもので、国造に認められた使主、これに反した同族小杵に加担した上毛野君小熊はその本拠となる緑野に懲罰と以後の勢力監視というヤマト王権の戦略拠点としてミヤケが設置されることになる。屯倉設置と関わる古墳には、藤岡市七輿山古墳が想定される。七輿山古墳は、6世紀前半の築造が推定される墳丘長145m、発達した二重周堀を有する前方後円墳である（図24）。この時期の列島内では継体天皇陵の可能性が強い大阪府高槻市今城塚古墳の190mを除くと、愛知県美濃市の断夫山古墳の150mとともに最大級となる。また、これらの三古墳は墳丘築造企画を共通にしている可能性が指摘されている（若狭 1995）。

上野地域は、列島規模においても装飾付大刀の出土が多い地域であり、なかでも藤岡市周辺の古墳は集中地域の一つであったことが指摘され、これらが緑野屯倉と関わるものと考えられる。

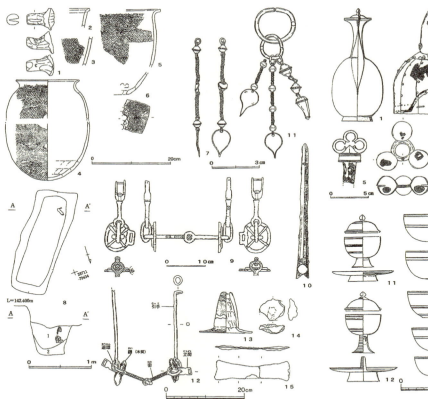

図22 上野地域の朝鮮半島系考古資料（1）5世紀代
1～9：剣崎長瀞西遺跡（1～3：114号住居、4：30号住居、5～7：10号墳、8・9：13号馬土壙墓）、10：剣崎長瀞西古墳、11：大韓民国陝川玉田28号墳、12：西大山1号墳、13～15：上丹生屋敷山遺跡（13・14：166号住居、15：祭祀遺構）（1～8・10 高崎市教育委員会 2001、9 専修大学文学部考古学研究室 2003、11 慶尚大学校博物館 1997、12 小安 1997、13～15 富岡市教育委員会 2009）

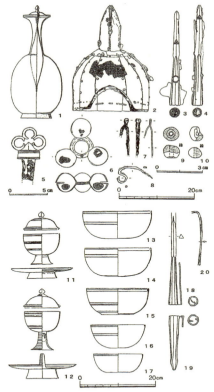

図23 上野地域の朝鮮半島系考古資料（2）6世紀代
1～10：綿貫観音山古墳、11～14、18～20：八幡観音塚古墳、15：山王廃寺、16・17：大韓民国慶州皇龍寺跡、1～10 群馬県埋蔵文化財調査事業団 1999、11～15・18～20 高崎市教育委員会 1992、16・17 文化財管理局 1984）

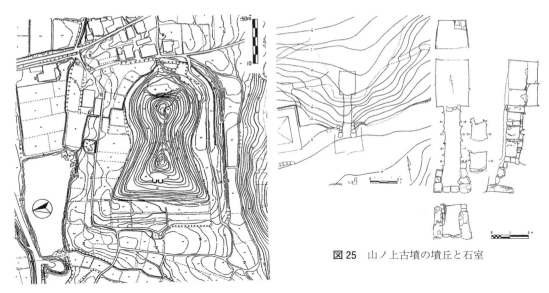

図 24　七輿山古墳

図 25　山ノ上古墳の墳丘と石室

2　総社古墳群について

　総社古墳群は山ノ上碑にみえる放光寺とされる山王廃寺跡の北東約 800 m にある。総社古墳群の中で終末期に位置づけられるのが、方墳である愛宕山古墳、宝塔山古墳、蛇穴山古墳の三古墳群（図 26）である。上野地域での前方後円墳消滅後の大型墳への転換は本古墳群のみで認められる。

　愛宕山古墳（方・56 m）は自然石を使用する巨石、巨室の横穴式石室、大型刳貫式家形石棺を伴うなど畿内有力墳に類し、ヤマト王権と上野地域の直接的な関わりを示す 7 世紀前半の古墳として注目される（図 27）。上野国内の他地域勢力とくらべ、ヤマト王権から格段の特権を与えられた結果と考えられ、その後に続く宝塔山、蛇穴山古墳も県内各地で認められる截石切組積石室をもつ古墳の頂点となる（右島 1994）。7 世紀中葉ないし第 3 四半期の宝塔山古墳（方・60 m）は三段築成で、この古墳から切石積構造の横穴式石室が採用される（図 28）。全長約 12 m の大型複室構造の石室は、固い輝石安山岩を寸分の隙間もなく積み上げ、漆喰塗布するなど加工技術の完成度が高く、愛宕山古墳に引き続き家形石棺が採用される。家形石棺の脚部は格狭間形に造り出されるのが特徴である。7 世紀第 4 四半期から末葉の蛇穴山古墳（方墳・一辺 43 m）は、最後の古墳として墳丘、石室ともに小型化するものの石室石積の完成度は高く、漆喰の塗布も宝塔山古墳に共通する（図 29）。上野地域での総社古墳群造営には中央で活躍し、東国に本拠をもつ上毛野君が、ヤマト王権を経済的、軍事的に支えるという政治性を背景に、密接かつ直接的な技術援助を受けたものと考えられている。

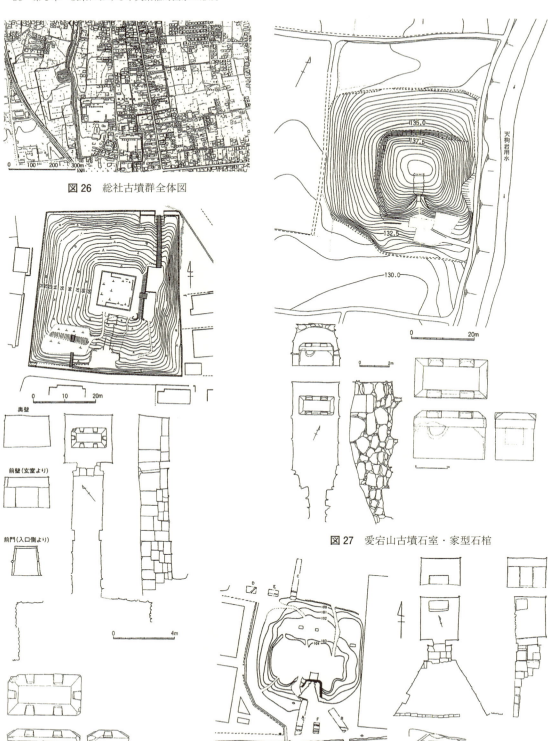

図26 総社古墳群全体図

図27 愛宕山古墳石室・家型石棺

図28 宝塔山古墳・石室・家型石棺

図29 蛇穴山古墳・石室

3　上野三碑とその周辺

　山ノ上碑は高崎市山名町山神谷にあり、丘陵頂部の南面を削って柳沢川を見下ろす斜面に位置する。碑の東には山ノ上古墳（図 25）が存在するなど、古墳に隣接する位置に放光寺僧長利が石碑を建てたもので、両者は密接に関連する。碑は明治時代に台石の上に建てられ、覆屋が設けられた。大正 10（1921）年には山ノ上古墳とともに「山上碑及び古墳」として史跡、さらに昭和 29（1954）年に特別史跡となる。高崎市教育委員会による現在の覆屋建設に先立つ調査では、近くにあった碑を天明 3（1783）年の浅間山 A 軽石降下以後、現在地に設置したことが明らかとなった。碑身は輝石安山岩の自然石で、台石も同じ石質で上部には碑身をはめ込むための孔が穿たれる。高さ 111 cm、幅 47 cm、厚さ 52 cm の碑身には、4 行、53 字の楷書体による碑文が刻まれる。文面は和文を漢字にあてて表記したものである（図 31）。

　山ノ上碑の全文は以下の通りである。

　　辛己歳集月三日記
　　佐野三家定賜健守命孫黒売刀自此
　　新川臣児斯多々弥足尼孫大児臣娶生児
　　長利僧母為記定文也　放光寺僧

　読み下し文は次のようになる。

　　辛己（巳）歳、集（十）月三日記す。
　　佐野の三家を定め賜える健守命の孫黒売刀自、此の
　　新川臣の児斯多々弥足尼の孫大児臣に娶ぎ生める児
　　長利僧、母の為に記し定むる文也。放光寺の僧

　山ノ上碑は佐野三家（ミヤケ・屯倉）の子孫である黒売刀自と放光寺僧長利の母子系譜を述べ、隣接する山ノ上古墳に祖霊追善行為のために葬られた黒売刀自の墓誌として建てられた。辛巳歳（681）での放光寺、長利僧、佐野三家の存在とそれを治定した健守命の子孫系譜の主張、終末期古墳の被葬者黒売刀自の名を墓碑に記載するなど、この地域の古墳から奈良時代への移行期の状況がよく読み取れる。

　辛巳歳は天武天皇 10（681）年であり、全国に現存する石碑の中で 2 番目に古く、古墳の実年代資料を示すものとされてきた。しかし、造墓と建碑には時間差を認めざるを得ず、古墳被葬者である黒売刀自は追葬され、墓誌である山ノ上碑がかたわらに建立された可能性が強い。占地についても同時期の集落から離れた場所にあり、隔絶した地に意図的に墓地を選定している。これらの立地から大和盆地の終末期有力古墳に連なるものとも考えられる。山ノ上古墳では、軟質凝灰岩による截石切組積とよばれる石材加工と石積による横穴式石室が群馬県内で最も早く採用される。その後、硬質な輝石安山岩や角閃石安山岩を精巧に加工する截石切組積石室をもつ宝塔山、蛇穴山古墳など上野地域を代表する終末期方墳群へと引き継がれる。三家については、大化 2 年の「改新の詔」により廃止されるヤマト王権の直轄領とも言うべきミヤケと考えられる。『日本書紀』の安閑天皇元

(534) 年によれば、武蔵国造の地位を巡る争いに介入した上毛野君への懲罰のため、王権の直轄地として緑野屯倉が置かれている。ここには佐野三家はみえないものの、この時期のヤマト王権と東国、なかでも上野地域との関係の中での設置をうかがうことができる。佐野三家は、金井沢碑に「群馬郡下賛郷高田里」とあり、承平 4 (934) 年成立の『和名類聚抄』の片岡郡佐没郷、群馬郡小野郷、緑野郡小野郷、「上野国交替実録帳」の群馬郡小野郷などの史料から高崎市の上佐野町・下佐野町・倉賀野町・根小屋町・山名町、藤岡市の中・森新田・中島を含む地域が想定されている (尾崎 1980)。山ノ上碑、金井沢碑にみえる三家は、大化改新によるミヤケ廃止後も、当地域では俗称化して継承され、使用されたことがうかがえる。また、山ノ上碑文にみる「集」、「孫」、「児」の隷書体の書風に近い金石文には、石上神宮の七支刀、江田船山古墳の大刀、埼玉稲荷山古墳の鉄剣がある。いずれも 4、5 世紀の製作と考えられ、7 世紀後半の畿内周辺の金石文ではほとんどみられなくなるものである。上野地域にいち早く、古い書風の文字技術が伝えられ、それが 7 世紀後半まで守られてきたものと考えられている (東野 2004)。このような古い文字技術の使用と残存は、窯業、絹織物のほか正倉院宝物の庸布墨書銘に多胡郡の新羅系氏族である「秦人」がみえるなど渡来人の存在が、技術と知識と共に文化をも受け継いできたものとすることができる。

　多胡碑は群馬県多野郡吉井町大字池字御門地内にあり、鏑川を北に見下ろす下位の段丘上に位置する。現在は、旧稲荷明神社の境内の高さ 90 cm の土壇上にあるが、原位置に建てられていたものかは不明である。碑は江戸時代には領有する旗本長崎氏による拝殿の設置と管理者選定が行われた。さらに明治初期には群馬県令による土壇築造、被屋、木柵設置が行われる。昭和 20 年 9 月には米軍による接収を警戒して、一時畑に埋め隠した。碑石は周辺から産出される牛伏砂岩を方柱状に加工し、碑身は高さ 129 cm、最大幅 69 cm、最大厚 62 cm、笠石をのせる出柄高 3.5 cm、幅 36 cm となる。同じ石質となる笠石は幅 95 cm、奥行 90 cm、中央高 27 cm となり、下部には碑身をはめ込むための孔が穿たれる。碑文は 6 行 80 字の楷書による和漢混淆文が 1 文字約 5～10 cm と大きく刻され、各行の上端から下端までの距離は 111 cm となる (図 30)。

　多胡碑の全文は以下の通りである。

　　弁官符上野国片岡郡緑野郡甘
　　良郡并三郡内三百戸郡成給羊
　　成多胡郡和銅四年三月九日甲寅
　　宣左中弁正五位下多治比真人
　　太政官二品穂積親王左太臣正二
　　位石上尊右太臣正二位藤原尊

　読み下し文は次のようになる。

　　弁官符す。上野国の片岡郡・緑野郡・甘
　　良郡并せて三郡の内、三百戸を郡と成し、羊に給いて
　　多胡郡と成せ。和銅四年三月九日甲寅
　　に宣る。左中弁正五位下多治比真人
　　太政官二品穂積親王、左太臣正二

位石上尊、右太臣正二位藤原尊

　弁官による命令で上野国の片岡郡と緑野郡・甘良（楽）郡の3郡のうちの3百戸（五十戸一里で6郷）をあわせ、新たな郡をつくる。羊を郡司として、その郡名を多胡郡とする。和銅4（711）年3月9日に宣示される。左中弁正五位下の多治比真人（多治比真人三宅麻呂）、太政官二品の穂積親王（天武天皇皇子、知太政官事）、左大臣正二位の石上尊（石上朝臣麻呂）、右大臣正二位の藤原尊（藤原朝臣不比等）が名を連ねている。通常の建郡が2郡から数郷を割いて新たな郡が設立されるのに対し、多胡郡は3郡から6郷が割かれ、新たに設置されることになる。郷が割かれた片岡郡にも多胡郷が置かれるなど、上野西部地域は本来一体的な地域であったことが、この建郡方式を可能にしたのではないかと指摘されている（平川 2012）。また、上野国司として多胡郡建郡に関わった平群朝臣安麻呂は、その後の尾張国司の際も美濃国席田郡の建郡を推進している。多胡碑が建てられた和銅から養老年間の郡の建置と分割は、この時打ち出された中央集権的地方支配の強化策でもある。他に平城京への遷都、郡郷名の好字化、後に風土記となる諸国情の撰上、陸奥への移住などの諸施策も展開されている。このことからも多胡郡建郡は、中央集権によって全国規模で行われた地方行政機構整備の一環として実施され（高島 1999）、地域としての卓越性、特殊性とがあいまったものと位置づけることができる。『続日本紀』には和銅4（711）年3月辛亥（6日）条に「上野国甘楽郡の織裳、韓級、矢田、大家、緑野郡の武美、片岡郡の山等六郷を割き、別に多胡郡を置く」と碑文内容に関連する記事がみえる。10世紀成立の『和名類聚抄』には、上野国多胡郡に山宗、織裳、辛科、大家、武美、俘囚、八田の7郷あり、なかに俘囚郷が見えることから、この地域には国家に服属した蝦夷（俘囚）が多く配置されている。『倭名類聚抄』には多胡郡のほか、碓氷、緑野の3郡にも俘囚郷がみえ、弘仁3（812）年4月には出羽国の田夷置井出公皆麻呂ら15人が上毛野緑野直の姓を賜う『日本後紀』など、俘囚を従来から渡来人の住む地域とあわせる施策も認められる。ここに上野地域が渡来人のみならず、蝦夷など陸奥国経営に関わる中央集権化において重要な位置をしめることがうかがえる。

　これまで、公式令に合致しない弁官符とは何か、『続日本紀』との日付のずれ、羊に給うの意味、尊の用字が適切かなど、多胡碑に関わる問題点が指摘されてきている。このことについては、多胡郡建郡の決定に基づいて建郡申請者が郡領任命の儀式の場である太政官で、知太政官事の穂積親王、左大臣の石上麻呂、右大臣の藤原不比等の列席前で、天皇からの任命通知を弁官が宣するのを申請者（郡領就任者）が聞き取り、文章化し、碑文に刻したものとされる。正式な決定は、『続日本紀』に記す3月6日であるが、儀式は3月9日であった可能性がある。このことから羊は建郡申請者本人であり、口頭伝達による弁官符の内容に基づく文章作成の際に、羊に給いてを入れ、碑文としたのではないかとされている（鐘江 1998）。また、尊については、多胡碑が単なる建郡碑のみならず、多胡郡大領への就任を果たした羊の顕彰碑でもあることから、任命者である太政官の官人への「尊」という敬称が不可欠であったと指摘する（平川 2012）。

　金井沢碑は高崎市山名町金井沢にあり、山間を流れる金井沢川に沿った丘陵地帯のゆるい南斜面中腹に南を向いて建てられる。付近には目立った遺跡は見当たらない。江戸時代中期には碑は現在地の山から掘り出されたとあるが、定かではない。明治に入り覆屋により保存が図られ、大正年間

に史跡、昭和54年には特別史跡となる。碑は輝石安山岩の自然石で、楷書により9行、112文字が刻まれている。碑身高110 cm、幅約70 cm、厚さ約65 cmある。台石も同質で上部に穴を穿って碑身をはめ込んでいる（図32）。

金井沢碑の全文は次の通りである。

　　上野国群馬郡下賛郷高田里
　　三家子孫為七世父母現在父母
　　現在侍家刀自他田君目頬刀自又児加
　　那刀自孫物部君午足次馬爪刀自次乙馬爪
　　刀自合六口又知識所結人三家毛人
　　次知万呂鍛師礒マ君身麻呂合三口
　　如是知識結而天地誓願仕奉
　　石文
　　　神亀三年丙寅二月廿九日

読み下し文は次のようになる。

　　上野国群馬郡下賛郷高田里
　　の三家の子孫、七世父母・現在父母の為に、
　　現に在し侍る家刀自・他田君目頬刀自、又児なる加
　　那刀自、孫の物部君午足、次に馬爪刀自、次乙馬爪
　　刀自、合わせて六口、また知識結う所の人三家毛人、
　　次に知万呂・鍛師の礒マ君身麻呂、合わせて三口、
　　是の如く知識結いて、天地に誓願して仕え奉る
　　石文
　　　神亀三年丙寅二月廿九日

神亀3（726）年に建てられ、三家の設置者を祖系とする家族制度や「七世父母のため」や「知識」という文言に仏教的結縁などを見ることができる。また、群馬郡下賛郷高田里の表記は郷里制下となる、霊亀3（717）年から天平11（740）年にかけての二十数年間の使用に限定され、建碑の年次もその期間に当てはまる。『和名類聚抄』には、下賛郷は認められず、下賛は「しもさぬ」と読み、山ノ上碑にも認められる佐野三家の「佐野」に類する。近接して所在する山ノ上碑と同石材の自然石による造営技術等から、碑文中の三家も佐野三家を指す可能性がある（松田 2009）。

4　わが国の古碑と上野三碑

日本古代の石碑としては16基が現存し、記録上の9基を合わせると計25基となる（表1）。7世紀末葉から8世紀後半にかけて畿内と東国に多く（図35）、その中で上野三碑の存在は大きい。三碑の時期は異なるものの、石碑建立、文字使用、内容にみる氏族系譜、地域や仏教信仰などは渡来人との深い関わりがうかがえる。特に辛巳歳（681）の山ノ上碑は、わが国において2番目の古さを

第2節　上野三碑とその周辺　55

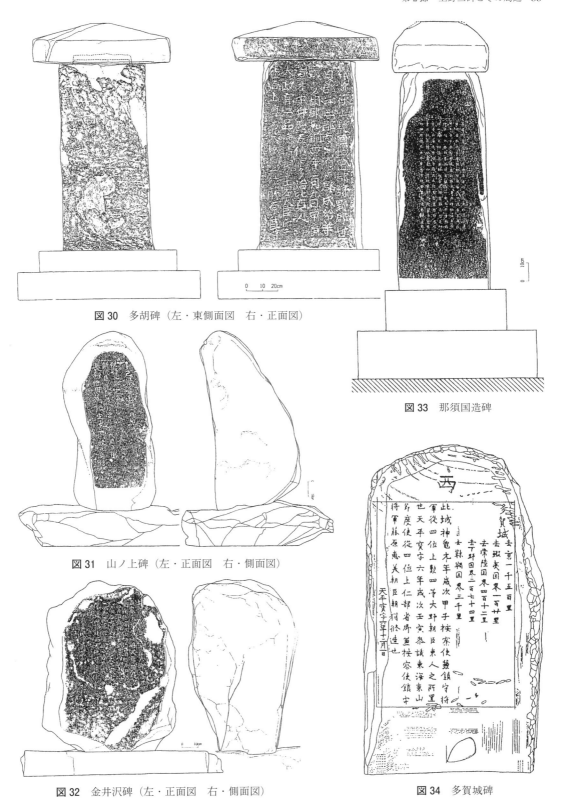

図30　多胡碑（左・東側面図　右・正面図）

図31　山ノ上碑（左・正面図　右・側面図）

図32　金井沢碑（左・正面図　右・側面図）

図33　那須国造碑

図34　多賀城碑

表1 日本の古碑一覧

番号	碑名	所在地	造立年代	形・材質	種類
1	宇治橋碑	京都府宇治市橋寺放生院	大化二年（六四六）以隙	蓋首・石英斑岩	架橋碑
2	山ノ上碑	群馬県高崎市山名町神谷	辛巳年（六八一）	自然石・輝石安山岩	墓碑
3	那須国造碑	栃木県大田原市湯津上笠石神社	庚子年（七〇〇）	蓋首・花崗閃緑岩	墓碑
4	多胡碑	群馬県高崎市吉井町大字池字御門	和銅四年（七一一）	蓋首・牛伏砂岩	建郡碑
5	元明天皇陵碑	奈良県奈良市奈良阪町字養老峰	養老五年（七二一）	方首・花崗岩？	墓碑
6	阿波国造碑	徳島県名西郡石井町石井中王子神社	養老七年（七二三）	蓋首・塼	墓碑
7	金井沢碑	群馬県高崎市山名町	神亀三年（七二六）	自然石・輝石安山岩	供養碑
8	竹野王多重塔	奈良県高市郡明日香村朝風	天平勝宝三年（七五一）	五重塔・凝灰岩	造塔銘
9	仏足石	奈良県奈良市西ノ京町薬師寺	天平勝宝五年（七五三）	自然石	仏足石銘
10	仏足跡歌碑	奈良県奈良市西ノ京町薬師寺	天平勝宝五年？（七五三？）	縦板状・粘板岩	歌碑
11	多賀城碑	宮城県多賀城市市川	天平宝字六年（七六二）	円首・硬質砂岩	城修造碑
12	宇賀川磨崖碑	奈良県五条市小島	宝亀九年（七七八）	露頭・雲母片岩	磨崖碑
13	浄水寺南大門碑	熊本県宇城市豊野町下郷	延暦九年（七九〇）	方首・阿蘇溶岩	造寺碑
14	浄水寺灯籠竿石	熊本県宇城市豊野町下郷	延暦二〇年（八〇一）	灯籠・鼓状・阿蘇溶岩	寄進碑
15	山上多重塔	群馬県桐生市新里町山上相ケ窪	延暦二〇年（八〇一）	三重塔・安山岩	造塔銘
16	浄水寺寺領碑	熊本県宇城市豊野町下郷	天長三年（八二六）	蓋首・阿蘇溶岩	寺領碑
17	伊予道後温泉碑	（愛媛県松山市）	法興元年（五九六）		温泉碑
18	藤原鎌足碑		天智八年（六六九）		墓碑
19	采女氏塋域碑	（大阪市南河内郡太子町春日）	己丑年（六八九）		塋域碑
20	南天竺波羅門僧正碑	（奈良県奈良市大安寺）	神護景雲四年（七七〇）		造像碑
21	大安寺碑	（奈良県奈良市大安寺）	宝亀元年（七七五）		造寺碑
22	沙門勝道歴山水瑩玄碑（日光二荒山碑）	（栃木県）	弘仁一一年（八一四）		顕彰碑
23	益田池碑	（奈良県）	天長二年（八二五）		造池碑
24	唐青竜寺恵果和尚碑銘	（中国）	大同元年（八〇六）		墓碑
25	浄水寺如法経碑	熊本県宇城市豊野町下郷	康平七年（一〇六四）	方柱状・阿蘇溶岩	如法経碑

1〜16現存碑 17〜23失われた碑 24、25参考碑

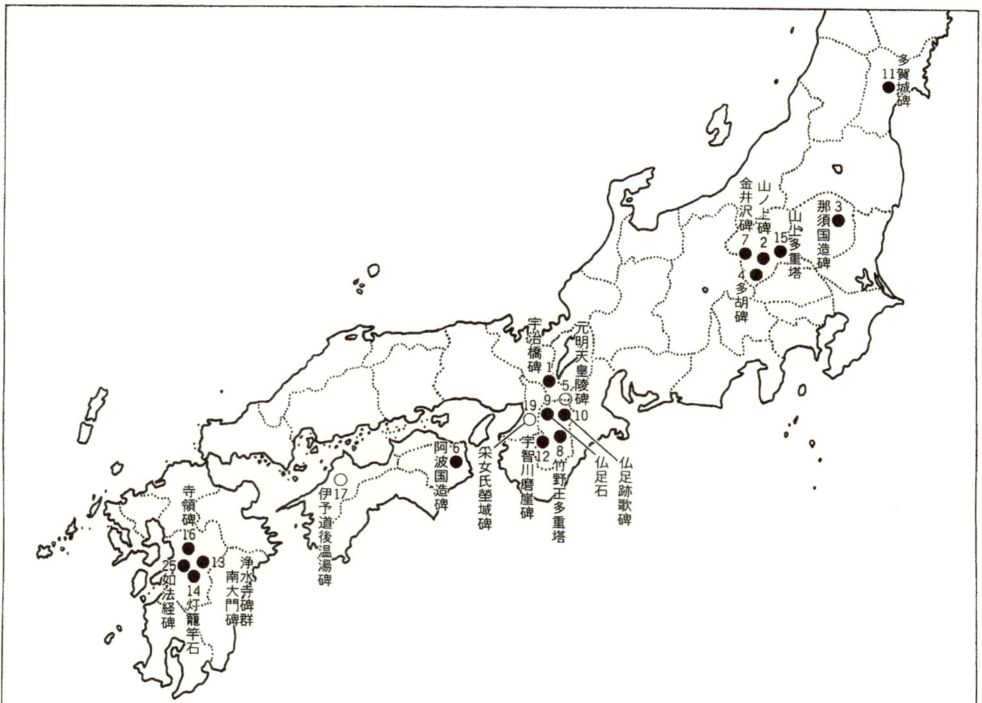

図35 日本の古碑所在地（番号は表1に対応）

もち、長文の文字使用は突出した存在となる。多賀城碑、多胡碑とともに日本三古碑に数えられる那須国造碑は、笠石をもち、永昌元年（689）年という周（唐）の年号、漢籍に精通した人たちによるものと考えられている（図33）。文面には儒教、仏教色が強く、文字も小さく端正である。多賀城碑は8世紀半ばの権勢者であった藤原仲麻呂の子、朝獦が天平宝字6（762）年に多賀城の改修を記念して建立したものである（図34）。きわめて政治的色彩の濃いもので、多胡碑、国造碑の2碑が地域社会の中で渡来文化と関わり造営されるものとは異なる。多胡碑も国造碑同様、碑石の上に笠石をかぶせた蓋首と呼ばれる碑の形態で中国的な装飾が強く、朝鮮半島慶州の磨雲嶺真興王巡狩碑（568年）によく似ている。多賀城碑も中国の代表的な碑形である円首碑にならっている。多胡碑の文字の大きさは一文字平均7～9 cmとなり、多賀城碑の3～6 cm、国造碑の1.8～2 cmに比べて大きく、多賀城碑首にある「西」が7 cm×10.9 cmと最大となる。文字も碑形も比較的大型に仕上げ、そこに政治性の主張の存在が指摘されている（平川 2012）。

5　周辺での寺院、評（郡）衙の様相

　上野三碑周辺地域には、白鳳寺院である山王廃寺跡とその下層に評衙と考えられる遺構が見つかっている。群馬県の中央部、利根川右岸の前橋市総社町山王に所在し、周辺には牛池川を隔て国府、国分二寺、八幡川を隔て北東に800 mに総社古墳群がある。大正初期に塔心礎が発見されてその存在が明らかにされ、大正10（1921）年には福島武雄等によって発掘調査が行われた。その後の耕作によって心礎の根巻石や石製鴟尾、瓦類が多数出土し、注目を集めた。塔心礎、礎石、根巻石は輝石安山岩、鴟尾は角閃石安山岩によるものである。石製品の加工技術から、付近に存在する7世紀後半造営の宝塔山古墳（方・60 m）、蛇穴山古墳（方・39 m）といった終末期方墳群での硬質な輝石安山岩や角閃石安山岩を精巧に加工する截石切組積石室と密接な関連が指摘されている（津金沢 1983）。前橋市教育委員会は昭和49（1974）年から平成22年度までの発掘調査によって、塔、金堂、礎石建物、掘立柱建物などを明らかにしている（図36）。寺院は塔を東、金堂を西に配置する法起寺式の伽藍配置をとる。昨今では石製鴟尾以外にも瓦製鴟尾も出土している。寺院は7世紀後半に創建され、天仁元（1108）年の浅間山B軽石降下以前には廃絶していることがわかっている。調査では「放光寺」とヘラ書きされた文字瓦が見つかっており、「放光寺」は辛巳歳（681）の紀年がある山ノ上碑と長元三（1030）年作成とされる「上野国交替実録帳」の定額寺の列から除かれる中に認められ、山王廃寺が放光寺であったと考えられている。造営氏族にはヤマト王権の東国治定や蝦夷征伐、対朝鮮軍事・外交の一翼を担う上毛野君本宗家を考え、中央で活躍する上毛野君の東国の本拠地での本格的仏教寺院の造営とみることができる。

　平成9（1997）年度からの下水道管埋設工事に伴う調査で発見された土坑から、多量の塑像片が埋納された状態で出土している。塑像片はいずれも火を受けており、如来、菩薩、神将、羅漢などの人物、猪や駱駝などの動物、器物、雲、山岳、磯形などがある。これらの塑像は仏教的な主題に基づく山岳表現を伴う群像で、法隆寺塔のように初層での安置が想定されている。神将像は八部衆像である可能性が高く、日本の神将像の基本甲制として長く定着する天平甲制が採用される。このこ

とから制作の上限を730年代に、さらに表現、写実性から天平2（730）年頃の薬師寺塔本塑像や同6（734）年の興福寺八部衆立像の甲制に最も近く、神将像の服制も8世紀第2四半期の作例に共通する。また、塑像の彩色文様の中の、特にC字形を用いる団花文の形態もやはり興福寺八部衆立像に近く、720年代から730年代前半頃と推定される。中央の法隆寺や薬師寺の塔本塑像とくらべてもまったく遜色のない優れたものであり、その高い製作水準から、作者は中央の官営工房系の仏工とする。しかし、塑像は重く、材質的にも脆弱なため移動が困難であり、中央であまり用いない広葉樹環孔材の使用からも、当地で製作されたものと考えられている。創建期の塔根巻石とこれら塑像は同時に存在し得ないことから、造営後の8世紀代、畿内における塑像安置の流行を積極的に取り入れたものと考えられる。また、山王廃寺跡の造営に伴う畿内との直結した技術導入には、中央における上毛野君、特に仏教を信奉する長屋王と「交り通う」との罪状で流罪に処せられる上毛野宿奈麻呂の存在が指摘されてきている（松田 2000）。

　創建期の鐙瓦には、素弁8葉のⅠ式、隆起線素弁8葉のⅡ式、複弁8葉のⅢ式、複弁7葉のⅣ式などの蓮花文鐙瓦と、宇瓦は素文のⅠ式、3重弧文のⅡ式、4重弧文のⅢ式がある（図38）。Ⅰ式は、中房蓮子1+6、中房に取りつく花弁は弁端で丸みを帯び、輪郭線で囲まれ、弁端は小さくかえり鎬がつく。間弁は三角形となり中房につかない。外区は直立し、周縁は2段に作られ、広端凹面を柄状に削り、細かくヘラ刻みを入れた半裁男瓦が外区外側から添えられ、はめ込み式に近い接合法となる。面径は16cm前後、Ⅱ式は面径18.0cmにより花弁が表現され、隆起線の交わりが中房とみられる高まりから0.1～0.2cmほどの8本の隆起線が放射状に伸びる。外区は広く高い素文となる。瓦当厚も1.0cm、半裁された男瓦が瓦当裏面周縁部に直立して接着される。Ⅲ式の複弁8葉蓮花文は一段高い中房に1+8+8の中房、複弁の花弁内には弁長半分程の子葉がある。間弁は中房から伸び、外区は直立で高い素文となる。笵キズの進行有無でA、Bがある。Ⅳ式の複弁7葉蓮花文鐙瓦は、中房が一段高く1+4+8の蓮子、複弁の花弁内には弁長半分程の子葉がある。間弁は中房に達し、外区は直立素文縁、外区幅はⅢ式より広い。中房・花弁長短いA、中房・花弁長いBがあり、外縁平坦面に笵キズのあるCがある。さらにBは外区竹管文の有無でa・bに分かれる。宇瓦には直線顎と段顎があり、顎部瓦当面近くに凸線をもつものも認められる。塔、金堂周辺に集中して出土する傾向と文様面から素弁系Ⅰ・Ⅱ式は、複弁系Ⅲ・Ⅳ式に先行すると考えられる。特にⅡ式の隆起線素弁8葉は金堂基壇周辺でまとまって出土するなど金堂の創建瓦と考えられる。セット関係については、平成21年度の南回廊、中門跡の面的な調査でⅢ・Ⅳ式鐙瓦とⅡ式宇瓦の組み合わせとなる。

　創建瓦の年代観は、稲垣晋也は百済末期様式として天智4（655）年築城の基肄城や備後寺町廃寺の瓦を例に655年以降（稲垣 1970）、森郁夫は山ノ上碑の「辛巳歳」（681）年には放光寺に僧がいたことから670年代（森 1982）、石川克博も備中栢寺廃寺への類似から同種の備後寺町廃寺創建の660年代に比定し、東国への波及を10年とみて670年代（石川 1987）、松田猛は大和田中廃寺の重圏文縁素弁8葉を最も近い資料として、7世紀第3四半期の早い時期とする（松田 1991）。岡本東三は、素弁8葉（隆起線文素弁8葉）から単弁8葉（素弁8葉）、そして複弁系へと蓮弁の変遷がみられるとし、素文宇瓦を型挽重弧文出現以前の7世紀第2四半期と考える（岡本 1996）。栗原和彦

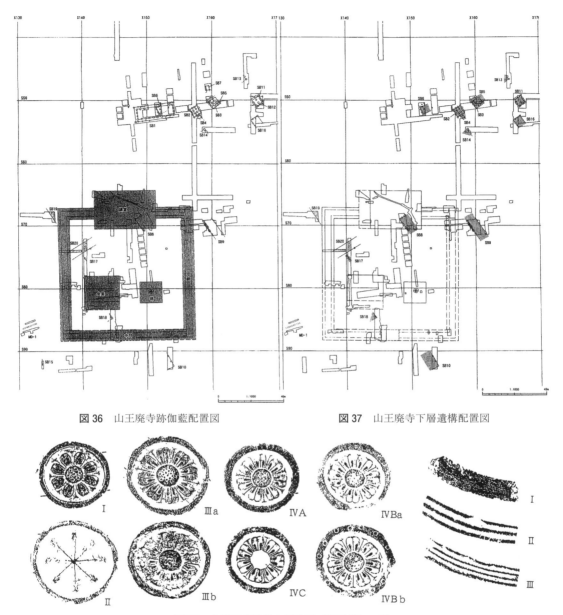

図36 山王廃寺跡伽藍配置図　　**図37** 山王廃寺下層遺構配置図

図38 山王廃寺跡出土軒先瓦（創建期）一覧

は創建瓦をⅠ式素弁8葉として、中房花弁を囲む輪郭線、三角形の間弁、直立高縁で段をもつ周縁と男瓦広端凹面が段状に削り取られ先端が瓦当面の一部となっていること、凸面側に接着用粘土を用いないなど、大和山田寺式との類似点から天智造営期頃の創建と指摘する。そして、Ⅰ・Ⅱ式の鐙瓦を山王廃寺創建期1-1期として7世紀第3四半期、Ⅲ・Ⅳ式鐙瓦を1-2期として7世紀第4四半期から8世紀前半までと考え、本格的な伽藍完成をこの時期と考えており（栗原 2010）、この年代観をもって現在創建が考えられている。

山王廃寺跡では昭和49年にはじまる発掘調査から現在までに、11棟以上の下層遺構の存在が明らかとなっている(図37)。方位と重複から2時期あり、主軸方向は古段階のものが座標北から33°、新段階のものが32°いずれも西偏する。古段階の建物数は多く、特に3間×3間の総柱建物が伽藍の北東付近でまとまって認められ、伽藍の下部にも桁行の長い建物がある。古段階のSB3・SB16柱掘方内に礎板として女瓦が使用され、新段階のSB19・20には掘込み基壇版築土中に多量の瓦が突込まれている。瓦はいずれもⅠ式、Ⅱ式と胎土焼成が一致するもので、古段階に瓦が使用され、新段階には一部で建替え等が行われ、山王廃寺跡の創建段階で塔や金堂にも使用されたと考える。古期の建物群の構成から倉庫を伴う評衙と、古瓦の出土からそれに伴う寺院の存在が指摘され、評(郡)衙が移転し、その後に山王廃寺跡が造営されたとされている(須田 2012a)。山王廃寺跡は山ノ上碑に記載される放光寺であり、東国における初期寺院の典型として本格的伽藍をもっている。複弁7、8葉が新羅的要素の強い瓦である(稲垣 1981)など、渡来系の要素と畿内的特徴をもつ仏像の存在する地域であることが指摘されている。このことからも、山王廃寺跡の下層での評衙の存在など、上毛野君の東国での拠点として伝統地域が継続されることがわかる。

6　地域的特質について

　上野地域では、剣崎長瀞西遺跡などで5世紀代に遡る渡来系遺物が認められた。これはヤマト王権下において対外交渉、軍事行動にあたった上毛野君が、半島への派遣において人々を捕虜として帰国した結果と考えられている。
　このような特徴的な地域に、古墳時代後期にヤマト王権の直接的な関わりの中でミヤケ(屯倉・三家)がおかれる。吉備や筑紫とともに大きな勢力をもった上毛野君の拠点に、戦略拠点や監視目的として設置されたのが緑野、佐野などのミヤケと考えられる。これらの地域にはヤマト王権との結びつきにより、装飾大刀や刳抜式石棺をもつ古墳が認められ、分布域がこれらミヤケの範囲と重複している。
　大化改新によりミヤケは廃止されたにも関わらず、依然として上野三碑の中にミヤケに関わる記事が記される。そして総社古墳群や山王廃寺及びその下層遺構である評衙、寺院など、伝統的な地域圏の継続性が認められる。さらには三碑の建立、碑石形態、長文による文字使用、「多胡」「甘楽」の地名にみる朝鮮半島、渡来人の影響は、その後も認められ、伝統的地域と文化の継承が果たされる意義は大きい。このような地域でそれぞれの碑がミヤケの動向を踏まえ、和銅四(711)年の多胡郡の設置に集約されるような特殊な動向に連動して、おのおのの歴史的意義を内包しながら順次建立されていったとも考えられている(松田 2009)。
　上野地域での渡来人は先進的な技術から「馬」、「鉄」「土器生産」「織物」など多様な生産活動に従事している。伝統的地域での渡来人関与は東国でもこの地域で顕著であり、『日本書紀』天武持統期の渡来人(帰化人)の閑地、寛地への配置とは結びつかない。その後の東国における渡来人配置とその建郡は、霊亀2(716)年5月辛卯(16日)の高麗郡、天平宝字2(758)年8月癸亥(24日)新羅郡など、基本的には一郡に同国出身者をまとめる方向で一貫することになり、その紐帯が重視

表2　7～8世紀の渡来人の東国配置

年月	西暦	移住者	移住先	備考
推古九年九月	601	新羅からの間諜、迦摩多	上野国	配流
天智天皇五年冬	666	百済男女2000余人	東国	絁素を択ばず食を賜う
天智天皇八年	669	百済の佐平余自信・佐平鬼室集斯ら男女700余人	近江国蒲生郡	
天武天皇十三年五月	684	百済の僧尼と俗人男女23人	武蔵国	
持統天皇元年三月	687	高句麗人56人	常陸国	田を与える
持統天皇元年三月	687	新羅人14人	下野国	田を与える
持統天皇元年四月	687	新羅の僧尼と百姓男女22人	武蔵国	田を与える
持統天皇二年五月	688	百済人の敬須徳那利	甲斐国	
持統天皇三年四月	689	新羅人	下野国	
持統天皇四年二月	690	新羅人韓奈末許満ら12人	武蔵国	
持統天皇四年八月	690	新羅人	下野国	
（庚子年正月）	700	永昌元年（689）下野国那須国造那須直韋提、評督を賜い、庚子年の死去に伴い碑を建てる	下野国	石碑建立、永昌年号使用
和銅八年七月	715	尾張国人席田君迩近及び新羅人74家	美濃国	席田郡設置
霊亀二年五月	716	駿河・甲斐・相模・上総・下総・常陸・下野の高句麗人1799人	武蔵国	高麗郡設置
天平五年六月	733	新羅人徳師ら男女53人	武蔵国埼玉郡	金の姓を認める
天平宝字二年八月	758	新羅僧32人、尼2人、男19人、女21人	武蔵国	新羅郡設置
天平宝字四年四月	760	帰化新羅人131人	武蔵国	
天平宝字五年正月	761	年少各20人に新羅語を習わせる	美濃国・武蔵国	恵美押勝新羅征伐図る
天平神護二年五月	766	新羅人子午足ら193人	上野国	吉井連の姓を与える
宝亀十一年五月	780	新羅郡人の沙良真熊ら2人	武蔵国新羅郡	広岡連の姓を与える

されることになる（表2）。両郡については、新たな開発地として閑地・寛地への配置と考えられ、高麗郡内で縄文時代以降奈良時代までの遺跡が見られないのは示唆に富む。しかし8世紀以前の渡来人が単なる農業生産でない僧、官人も含まれる多様な構成であることなどから、わが国における中央集権的国家形成期における東国政策の中で、必要とされる多様な役割を果たしている渡来人の姿をみることができる。

また、山王廃寺系複弁7葉蓮花文鐙瓦の変遷での2段階目に郡域を越えて、でえせえじ遺跡、馬庭東遺跡等で同笵瓦が分布する。また、矢田・辛科・織裳郷域での積極的な布生産の盛行と多胡郡名記載の正倉院調庸布生産地として、多胡郡成立前後も特性を保ち、まとまりのある地域圏を形成している。これを下敷きとして、9世紀代の国分寺修造でみせた短期間での大規模窯業生産という当時の最先端産業システムは、かつて佐野三家に関わった渡来系氏族が主導してこそ成り立つものと指摘されている（松田 2009）。

7　上野地域の役割

上野地域は、ヤマト王権内において経済性と軍事性とともに、地理的にも陸奥を含める広大な地域が広がるという東国のもつ特性によって重要な位置を占めることがわかった。すでに5世紀代か

ら渡来系の技術が移入され、それが王権に設置されたミヤケに内包しつつ中央集権的国家の形成を推進する拠点となっている。そのことは、新たな国つくりの起点とされる大化改新を経て2カ月後の東国国司への詔で、「倭国六縣」とともに東国で一早く進められたことからもうかがえる。特に「辺国の近く蝦夷と境接る処には、ことごとくに其の兵（武器）を数へ集めて、猶本主に仮け授ふべし」『日本書紀』とあり、東国国司派遣目的の一つである武器収公のための兵庫造営と、その管理が蝦夷と境を接する地域では武器把握後、所有者に返還する措置が図られるなど蝦夷対策が重視される。蝦夷対策としての陸奥経営は、物語性が強いものの、上毛野君の任を示すものとして、仁徳55年には上毛野君の遠祖荒田別の子、田道が蝦夷反乱に際し遣わされ戦死している。さらに舒明9（637）年是歳条、蝦夷征討に将軍として任ぜられた形名は、一旦は敗れ、包囲されるも妻からの半島での輝かしい先祖の武勇談に奮起し、蝦夷を破るという『日本書紀』の記事が見える。これらのことから、蝦夷対策の初期においては一氏族である上毛野君が直接的に対していることがわかる。その後、神護景雲元（767）年7月丙寅（19日）と陸奥大国造道島嶋足の請による神護景雲3（769）年3月辛巳（13日）には陸奥地域に分布する吉弥侯部氏が、上、下毛野陸奥公などへ改氏姓され、氏族系譜として陸奥国と隣接する上野、下野が関わることがうかがえる。そして、多賀城が創建される神亀元（724）年以降の蝦夷対策、陸奥国支援地域である「坂東」出現は諸国一体としての関与がうかがえるなど、陸奥への対応が段階的に変化したことがわかる。しかし、その中で上毛野地域の歴史的、文化的役割は絶えず変わらず、その支援の中心に位置している。

　その一端をしめす考古学的資料に、中央集権的国家形成期における陸奥国の官衙、寺院の本格造営での上、下毛野地域系譜の瓦群の採用がある。全国的にも官衙への瓦葺が稀な中で、陸奥国の郡内寺院へも同笵など同系瓦群を採用することは、蝦夷対策などにおいて瓦が象徴的な役割をもっていたことがうかがえる。これらの祖型が、上野地域を基盤として三碑の建立される上野地域の寺井廃寺や入谷遺跡の川原寺系複弁8葉蓮花文鐙瓦、山王廃寺系複弁8葉蓮花文鐙瓦（山王廃寺Ⅲ、Ⅳ式）、上植木廃寺跡の山田寺系単弁8葉蓮花文鐙瓦である。陸奥国南部に偏在しつつも陸奥国一円の官衙、寺院に採用され、かつ北武蔵地域でも変遷しながら採用されるなど同種の瓦が広範に分布する。拠点的官衙、寺院、城柵の創建期に系譜を周辺国へと延ばしていくことは、上野・下野を介した中央集権的国家形成の影響と考えることができる。

　以上の上野三碑とそれに伴う周辺地域での考古学的成果は、従来史料の少ない東国における国家形成過程を示すものとして、重要かつ具体的に理解する上での典型的な事例として位置づけることができるのである。

註
（1）ミヤケは大化改新以前の王権による直轄地であり、『日本書紀』には有力な吉備、筑紫、上毛野国造などの本拠地域に6世紀代に設置されていく状況が読み取れる。特に上毛野地域には武蔵国造の乱に伴う事後処置として緑野屯倉が上野地域におかれるが、佐野屯倉の設置はこの時には見えない。おそらく、この時期に設置されたと考えられるが、碑文には三家と称し、在地的な継承が認められる。ここでは、それぞれ緑野屯倉と佐野三家の語を使用し、総称する際は、ミヤケとする。
（2）那須国造碑は、栃木県大田原市湯津上の笠石神社にある。材質は硬質花崗岩の転石で碑は国宝として鞘

堂内に鎮座する。周囲は、1m程の土壇状となる。水戸光圀により、碑文解明の調査と保護が実施される。碑石は方柱状で高さ120cm、幅48cmで碑身には笠状の石を置く。碑文は高さ60cm、幅25cm内外を平滑に加工し、19字、8行の152文字が刻まれる。前3行は「序」として故那須直韋提の官歴、卒日、後5行は「銘」として碑の建立者である意斯麻呂らが韋提からの意思継承や故人の事績と勲功を漢籍により脚韻意識して讃えている。特に評督を賜う年号に唐（周）・新羅で使用する永昌元（689）年が用いられ、渡来人の関与がうかがえる。

（3）多賀城碑は、宮城県多賀城市市川にあり、多賀城外郭南門を入った東の覆屋の中に西面して立つ。高さ196cm、幅92cm、厚さ70cmの砂岩の自然石の一面を平滑にして、11行140字の文字を刻す。碑面には京・蝦夷・常陸・下野・靺鞨の国境から多賀城までの里数や、城が神亀元（724）年鎮守府将軍大野東人によって造営され、藤原朝獦が天平宝字6（762）年に修造したことを記し、末尾に天平宝字6年12月1日の日付を加えている。朝獦による多賀城修造記念碑という内容で国重要文化財となっている。

第3節　那須国造碑と渡来人

　「永昌元年」という唐（周）、そして新羅で用いられていた年号ではじまる「那須国造碑」は、碑の建立と碑文にみる高度な文字表現から7世紀後半の「白村江の戦い」以後の朝鮮半島から渡来した人びとの関与が考えられる。このことから那須地域は、中央集権的国家形成期の東国への渡来人配置の典型にあげることができる。この時期は、国家としての基本的な基盤が形成され、陸奥国まで拡充される時期であり、陸奥国への入口となる那須に渡来人が配置されることは重要である。また、坂東への入口の位置にある上野においても上野三碑が置かれ、これらは坂東における特徴的な存在となっている。古代において那須は独自性の強い地域圏を形成してきたことが多くの遺跡から明らかとなっている。那須国造那須直韋提の墓碑とされるこの碑は、那須直韋提が国造、そして評督へ、古墳から奈良時代への推移を捉えやすく、中央集権的国家の形成を地域から見る上で意義深い。また、永昌元（689）年に国造であった那須直韋提が評督に任ぜられるなど、わが国の地方支配制度の変遷も読み取ることが可能であり、史料の少ない中、その価値ははかり知れない。

　このほか元禄期における水戸黄門こと徳川光圀や佐々介三郎宗淳、大金重貞らによる碑文解読、碑主解明、さらにその顕彰のための侍塚（車塚）古墳発掘と出土品や調査経過の記録化、遺物とともに史跡保護、景観整備や碑堂建立、管理人選定などが行われている。これらの一連の事業は、わが国における考古学的調査保護の魁ともなっている。これを契機とし江戸時代から碑文の研究が行われ、那須国造碑は日本三古碑の一つに数えられることとなる。

　国造碑並びに那須直韋提について検討を加える上で留意しなければならない点は、この碑が不特定多数のために長年の風雪に耐える不動の素材を選択し、形状を含め立碑の契機とその占地から、「誰が」、「何を」、「どんな人に」、「伝えようとしたのか」ということである。ここでは那須国造碑すなわち「那須直韋提」墓碑を通して、その時代や国家と東国における政策と渡来人、遺跡や古墳からみた地域社会について取り上げ、わが国の歴史の中でいかなる意義をもつものであるのか考えていきたい。

1　那須国造碑の輪郭

　まずはじめに、那須国造碑の全文は以下の通りである。
　　永昌元年巳丑四月飛鳥浄御原大宮那須国造
　　追大壹那須直韋提評督被賜歳次康子年正月
　　二壬子日辰節殯故意斯麻呂等立碑銘偲云尓
　　仰惟殞公廣氏尊胤国家棟梁一世之中重被貳
　　照一命之期連見再甦砕骨挑髄豈報前恩是以

曽子之家无有嬌子仲尼之門无有罵者行孝之

　　子不改其語銘夏尭心澄神照乾六月童子意香

　　助坤作徒之大合言喩字故無翼長飛无根更固

読み下し文は次のようになる。

　　永昌元年己丑四月、飛鳥浄御原の大宮より、那須の国造

　　の追大壱なる那須の直韋提は、評督を賜り、歳は次れる庚子の年の正月

　　二壬子の日辰の節に殞ぬ。故に意斯麻呂等、碑銘を立て偲びて尓云う。

　　仰ぎ惟いみるに殞公は広氏の尊胤にして国家の棟梁たりき。一世の中重ねて貳照せ被れ、

　　一命の期連ねて再甦せらる。骨を砕き髄を挑げ豈に前恩に報いむ。是を以ちて

　　曽子の家には嬌子あること無く、仲尼の門には罵者有ること無し。孝を行うの

　　子は其の語を改めざりき。夏なる尭が心を銘し神を澄め乾を照やかし、六月の童子も香を意いて

　　坤を助け徒の大を作さむ。合に言に字を喩ぐべし。故翼無くて長えに飛り、根无くして更に固まると。

本節では那須国造碑について詳述するので、ここでその全文の現代語訳も付しておく。

　　永昌元年己丑（つちのとうし）四月に飛鳥浄御原の大宮から、那須の国造の追大壱でありました那須の直韋提は「評督」の官職を授かりました。そして、庚子の歳の正月二日壬子の日の辰の節に、長逝しました。そこで遺嗣子の意斯麻呂を首とし、碑銘を立て遺徳をたたえ、故人を偲び祀りました。

　　うやうやしく仰ぎ奉りかえりみますと、長逝しました公は、広氏の尊胤で、那須国の柱、朝廷の重鎮とも言うべき方でありました。その一生は、浄御原の大宮より追大壱にあげられ、さらに評督職を下賜されて、二度にわたっての光栄にあずかり、光輝ある命脈を高めました。「骨を打ち砕き、髄をつかみ挑げ、身を尽くして大宮からの恩顧に報いよう」。これは公の言葉でありました。孝・忠にもとづき人徳を具体化しました。ですから、日に三省の孝人曽子の家門に驕りたかぶる者が一人もなく、その宗師の仲尼先生孔子の門流に人をののしる者が全くいませんように、わが門流、家門にも孝・忠を覆す愚輩はいません。「孝を行う子というのは、亡くなった父の語（道）を三年の間は堅く守り鎮魂して遺徳を高め広める」と言われますが、私（共）も、父君の語を変えはしませんでした。治水、治民、忠、孝を具体化しましたあの偉大な孝子聖帝尭の心を肝に命じ、心を澄め正して先君の徳を照らやかせ、六箇月の喪にあります遺嗣子（私共）も、先父君の遺徳を思って己が徳をのばし、民への治績をあげ、家と人とをにぎやかさせるでありましょう。ここに結びの文字が告げられる次第です。そこで、「魂魄の化された鳥ではない人間に翼はありませんが、故人の遺徳は、どこまでも自在に飛翔させ、霊性をみなぎる樹木ではない人間に根茎はありませんが、名望は張りめぐされ、磐石のように、さらに堅固不滅となる」としるすのです（田熊ほか 1987）。

2 国造碑から韋提の実像に迫る

　古代東国における石碑の代表には那須国造碑、多胡碑、多賀城碑の日本三古碑ほか、多胡碑と山ノ上碑、金井沢碑を合わせた総称の上野三碑がある。現存する石碑の分布は東国においては6基となり、畿内における6基に匹敵する状況にある。このことは東国の地理、歴史的な位置が中央集権的国家における陸奥国など蝦夷政策の最前線であること、さらにそれらの状況下において渡来人の配置とともに仏教による人心安寧と国家鎮護を果たすという、東国のもつ重要な役割の一端を映し出している可能性がある。

　那須国造碑は国宝（書跡）であり、大田原市湯津上にある。笠石神社の方形造りの碑堂の御神体として鎮座し、碑石は方柱状の碑身に笠石をのせる形状から「笠石」と呼ばれる（図39）。碑文は1行19字詰めで8行の152文字が割り付けられる（図40）。文字は行ごとに縦方向に並び、横方向には若干の上下差があるが整然と配置する。界線はないが碑文の範囲は高さ60cm、幅25cmとなる。書体はその源流を北魏の書風に求める意見が強い。石材は那珂川左岸の八溝山地の基盤岩である硬質花崗岩（黒御影）の転石を用い、碑身高は120cm、碑面は文字を刻む面を平滑に加工している。碑文の前3行は「序」として故人の官歴、卒日、後の五行は「銘」として意斯麻呂ら碑を建立した人々の韋提からの遺志継承や故人の事績と勲功を漢籍により脚韻を意識し讃える。わが国における文字は、中国王朝との緊密な外交関係の形成、維持、発展のために習得し、用い始める。7世紀半ばを過ぎると中央集権的国家の基礎が作られ、宮殿、官衙での文書行政のほかに各種施設の造営に伴う工房にも文字が見られる。このことは従来とは比較にならない社会各階層での多様な文字使用であり、明らかな意志投影と表現伝達が認められる。那須における国造碑建立も、このような古代における文字使用の延長上にあるものと理解できる。

　那須直韋提の生年は詳らかではないが、「庚子」の年である文武4（700）年正月2日辰刻（朝8時頃）に亡くなっている。国造碑は韋提の死からそれほど経ない時期に建立されたと考えられる。韋提の子と考えられる意斯麻呂等が碑を建立することから、この碑は那須直韋提墓碑と呼ぶのが妥当である。碑文には那須国造である韋提が飛鳥浄御原大宮の持統天皇御代に那須評督を任ぜられたことが記載されている。古代地方豪族に与えられる「直・あたい」の姓をもつことから、那須きっての譜第系譜に属するものと考えられる。そのことは、那須国造である韋提

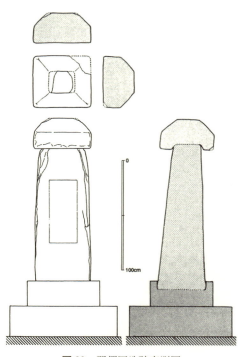

図39　那須国造碑実測図

は、天武14（685）年正月丁卯（2日）に制定した冠位四十八階の第三十三等となる「追大壹・ついだいいち」であり、大宝律令位階制の正八位上に比定されることとも矛盾しない。碑文にみえる永昌元（689）年の国造那須直韋提の評督任命は那須国造である那須直韋提がこの時に評督となったことをあらわし、この時期まで国造制が存続していたことを意味するものではない（鎌田 2001）。国造から評督への移行は、「常陸国風土記」にみえるように孝徳朝期の大化5（649）年に全国一斉に評が置かれると考えるのが一般的である。しかしながら中央集権化への変遷は、「国造」から「評」という単純な図式ではとらえられない。「国造」の領域内に「評」として複雑な形で分割、統合するなどの再編成が行われ、結果的に大宝元（701）年、「郡」へと至る経過が考えられる。この変化は名称や対象地域の変化のみならず古墳時代からの中央集権的な公地公民制への歩みでもある。評という新たな地方行政組織への再編以後も国造の地位は一定の機能のもとに存続していたと考えられている。しかし、同一地域に併存する形で評督が設置されることにより、国造が在地首長と

図40　那須国造碑拓本

して持っていた諸権限は日増しに国家の手に吸収されることとなる。このように国造碑文は中央集権的地方支配制度の成立を考える上できわめて重要であり、一地方における金石文である那須国造碑がわが国の歴史に与える影響はきわめて大きい。

　那須直韋提の出自であるが、碑文にみえる「廣氏尊胤」の記述から那須氏の祖として「廣氏」がみえる。「廣氏」の解釈として、一つは特定の氏を指す用語ではなく広大な氏族の子孫とみるもの。もう一つは「廣氏」を「姓氏録」による豊城命（豊城入彦ともいう）三世孫赤麻呂、居地により「広来津公・ひろきつのきみ」にあてるものである。すなわち豊城命系の豪族である上、下毛野君とも関連することになる。この系譜に連なる人々は大陸や半島、特に新羅に対しての外交や軍事面での関わりが強く、那須国造と新羅との特殊な関係を溯って読み取ることもできる。このほか『国造本紀』に「那須国造纏向日代御代建沼河命尊孫大臣命定賜国造」とあり、大臣命が阿倍氏一族であることからその関連が指摘される。阿倍氏は古代東国における有力氏族として敷衍し、かつ皇室系譜にも連なるものとして碑文中の「一世之中重被弐照」にもそのような意識がみられる。ちなみに『続日本後紀』承和15（848）年5月辛未（13日）条、陸奥国白河郡大領外正七位上奈須直赤龍が阿倍陸奥臣姓を賜る記事から、奈（那）須氏が阿倍氏との同族関係を主張していたことを知ることができる。この奈須直赤龍は陸奥国白河郡の大領であるが、下野国那須郡に隣接することから那須国造那須直韋提と同じ那（奈）須一族であることは間違いない。また両郡には承和10（843）年12月乙卯（1日）条、那須郡大領外従五位下を借叙される丈部益野『続日本後紀』、神護景雲3（769）年3月辛巳（13日）条に外正七位上丈部子老『続日本紀』など丈部姓の郡大領層の存在がみえる。丈部は阿倍陸奥臣を賜うなど、やはり阿倍氏との関係が深い。律令制下、白河関を隔て国を異にするものの、隣接する地域での同一氏姓や氏族系譜の存在は古墳時代以来の関わりをしめすものである。

　庚子（700）韋提の死の翌年である大宝元（701）年には、大宝律令が施行され、全国的に国郡里

制が施行される。那須評は那須郡、那須評督は那須郡司となるなど地方支配制度が確立する。国造碑建立者として記載される意斯麻呂は、韋提の後継者として選任されたのかが最大の関心事となる。この時代の遺跡のあり方から、那須地域では少なくとも3地域の拮抗した勢力の存在が見て取れる。競合する氏族がひしめく中での権力継承が碑の建立や碑文の表示目的として読み取れる。また、那須郡役所である那須官衙遺跡は8世紀初めの造営と考えられ、国造碑周辺でない小川地区に立地し、この間の状況を物語っている可能性が強い。評督であった韋提の死去後、那須郡の郡司大領を決定しなければならない中央集権的国家体制の基盤作りの時期である。侍塚古墳群に連なる地域、国造家としての正当性、譜第性、国家や天皇への帰属意識、仏教・儒教思想に基づく族内での強固な結びつきと文化的解明度、新羅人など渡来人と結びつく文化技術力の誇示、律令制開明期の指導的役割と文字活用、これらを東山道など交通往来へと表示する必要性により、建立されたものと考えることができる。

当時の中央貴族を代表する藤原鎌足の墓碑文であっても、碑文の作成には百済人があたり、作成には当然高い文化的素養が求められた。[2] 那須国造碑についても、形態や碑文内容からわが国の古代碑石の中でも傑出する存在と考えることが可能であり、石碑の作成と高度な文章表現の使用には渡来人の関与を想定しなくてはならない。国造碑製作への渡来人（新羅人）関与については、江戸時代に木曾武元が『那須拾遺記』のなかで『日本書紀』持統朝に「投下新羅人を下毛野国居らしむ」など当時半島から関東に多くの人々が居住していたという記述から「新羅人の建てたる日本第一の古碑なり」と指摘している。これを裏付けるものが碑文にみる永昌元年（唐「周」・新羅年号、西暦689年）の年号である。永昌という年号は唐（周）則天武后時代のもので、「元年」はわが国では持統3（689）年にあたる。この年号は正月に建てられ11月に「載初」と改元され、わずか10カ月余しか用いられない。中国年号の使用は周辺国が冊封国として臣従関係を結ぶことを意味しており、年号使用や制定は為政者の特権としてきわめて政治色が強い。朝鮮諸国のうち新羅では真徳王4（650）年に唐「永徽」年号採用以降、中国年号を使用することとなる。日本の年号は大宝（701〜）から使用され、それ以前では大化（645〜650）、白雉（650〜655）、朱鳥（688）が知られるものの、特別な事情以外の年紀は干支により表わされている。

わが国古代における渡来人の移入は4期に分けられる。第1期は弥生期の稲作と金属器伝播。第2期は4世紀から5世紀（応神から仁徳朝）のヤマトを拠点とする大王支配確立期。第3期は5世紀終わりから6世紀（雄略から欽明朝）のいわゆる「今来の才伎」と呼ばれ、須恵器、機織、土木技術、馬の生産、鉄などの生産、仏教文化などが伝えられる。第4期が7世紀後半代であり、白村江の戦いの敗戦とその後の朝鮮三国が新羅によって統一される時期である。多数の朝鮮半島勢力である高句麗、百済、新羅人がわが国に渡来することになる。この時期の渡来人はきわめて高度な文化、知識、宗教、技術をもち、わが国における中央集権的国家形成を助けた。有能な人材として中央官人化するもののほか、東日本を中心として中央集権的国家を地方に浸透させる目的で文化向上、耕地開発など地方基盤の整備のため移住させられる。東国では下毛野のほか常陸、武蔵に移配の記事がみえる。下毛野へは新羅人が配置され、下毛野は東国でも最東に位置し、さらに東の陸奥への渡来人は、この時期認められない。

持統元（687）年3月丙戌（22日）
　　投下の新羅人十四人を以て、下毛野国に居らしめ、田を賦い、稟を受け、生業に安ぜしむ
持統3（689）年4月庚寅（8日）
　　投下の新羅人を以て下毛野に居らしむ
持統4（690）年8月乙卯（11日）
　　帰化の新羅人を下毛野国に居らしむ

　これらが『日本書紀』にみえる新羅人の下毛野への移住記事であり、3回の記事は偶然ではなく、それぞれが関連しているものと考えられる。また、この記事のみが下毛野への新羅人来住をしめすものではなく、新羅人が那須のみに限定して居住していたことをしめすものでもない。ここで注目できるのは、国造那須直韋提が評督を賜う年次は「永昌元年」（689年）を用いるのに対して、死去年次は「康子（庚子）」（700年）を用いていることである。西暦700年は唐及び新羅での年号は「久視」であるのに、日本的な干支「庚子」を用いている。このことについては、永昌年号を知り得たもののその後の年号を知らなかった者の表現、すなわちその時期に渡来した人の関与をしめすものと考えられる。今泉隆雄は、持統4（690）年に下毛野に移住した新羅人が国造碑造営者ではなかったかと指摘している。これらは新羅沙門（仏僧）詮吉、級飡（新羅の官位17階のうち第9階級伐飡）の北助知ら50人で、その一部の韓奈末（同前第十階の大奈末）の許満ら12人は下毛野移住に先立つ2月に武蔵に移住させられていた。そして下毛野移住の新羅人は沙門詮吉と北助知を含む38人ではなかったかとしている（今泉 1985）。これらを確かめる史料は現在見当たらないものの、きわめて魅力的な説である。特に僧侶である詮吉や官人の北助知らの存在は、碑文内容や、当地域での白鳳寺院である浄法寺廃寺跡と尾の草遺跡での畿内系譜をもたない鐙瓦を採用する仏教寺院、あるいは沢村神社に伝わる新羅仏とされる小金銅仏の存在とも重なる。

　さらに、永昌年号の使用は、当時の東アジア情勢下においてわが国のおかれた立場の中でも特筆される。遣唐使は天智8（669）年の派遣以来、対外関係の悪化から大宝2（702）年まで空白期を迎え、この間は東アジアとの交渉がきわめて限定的な時期であった。『続日本紀』慶雲元（704）年7月甲申（1日）条には、大宝元（701）年正月に遣唐使に任命された遣唐使執節使の正四位下粟田朝臣真人の帰国報告が収録される。唐に至った時に「先には是れ大唐、今は大周と称く。国号、何に縁りてか改め称くる」と問い、その答えには、「永淳二年、天皇太帝崩じたまひき。皇太后位に登り、称を聖神皇帝と号ひ、国を大周と号けり」との問答をのせている。このやり取りから、遣唐使たちが大宝2（702）年6月に筑紫を船出した時点では、永淳2（683）年に則天武后が女帝となり周が興ったことは知られていなかったことになる。天智8（669）年に河内鯨らが唐へ派遣されて以来30年以上も遣唐使は派遣されておらず、国の代表である遣唐使にしても唐の情報はまったく入手できていなかったことを物語る。周建国すら知らなかった粟田朝臣真人らが「永昌」の年号を知るはずもなかったことを酒寄雅志は指摘する（酒寄 2008）。国家として、さらに遣唐使すら把握できなかった唐（周）の情報を那須国造碑の建立者が持っていたことになる。このことは、この時期の渡来人などにより大陸、半島の文化がわが国へ、そして地方に直接的に移入していたことを物語るとともに、こうした渡来人が東国各地へ与えた文化的影響は大きかったことがわかる。那須国造碑にみる

ように、地域の豪族たちにとって渡来人の受け入れは支配権の維持拡充ともつながり、国家における中央集権化の地方展開に結びつくことになる。

　また「韋提」という人名についても、「法華経」「観無量寿経」にみえる「韋提希」として国造碑を建立した意斯麻呂の名が日本的であるのとは対照的である。このことからも韋提自身が渡来人ではなかったかとの指摘もあるが、現状ではその確証は得られていない。碑文中には宗教哲学や国家感を示す部分がある。「砕骨挑髄豈報前恩」の粉骨砕身して前恩に報いるなどは、意斯麻呂が孝行の子、父の教えに従い仁政を行うなどに、「忠」「孝」「仁」などの儒家思想、「曽子之家无有嬌子仲尼之門无有罵者」の仲尼すなわち孔子やその高弟である曽子の門弟に嬌子や罵者がいないなど、儒家を登場させている。また「無翼長飛无根更固」の翼無くして長く飛び、根無くして更に固まるなどは、唐高宗の「聖期記三蔵経序」から「砕骨挑髄」が大般波羅蜜多経にみられるとして仏教思想もみえる。東野治之は「奈須」が一般的であるのに「那」は「須」とともに好字として仏典を参考としている可能性を指摘する（東野 2004）。また、「国家棟梁一世之中重被貳照」は日本国の棟梁として朝廷に奉仕する重臣、一生の間に国造と評督という官職に二度任ぜられことを指し、那須直韋提及び意斯麻呂が天皇中心とした国家への従属することを強く意識したものとなっている。

　東国における仏教文化伝播を具体的に示す記述は、持統元（687）年4月癸卯（10日）に筑紫大宰府より新羅僧尼等男女22人を武蔵国に移すことに始まり、持統3（689）年正月乙卯（2日）には陸奥国優嗜曇郡蝦夷2人の出家を許し、そして同月壬戌（9日）には越蝦夷僧道心や陸奥蝦夷沙門自得に仏像、仏具などを賜うという記述が『日本書紀』にみえる。これらの東国や蝦夷社会への仏教普及は、中央集権的国家形成期に辺要地域での支配の拡充、安定を図ろうとした意識の現れとみることができる。陸奥に接する那須地域において高度な文化や仏教施策を進めるという、国家的施策としての渡来人移配目的がよく見て取れる。

　墓碑建立の目的は、墓の傍らにおいて一定の情報を社会や大衆等不特定多数へ伝えることであり、現地においても国造碑の存在は目を引くものであったことが想像できる。碑文には那須直韋提の事績を単に顕彰するだけでなく、生前の韋提の地位をその子らが継承したことが記され、それを表示するという那須直一族代々の地位継承の記念碑でもある。光圀らによる碑主を明らかにするための調査では、国造碑下の高まりを墓とみていることがわかる。このことから、南に存在する下侍塚古墳を中核とする侍塚古墳群から北に700ｍに位置する最周縁部の墳墓であるものと位置づけることができる。群集墳は被葬者間の血縁関係や地域的有機的結合関係により一定の場所に墓地を形成し、次々と墳墓を築く。国造碑には碑建立や銘文としての意思表示のみならず、侍塚古墳群と同一の墓域であることを位置的に表示することで祖先系譜を連ね、伝統を同じくするという視覚的な意識も読み取れる。古墳時代から連綿と続く那須地域の代表的首長墳である侍塚古墳に連なる那須国造そして那須評督とされる那須直一族が、譜第系譜を具体的に表示するものと理解することができる。また、都から陸奥への交通路である東山道はこの古墳群の西を通過するものと考えられ、東山道に設置される駅家の磐上駅家は国造碑から西へ150ｍの小松原遺跡に比定されている。碑を重要な交通路に面して設置することは、通行人等の不特定者のみならず、国家への主張や表示も読み取ることができる。佐藤信は古代東国での建評が中央政府や直接派遣された国司の結びつきを軸に

進展するとし、在地豪族層の評督化がそれぞれ在地における首長層の力関係、競望の様子を反映し、国造碑では「評督被賜」を強く主張し、地位の獲得と譜第性の表明、告示が明らかであるとしている（佐藤 1999）。「庚子」（700）年の一年後は、大宝律令により評から郡へと地方行政制度の転換する時期として重要な転機である。

3　国造碑とその周辺——那須の産金について——

　下毛野では那須のほかに、河内郡域を中心に新羅系土器と呼ばれる新羅地方の特色をもつ土器（図41）が6遺跡14点出土している。新羅人との関連は、移配記事や記事に見えない移配も当然考えられ、多様な交流が想定される。

　もう一つ那須地域と渡来人の関わりをしめす興味深い事例に、那須産金をあげることができる。産金地は那珂川町健武の健武山神社付近の武茂川流域と考えられている。承和2（835）年2月戊戌（23日）「下野国武茂神に従五位下を授け奉る。この神は沙金を採る山上に座す」（『続日本後紀』）の記事がみえる。それを溯ること約100年前の天平19（747）年には、東大寺盧舎那仏（奈良の大仏）に鍍金するために必要な「金」が下野国で産出される（『東大寺要録』）。また、天平21（749）年2月丁巳（22日）には陸奥国小田郡から大量の金がもたらされた（『続日本紀』）。陸奥における産金に関与したのが国司であった百済王敬福のほか余足人、戸浄山などの百済系渡来人であった。この時期におけるわが国での産金は陸奥と下野那須のみであり、産金に伴う高度な知識と技術に渡来人が関与したことが判明している。このことから、下野国那須郡武茂郷においても国造碑建立にみる新羅系渡来人の関わりを考えることができる。『延喜式』にはその後もこの2国で産金が続けられていることが記載され、『続日本後紀』の承和3（836）年正月乙丑（25日）には陸奥国白河郡従五位下勲十等八溝黄金神に封戸二烟が奉られた。これは陸奥国司が砂金の採取量の増大を祈祷したところ、例年の2倍産出し、遣唐使派遣費用の助けとなったことによるものである。国家的な稀少資源である金が大陸で使用される経過がうかがえる。いままでわが国では産出しないと言われていた金が、100年経たないうちに遣唐使の生活や文物購入にあてられ大陸へもたらされたことになる。その後、唐における日本産出の金の情報は世界をかけめぐることとなる。9世紀後半のイスラム世界では「ワークワーク」（倭国）が豊富な黄金の地であることを紹介、13世紀後半のヨーロッパではマルコポーロが「黄金の国ジパング」として紹介されるが、その契機は那須と陸奥による産金だったといえる。

4　那須国造碑の語るもの

　那須直韋提の墓碑である那須国造碑の152文字には、韋提の卒年と官職歴、造営者のほか那須直氏の出自や譜第系譜、故人の事蹟と遺志継承が渡来人の高い技術と文化を駆使して表されている。7世紀後半の白村江の戦いや新羅による朝鮮半島統一など、唐（周）を中心とした東アジア情勢は目まぐるしく動いた。わが国における中央集権的国家形成期の地方支配への変化の中で、那須直氏が

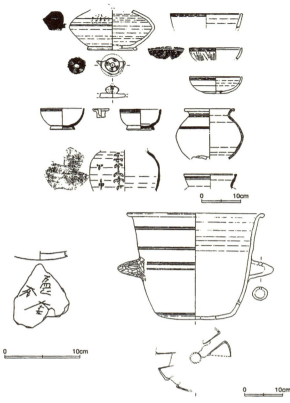

図41 栃木県出土新羅系土器と刻書土器「大舎」

在地那須における譜第性を広く表示しなければならなかった状況を国造碑造営に読み取ることができる。

　国造碑にみる那須直氏が歴史的に結びつきを求めたものが古墳時代前期における侍塚古墳に代表される前方後方墳群であり、その後も古墳時代後期の前方部と後円部両方に横穴式石室を持つ二ツ室塚古墳や、横穴墓群の石田横穴など階層性にみる独自性の強い文化の系譜に、那須としての地縁的な王統をみることができる。平安時代末における那須与一宗隆のような独自かつ個性的な人物が輩出されたのは、地理的、文化的にもひとまとまりとなる那須という地域圏の存在を抜きには考えられない。時代を通じて畿内や東国に確立された政権は、支配権の拡大の過程で奥羽を含めた辺要地域を最重点課題として位置づけ、その際に政治、軍事的に重視されるのが陸奥国白河郡と関で接する那須であり、その王統譜にある人々であった。古代那須、そして那須直韋提がもつ歴史的意義は、地域史にとどまらず、国家史として大きな意義をもつのである。

註

（1）永昌元（689）年の国造那須直韋提の評督任命は、那須国造である韋提がこの時に評督となったことのみを示しているものであり、碑文は、この時期まで国造制が存続していたことを意味するものではない。

（2）中央貴族であっても中国の墓碑に見劣りしない碑を作成することはきわめて困難であった。そのことは、大職冠中臣鎌足の墓碑文（非現存）を百済人の沙宅紹明（さたくしょうみょう）が作成したことが『藤氏家伝』からも明らかである。

（3）栃木県内出土の新羅土器については、胎土の分析から直接、半島からもたらされたものではなく、在地において生産されたものである可能性が指摘されている。

第2章
坂東と陸奥国にみる接圏地域の歴史的特性

第1節　那須の独自文化圏
――那珂川と東山道の交流・交通――

　「那須」と聞き、多くの人が思い浮かべるのは那須岳、高原、牧場、別荘、温泉などであろう。しかし、古代「那須」と呼ばれ、その中心的な役割を担い続けたのは那珂川と箒川の合流、大田原市から那珂川町、さらに那須町や那須烏山市に至る地域であった。この地域では4世紀から前方後方墳が継続的に造営され、3面の中国鏡を含む4面の銅鏡が出土するなどヤマト王権との強い結びつきが認められる。また、先に述べた通り国造那須直韋提の墓碑である那須国造碑の建立や「永昌」年号の使用、高度な文字表現には文化的素養をもった人々の関与が考えられている。那須を含む下毛野国には帰化新羅人が配置されることから、その関わりが指摘されている。このほか奈良、平安時代の古代那須郡役所である那須官衙遺跡をはじめ、浄法寺廃寺跡、尾の草遺跡、東山道跡、那須与一に代表される那須氏の城館跡である那須神田城跡など国宝や国指定史跡が数多く残され、数えきれない貴重な出土品が発見される。
　これらの遺跡や遺物が物語るのは那珂川、阿賀川、阿武隈川水系による太平洋と日本海、また東山道による都から東国、そして陸奥を結ぶ交流、交通の実相である。さらに、わが国版図の東限である陸奥は律令国家に属さない蝦夷の居住域と隣接し、国家支配が及ぶにいたって数多くの戦いが繰り広げられることになった。そして、陸奥を支援する地域として現在の関東地方の国々を「坂東」[1]と位置づけ、人的、物的資源が那須そして白河関を越えて陸奥へもたらされた。関の本質的な機能は塞ぐことにあり、ここに陸奥との大きな境も形成された。このことから那須が文物の交流、境界の地として歴史上位置づけられることとなる。
　那須の遺跡を全国的にも広く知らしめたのは、「黄門様」こと水戸（徳川）光圀である。那珂川上流に沿って伸びた水戸藩領は下野国那須郡武茂郷（現在の那珂川町）に至る。ここを起点として光圀は那須国造碑の碑主を明らかにするための調査とその保護を命じた。これを受け佐々介三郎宗淳、大金重貞らが元禄4（1692）、5（1693）年に那須国造碑や侍塚古墳の調査、保護を実施している。この地の古代文化の隆盛と光圀の歴史への強い関心が「那須」の地で重なり、わが国初めての発掘調査・史跡保護として歴史の一頁を飾ることになる。また、光圀は出土品を絵図に取らせ、保護のため古墳原位置へと埋戻し、墳丘は修復の上、松を植樹させた（図42）。さらに国造碑には堂宇を建立するほか周辺用地の買収、管理人設置にまで及んだ。光圀の意思を引き継いだ周辺住民の献身的

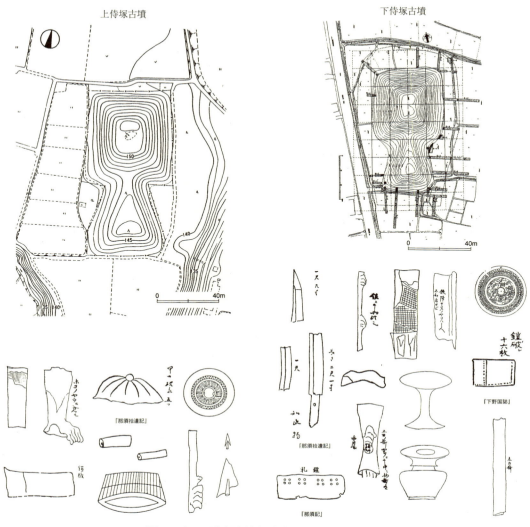

図42 上・下侍塚古墳と近世の出土品の書き取り

な努力により、その美しい姿は現在に引き継がれている。ここでは、那珂川と東山道という交通の要所にある那須地域が、他の地域との交流の中、いかに独自な文化圏を形成していったのか考えていきたい。

1 那須の地域的特色

(1) 那須の地理的・歴史的環境

栃木県は関東地方の最北端に位置し、地形的には西に足尾山地、北に帝釈山地、東に八溝山地と三方を山地に囲まれる。これらは、それぞれ群馬県、福島県、茨城県と境を接している。中央の平地は南北に長く、北から南にゆるやかに傾斜しながら県都宇都宮へ、そして大きく東西に開け関東

平野に続いている。那須には、近畿や関東地方に歴史上形成された政権中枢と列島北部の奥羽地方をつなぐ重要な交通路が集中する。東山道、奥大道、日光道中、奥州道中のほか国道4号、東北本線、東北自動車道、東北新幹線などである。時代により移動はあるものの現在に至っても列島縦断のメインルートとして位置づけられる。

那珂川と箒川の合流付近は地域間の交流を結びつけるのみならず、那須野ヶ原扇状地に伏流した水がこの地で湧水するところでもある。那須の人々の営みは歴史上ここに集中し、大きな集落を形成することになる。

栃木県内の地形をみると関東平野の北縁が喜連川丘陵で限られ、それ以北である那須や福島県南部地域は山がちで内部に深く谷が入り込む。平野は河岸段丘を中心としてあまり発達しないという類似した地形となる。これら地域は県境をまたぎ一続き、一括りの地域であることを豊富な考古学的資料が物語っている（図43）。石器の石材として重用される高原山産黒曜石は白い粒子を多く含むという特徴から容易に見分けられ、北関東から福島県中通り、会津地方に広域に分布する。また、縄文時代を代表する装飾品である硬玉製大珠は、日本海側の姫川流域で産出、製作され、稀少品として大規模な集落を中心に出土する。東日本を中心に限定した分布を持ちつつも、福島県会津、中通りから栃木県那須、茨城県域に濃厚に分布している。また、東北北陸地方に分布する縄文時代中期後葉から末葉まで竪穴住居に採用される複式炉の最南端は那須地域となる。弥生時代の茨城県北部の十王台式土器、福島県南部の天王山式土器などの土器群も関東東北間で広域に分布することになる。
(2)

しかしながら今日、本州中央から北東部に位置する関東そして東北地方は行政、文化ともに明確に異なる地域区分となっている。これは中央集権的国家の形成と陸奥国への版図拡大がその起源と

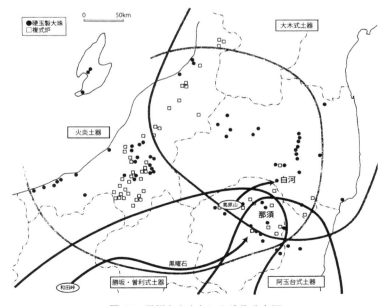

図43　那須を中心とした遺物分布図

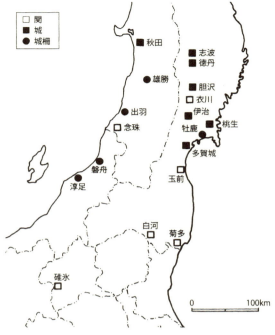

図44 古代の坂東と陸奥国の関

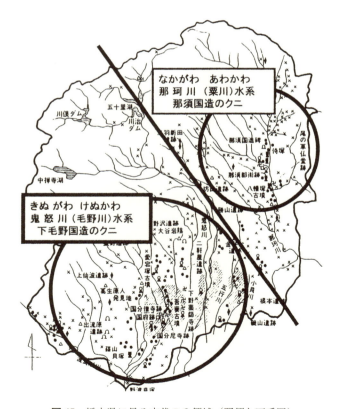

図45 栃木県に見る古代の2領域（那須と下毛野）

考えられる。版図の拡大に伴う蝦夷対策は、最前線地域である陸奥国とその支援地域である「坂東」を基盤として実施される。下野国那須と陸奥国白河、常陸国多珂と陸奥国石城の各国各郡間が境界としての関により明確に区分されることになる。内陸部の東山道に設置された白河関、海岸部の東海道に設置された菊多関（勿来関）がこれである（図44）。国家支配に抵抗する蝦夷との戦いを歴史上は反乱と呼び、その都度鎮圧が行われ、弘仁年間にようやく反乱が収束する。陸奥地域が安定化される平安時代以降、都では遠く離れた辺境蝦夷の地を「雛」「陸奥」「白河関」「勿来関」として心情、別離、雛雅と重ね合わせ歌枕などに用いるようになる。関のもつ本来の機能や役割が減じていく中、観念のみが増大し、当時の関の機能を遥かに凌駕した感覚を人々に植え付けることになる。それが今日の関東と東北の境界へと連なってくるのである。

(2)「那須」と「下毛野」の2領域

「下毛野」は平安時代に編さんされた『先代旧事本紀』『国造本紀』にみえる「難波高津朝（仁徳天皇）御世、元毛野国を分けて上下となす」に由来する。「上毛野」すなわち現在の群馬県との関わりをもち、そのことを示しているのが毛野河（現在の鬼怒川）である。同書には「那須」の記載もあり、栃木県域に下毛野国造と那須国造の2国造が設置された

ことがわかる。那須を代表する河川である那珂川（河）の名称は室町時代に見え、『常陸国風土記』には古名である「粟河・あわかわ」が記される。「なか」は常陸国那賀郡、「あわ」は同郡阿波郷や式内社阿波山上（あわさんじょう）神社に通じ、常陸国（茨城県）との関わりがうかがえる。このことから栃木県域には、群馬県（上野国）、茨城県（常陸国）それぞれと関わりの深い地域が存在したことがわかる。古代の北関東を二分する境界が「下毛野」と「那須」の間に横たわっていたともいえよう（図45）。

　「下毛野」である県央、県南地域は平野部を各河川が南流しながらそれぞれが利根川に流れ込み、平野の微高地上に遺跡が散在的に分布する。これに対して「那須」を含む県北地域は、丘陵部を縫って南流する那珂川に支流が合流することになる。遺跡分布は那珂川やその支流により形成された狭い河岸段丘上に集中する。このことは遺跡のあり方にも影響し、「下毛野」が多地域に各時代の中心地域が築かれるのに対して、「那須」では那珂川と箒川の合流点が中心地域として営まれ続ける。特に河川が陸奥国方向から南流することからそれに沿って交通路が発達し、陸奥国経営が可能な地域として設置される「坂東」の中でも特徴的な地域圏を形成することとなる。これらのことから栃木県は歴史的にも文化的にも異なる地域が一体となったことがわかる。

2　古墳時代の那須地域の動向

(1)　独自文化圏の出現—古墳時代前期—

　那須の古墳時代前期は4世紀から継続的に造営される前方後方墳6基と20数基の方墳群に代表される。栃木県のみならず関東地方においても、墳墓にみる「方の世界」はその規模や内容に圧倒的な存在感をしめしている。副葬品の代表である鏡は駒形大塚古墳の画文帯四獣鏡、那須八幡塚古墳の夔鳳鏡、『車塚御修理』に記載された絵図面による下侍塚古墳の斜縁神獣鏡、上侍塚古墳の捩紋鏡の出土がうかがえる。画文帯四獣鏡、夔鳳鏡、斜縁神獣鏡の3面が中国鏡、捩紋鏡1面が倣製鏡とされ、いずれも鏡式が異なることから古墳前期の一定期間に継続的なヤマト王権との結びつきをうかがうことができる（図46）。なお、駒形大塚古墳は関東地方でもいち早く造営された定型化古墳と考えられている。

　那須における6基の前方後方墳築造は、駒形大塚古墳（60.5m）→吉田温泉神社古墳（47m）→上侍塚北古墳（48.5m）→那須八幡塚古墳（60.5m）→下侍塚古墳（84m）→上侍塚古墳（114m）の順であることが、有段口辺壺や埋葬施設の違いや葺石の有無

駒形大塚古墳・画文帯四獣鏡

那須八幡塚古墳・夔鳳鏡

下侍塚古墳・斜縁神獣鏡

上侍塚古墳・捩紋鏡

図46　那須の前期古墳出土鏡一覧

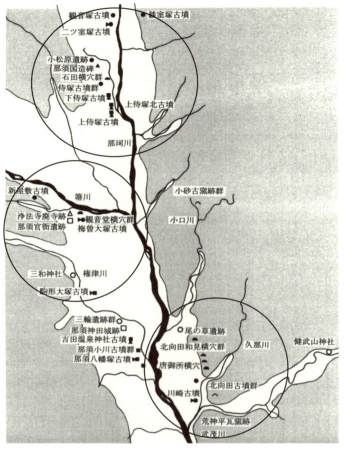

図47 那須における古墳時代後期の3地域

から判断できる。6基の築造期間は100年間程度、その後突如として大規模首長墳は姿を消すことになる。古墳周辺には方墳群が展開するのが特徴であり、温泉神社古墳群、那須八幡塚、下侍塚古墳で認められるものの上侍塚古墳では認められていない。巨大化し、方墳群から抜け出した最後の王墓の存在がうかがえる。

(2) 独自文化圏の発達―古墳時代後期―

古墳時代前期の前方後方墳の隆盛と中国鏡の多数出土に代表される那須の古墳は、中後期において小規模となりながらも継続して築造されている。その最終段階となる古墳時代後期の前方後円墳や円墳、横穴墓は那珂川と箒川の合流地域を中心に、那珂川左右岸の黒羽湯津上地区、那珂川左岸馬頭地区、那珂川右岸小川地区の3地区で重層的な墳墓群の存在が認められている（図47）。

それぞれの地区の中核となる全長50m前後の前方後円墳には、前方部と後円部の両墳に両袖型胴張型横穴式石室などの石室が採用され、この地域の首長墳の特徴となっている。箒川合流点の上流である那珂川左、右岸の黒羽湯津上地区では、横穴式石室を前方部と後円部にもつ二ツ室塚古墳（前方後円・46.5m）、両袖型横穴式石室をもつ銭室塚古墳（円・26m）がある。また、侍塚古墳周辺でも侍塚古墳1号墳（前方後円・50m）などが認められ、横穴墓としては石田横穴墓群がある。那珂川左岸の馬頭地区では、両袖型横穴式石室をもち、両墳石室の可能性がある川崎古墳（前方後円・49m）がある。その南東には胴張型横穴式石室などをもつ後期群集墳である三枚畑古墳群、北にも横穴式石室をもつ北向田7号墳（円・16m）などの北向田古墳群がある。さらに北東にはこれらの古墳群を見下ろす低丘陵地帯に那珂川流域最大の北向田和見横穴墓群がある。那珂川と箒川の右岸の小川地区では、前方部と後円部の両墳に石室をもつ梅曽大塚古墳（前方後円・49m）が築造される。周辺には、さらに胴張型横穴式石室をもつ新屋敷古墳（円・16m）や観音堂横穴墓群がある。

那須地域において、これらの首長墳の次段階以降の墳墓については、現段階で確認できない。しかし那須地域では国造碑が建立されており、その碑文にみる那須国造、そして評への変遷がこの地域で認められ、古墳時代から奈良時代への推移をよくしめしている。

また、白鳳期の有稜素弁鐙瓦の出土地が浄法寺廃寺と尾の草遺跡など那珂川の左、右岸の2地区にあり、那須郡の郡衙も小川地区に設置されている。これらがいずれも古墳時代後期の重層的墳墓造営地点の代表的存在である3地点周辺で認められることになる。そして、これらは律令期の石上・片田郷、武茂郷、那須郷など那須郡の中心地域に比定され、次代の奈良時代以降にも引き継がれていく。この古墳時代後期の3地点が次代を規定する存在であったことがうかがえる。

さらに、『続日本後紀』の承和10（843）年12月乙卯（1日）、下野国大領外従六位下勲七等丈部益野による戸口、耕田増加の記事がみえるなど、那須氏以外の郡領氏族の存在がうかがえる。郡内の複数の郡領氏族の拠点を考える上でも、これらの3地点の存在は、きわめて示唆に富むものと考えられる。しかし、最終的には梅曽大塚古墳隣接地に郡役所である那須官衙遺跡が築かれ、勢力が収斂されることになる。

(3) 独自文化圏の象徴—横穴群—

横穴墓は、長岡横穴墓など一部例外を除いて那珂川水系である那須に分布するもので、下毛野、上毛野をあわせた「毛野」ではほとんど認められない。反対に常陸地域北部の久慈川、那珂川流域に数多く認められる（図48）。

那須における横穴墓の分布は、28地点あることがわかっている。その分布域は有力首長の影響の

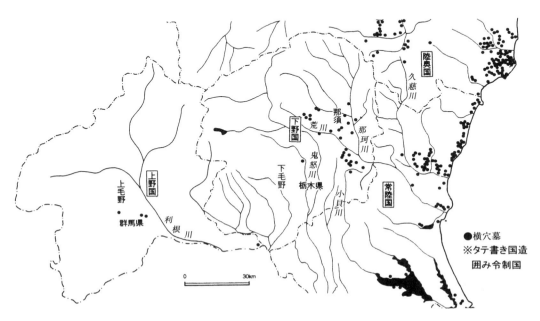

図48 上毛野・下毛野・那須国造と横穴墓の分布

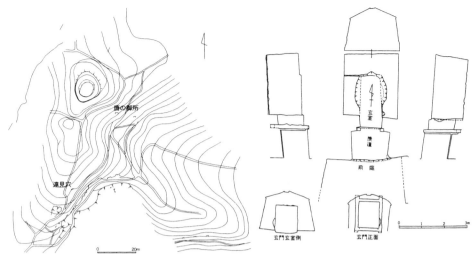

図 49 唐御所横穴墳丘測量図、石室実測図

及ぶ支配領域や勢力圏などを面的にしめしているものと想定できる。横穴墓群の存在形態には、有力首長墳を頂点とした多様な墳墓による階層的な支配関係が想定される。横穴墓の造営者は群集墳の造営集団内部に新たに形成されていることが考えられる。採用層は古墳時代の階層構造の中で、けっして地域の有力首長ではなく、支配階層の一端を担うものの、相対的には下位もしくは特殊階層者の墳墓とすることが可能である。しかし、横穴墓の内部にも唐御所横穴など特殊な構造をもつなど、階層性や出自、系譜を明示しているものもあり、有力首長層の一端の墳墓でありつつ、独自性もうかがえる。

　前方後円墳などの有力古墳と横穴墓群が重層的に分布する地域の代表としては、八幡古墳群と横穴墓ほか、番匠峰古墳群と岩下横穴墓群、大日下古墳群などと葛城横穴墓群、大和久古墳群と山崎横穴墓などがある。これらは、地理的にも時間的にも近接して造営されるものが多く、古墳時代後期の重層的墳墓構成から階層的な支配基盤の形成がみられている。これらの分布域は後の那須郡所在の郷比定地とも重なり、古墳時代後期から奈良・平安時代へと引き継がれていったものと考えることができる。

　このような中、那須における横穴墓内での分布や系譜の中核には、川崎古墳の隣接地域である北向田和見横穴墓群を想定することができる。本横穴墓群は那珂川流域の横穴墓分布の中で最大となる86基あり、さらに増加が見込まれる。本横穴墓群中、最も著名な唐御所横穴（図49）では、肥後型など九州地方を始め他地域からの影響があり、最古形式とされる墳丘横穴墓や家型をしめしている。また、那須で認められる一連の横穴墓形態のほとんどが本横穴墓群に認められるとともに、数少ない線刻壁画が遠見穴で認められ、共通する壁画題材である「木葉文」が他群でもみられている。
(4)

　特に、那珂川左岸の馬頭地区での川崎古墳周辺には、北向田古墳群や三枚畑古墳群、北向田和見横穴墓群が所在し、小口川、久那川、武茂川など左岸を代表する那珂川の支流がいずれもこの地区で本流那珂川へ合流する。流域最大規模の肥沃な氾濫源と発達した河岸段丘に近接して所在するこ

とになる。那珂川左岸馬頭地区では、この他に古墳は認められず、突如この地区で造墓活動が行われたものと考えられる。地形的にもこの地域は有用な可耕地と考えられ、奈良時代には、産金、窯業が行われるなど、新たな手工業生産が展開する。特徴的な地形や産業とこれらを取り囲む古墳群と横穴墓群の新たな展開に、那須地域最大の横穴墓群の出現と那珂川流域への展開が見えそうである。このように本横穴墓が各横穴墓の造墓の中核として有力古墳を中心とした多様な墳墓にみえる階層性の一端に組み込まれ、広く那須地域で分布していくものと考えている。

3　古墳にみる「那須」と「下毛野」

(1)　那須と下毛野の古墳分布に見えるもの

　栃木県を代表する河川には那珂川とともに鬼怒川がある。鬼怒川の古名は「毛野河」であり、毛野を代表する河川である。栃木県は鬼怒川により、大きく西と東に区分され、奈良時代では下野国9郡のうち那須のほか塩屋、芳賀郡がこの鬼怒川東岸に位置する。

　鬼怒川東岸では、古墳時代後期になると首長墓である横穴式石室の最終段階に凝灰岩切石積横穴式石室の導入がみられる。さらに、古墳築造に際して基底部に基壇を持つ古墳も認められている。いずれも6世紀末から7世紀の年代と考えられている。これらの特徴は、鬼怒川以西の田川、思川の合流点付近「下毛野」の中心地域で採用される、いわゆる「下野型古墳」に共通するものである。現在14例が認められ、逆川以西・那珂川・荒川以南の地域に限定された分布をしめしている。鬼怒川東岸、特に芳賀地域においても一部採用が見られ、この時期に鬼怒川西岸の「下毛野」地域との結びつきを一段と強めたものと考えることができる。

　これとは対照的な分布をしめすものに横穴墓群がある。一部小貝川左岸で切石積横穴式石室と横穴墓群の両群が錯綜する地域が認められるものの、この地区を除けば異なる分布域をしめしていることが明らかである。このことから鬼怒川東岸では荒川、そして合流する那珂川や小貝川が各分布圏の領界と捉えることができる（図50）。

　このような河川を領界とする各種墳墓の分布域は一体何を意味するのであろうか。古墳時代の多様な墳墓の存在に政治的、階層的なあり方をみる立場に立つならば、厳然、画然とした分布圏は政治的集団領域の違いをしめすものと考えることができる。そして、なによりも分布領域がしめすものとして、後の古代地方行政単位をあげることができる。鬼怒川東岸地域は、『和名類聚抄』にみる下野国那須、塩屋、芳賀郡となる。郡内所在の郷を見ると那須12郷、塩屋郡6郷、芳賀郡14郷がある。種々学説があり比定は難しいものの、現在にその地名が残るものや記載順序などから郷比定が可能な地域も存在する。比定に信頼性がおけるものやほぼ定説化されているものをあげるとするならば、那須郡では黒川、石上、武茂、大桶、那須、三和、熊田、塩屋郡では片岡、河合、芳賀郡では新田、氏家、河井、芳賀、物部などがある（図51）。

　3郡内の郷比定地は、多様な墳墓にみる階層性の見られる地点や、横穴墓分布や切石積横穴式石室・有基壇古墳分布域とも重なる。これらが次代へと引き継がれつつも、横穴墓群と切石積横穴式石室の重複分布が認められる小貝川以東では、後に芳賀郡域となるなど領域の再編が行われている

82　第2章　坂東と陸奥国にみる接圏地域の歴史的特性

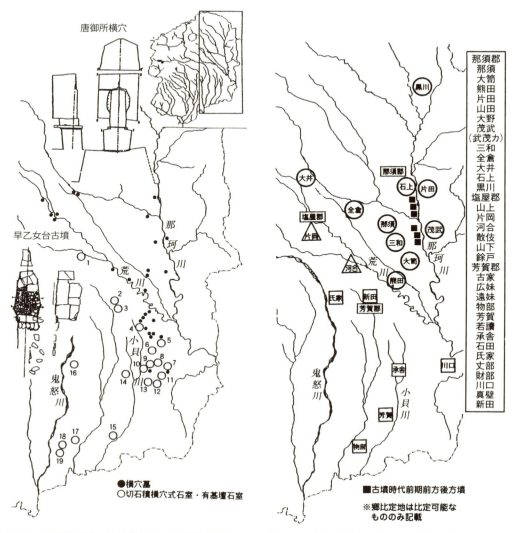

図50　鬼怒川以東の横穴墓と切石積横穴式石室・有基壇古墳の分布

図51　下野国那須郡・塩屋郡・芳賀郡内の郷比定地

可能性がある。『常陸国風土記』にみる国造、評、郡と時期を経ながら、領域が律令的領域へと再編されることと同様な動きをしめしている。さらに、ここで指摘しておきたいことは、横穴分布が那須と塩屋両郡域内にまたがり、一部芳賀郡に分布するが、切石積横穴式石室・有基壇古墳の分布域は基本的には芳賀郡域内にとどまる分布をみせることである。

(2)　那須国造領域の復元

　ここで後に古代那須、塩屋郡域となる荒川、那珂川以北、小貝川以東に分布する横穴墓群の分布地域をしめす興味深いものとして、時代は下るが那須十氏や那須七騎の配置記述を見てみたい。那須十氏とは、源平合戦後に那須惣領となった那須与一が、文治3 (1187) 年に所領を分封した10人

図52 那須十氏・那須七騎居館位置図

の兄のことである。兄へ分封した地域の記載から那須の領域を読み取ることが可能である。このほかに那須七騎がある。天正18（1590）年、秀吉による北条攻めにより小田原城陥落後、これに従わなかった那須氏を改易し、その所領を家臣であった大関、大田原、福原、千本、芦野、伊王野氏とともに分地させるという（図52）、主従の地位が転倒し、あわせて那須七騎と呼ばれるようになったものである。

　これらの領域が、律令期の領域を凌駕し、古墳時代後期の横穴分布に近い大領域をしめすことは、那須において歴史的に重要な意味をもつ。このような古墳時代にさかのぼる領域は、那珂川流域などの水系とも合致した自然地理的なものであり、中世にも再び同様な領域が認められることになる。律令期の郡域である那須・塩屋・芳賀にまたがる那珂川流域の横穴墓の分布域こそが「那須国造」領域と呼べるものであり、いわゆる「下毛野地域」の特徴である下野型古墳分布との境界にその西限を読み取ることができそうである。

図53 正倉院宝物漆葛胡籙に収められた箭の刻銘

「下毛野奈須評□二」

4 「那須」独自文化圏の継承

　天智2(663)年、朝鮮半島を舞台に、百済再興のため派遣された日本軍と唐・新羅連合軍との間で白村江の戦が繰り広げられた。その敗戦を契機にわが国では、さらに中央集権的国家への整備が進められる。それとともに多数の渡来人が東国を中心に配置され、進んだ文化がもたらされた。古墳時代の那須と下毛野を合わせた地域である「下毛野」においても、持統元(690)年、3(692)年、4(693)年に帰化新羅人が配置される(『日本書紀』)。那須国造碑は永昌元年(唐[周]新羅年号・西暦689年)に那須国造から評督となり、庚子(日本干支・西暦700年)に死去した那須直韋提の業績を讃えた墓碑である。碑建立とその形態、152文字からなる高度な文章表現に帰化新羅人などの関与が考えられ、当時の那須地域への渡来人配置にみる東アジア、国家的な背景がうかがえる。寺院跡としては、遺構は認められていないものの那珂川を挟んで浄法寺廃寺、尾の草遺跡があげられる。出土する瓦の文様が細弁、有稜素弁系の古新羅的要素を含み、関東、東北地方をあわせてもきわめて古い段階での寺院建立であり、7世紀末葉の白鳳寺院であることがわかる。日本三戒壇の一つとして坂東10カ国の戒壇が設置された下野市の下野薬師寺跡の出土瓦は、畿内系譜の大和川原寺系となり、栃木県内の寺院造営に関わる瓦文様にも系譜の違いが顕著である。

　国造制から評制施行は、『常陸国風土記』の記述から大化年間頃全国的に行われたと考えられている。しかし、『那須国造碑』には那須国造が評督を永昌元(689)年に賜うとあり、古代史の中でもその評価が分かれるところである。奈(那)須評の設置をしめすものに、正倉院宝物の漆葛胡籙に附属する箭がある。「下毛野奈須評□二」(図53)の銘があり、「評」記載から7世紀後半代に那須(奈須)地方から中央に貢進されたものと考えられる。酒寄雅志は、下毛野と那須(奈須)評の間に「国」が記載されないことに注目する(酒寄2003)。「国」表記は飛鳥池遺跡から丁丑(677・天武6)年の三野国と表記された木簡から認められる。そして伊勢王らによる天武12(683)年から天武14(685)年までの国界確定事業により、全国的に領域的な行政区画である「国」が誕生すると考える。下毛野国についても藤原宮出土の壬午(682・天武11)年銘木簡が「毛野」の下に「国」の文字が記載されない可能性が高く、それ以降での出現と考えられる。このことから「下毛野奈須評□二」は、国出現以前の表記と考えることができる。また、藤原宮出土の「下毛野国足利郡波自可里」木簡には大宝3(703)年の記載があり、「下毛野」が「下野」と記載される。

　このような那須や下野に関わる表記の変遷は文字面のみの変化ではなく、古墳時代から奈良時代への質的変化をも表している。『那須国造碑』には国造であった那須直韋提が評督を賜い、庚子(700)年に死去することが記されている。しかし、大宝元(701)年にはじまる律令制下、那須郡に伴う記載や石碑建立者であり後継者と考えられる意斯麻呂がその後、初代那須郡司となったのかなどの消息はわからない。ただし、那須郡役所は那須官衙遺跡に造営されたことだけは紛れもない事実であ

5 「那須郡役所」那須官衙遺跡

　中央集権的国家による地方支配の整備により、全国は国郡里により支配されることになる。下野国は近江、美濃、飛騨、信濃、上野、武蔵、下野、陸奥とともに東山道管内に属した。国内には足利・梁田・安蘇・都賀・寒川・河内・芳賀・塩谷・那須の9郡があり、那須郡は那須・大笥・熊田・方田・山田・大野・武茂・三和・全倉・大井・石上・黒川の12郷からなる。国や郡には役所が置かれ国家による地方支配の拠点となった。那須郡役所である那珂川町那須官衙遺跡は、周辺からの古瓦散布により字名をとって梅曽廃寺と呼ばれていた。昭和15（1940）年『莿□私印』（国重要文化財）の銅印が発見されたことから注目を浴びるようになった。その後、昭和30（1955）年以降の調査によって、遺跡が寺跡でなく、郡役所であることが明らかになった。ここでの一連の調査は国内での地方官衙の研究史そのものであり、今日においても那須官衙遺跡は重要な位置を占めている。

　那須官衙遺跡の時期は8世紀初めから10世紀にかけてであり、範囲は少なくとも南北200m、東西600m以上ある（図54）。溝で囲まれた区画が西、中央、東、東南の4ブロックあり、建物の様相や出土遺物などから、西ブロックは「倉」、中央ブロックは実務的な曹司施設から「倉」へ、東ブロックは「政庁」が想定され、東南ブロックは、六角形を含む掘立柱建物や竪穴住居跡からなる「館」の可能性がある。また、西ブロックと中央ブロック溝の間には、道路遺構が認められ、道路の延長上には白鳳寺院である浄法寺廃寺が位置する。西ブロックは、規模の異なる倉が小群単位でみられ、8世紀後半以降に総柱式掘立柱建物から基壇建物へほぼ同位置で建替えられている。なかでもTG161は総瓦葺基壇建物で、南北6間、東西2間の梁行100尺（30m）、桁行30尺（10m）の南北棟である。瓦の文様から8世紀中頃の造営と考えられている。瓦に記載された「山田五十戸」は、本郡内の山田郷の里制以前の律令末端組織「五十戸」の名称とも考えられる。宇瓦の顎部には建物の柱や軒の木質部を塗った赤色の塗料が付着し、建物が丹塗りであることがわかっている。

　建物の性格については調査段階から2通りの考え方がしめされた。一つは、本遺跡中唯一の総瓦葺丹塗建物であり、規模から「正殿」と考えるもの。もう一つは、西ブロックが本建物を含め、総柱式掘立柱建物を中心とした倉庫群である「正倉院」を構成していることから、特殊な「倉」ととらえるものである。このような丹塗瓦葺建物は最近ようやく類例が知られ、特に下野や常陸で確認されるようになってきている。これらは山陽道駅家での「瓦葺粉壁」、平城京邸宅への「瓦舎、塗赤白」の記事にみえるように、8世紀前半以降に国家によって大陸半島の使者など対外的な視覚効果を期待した施策である。さらに国家的な支配を可視的に示すために、交通路を意識して官衙施設に瓦葺建物、丹塗建物が造営されている可能性がある。このことから東国においても正倉など地方支配の拠点に国家威信誇示などから瓦葺きが採用されたことがわかる。下野、常陸国など律令国家支配の最前線である陸奥地域隣接国での採用は、いち早く寺院、官衙に瓦葺きを始める陸奥国と歩を一にしており、時期、地理的にも蝦夷対策の表出と理解できる。

　承和10（843）年『続日本後紀』には、下野国那須郡の大領、外従六位下勲七等丈部益野が農事を

86 第2章 坂東と陸奥国にみる接圏地域の歴史的特性

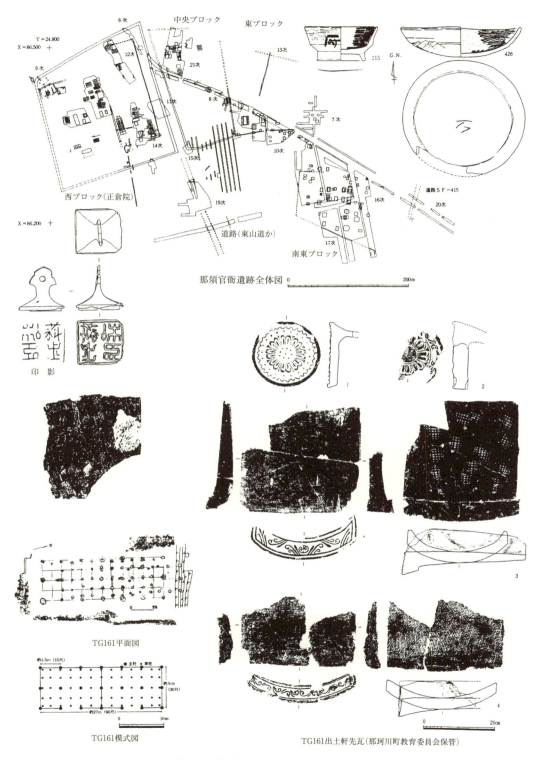

図54 那須官衙遺跡全体図と出土遺物

奨励し、田 1571 町を開き、その結果人口 2041 人が増加する。国司はこれを賞し外従五位下に借叙したことが記載されている。六位以下は奏授であり太政官内定による奏上裁可、五位以上は勅授で天皇裁量となる。借叙、外位であるものの四階の叙位によって下野国介（次官）相当位への昇進は、当時那須郡での開田や人口増加規模の大きさを物語る。郡司は大化前代からの国造層の子孫に任命され、地方においては部姓の民が郡司に任用されるようになる。その勢力の伸長には、土地所有の広がりからの耕地増加など農業経営と手工業品の生産があったと考えられる。そして、奈良時代以降、新興富農層を郡司層に任用する例が増加する。

　このような中、富農層のみならず伝統的豪族においても積極的に救民、勧農行為を行うなど私財を国家貢献するものがあらわれる。その見返りは自分たちの農村内における地位を高め、安定を図ろうとするものである。郡司である丈部益野の行為には、そうした時代背景を読み取ることが可能である。郡内には『国造本紀』建沼河命孫大臣命の系譜から阿倍氏系と考えられる丈部のほか、『万葉集』防人歌にみえる那須郡上丁の大伴部廣成などがいる。古墳時代から続く各古墳群と奈良時代への動きの中で、3 地域に首長墓の存在がうかがえる。このことは那須氏など那須を代表する氏族以外での郡領層の存在を示している可能性がある。

6　坂東と陸奥——東山道と交通——

　律令国家の行政区画は、五畿である大和国、摂津国、河内国、和泉国、山城国と七道である山陽道、山陰道、西海道、南海道、北陸道、東海道、東山道で結ばれた地方諸国からなっている（図 55）。下野国では、文書の伝達、物資の輸送には東山道が使用された。下野国内の東山道が具体的に論議されることとなったきっかけは、那須烏山市厩久保遺跡で発見された道路遺構による。那須郡役所より 12 km 南面に現在も将軍道と呼ばれる直線道や行政界が残り、その後も県内では杉村遺跡で幅 15 m、直線的に約 400 m 直走する道跡が発見されるなど駅路の状況がよくわかっている。駅路には駅家といわれる役所が三十里（約 16 km）ごとに置かれ、公人の宿泊、休息、馬の乗り換えを行った。下野国では、南から足利、三鴨、田部、衣川、新田、磐上、黒川の 7 駅が設置されていたことがわかる。

　厩久保遺跡に近い長者ヶ平遺跡からは、炭化米が採集され、新田駅家と推定されていた。平成 13 年からの調査によって南北 220 m、東西 350 m 以上の範囲に四つのブロックが認められている（図 56）。中央ブロックは大型掘立柱建物群が「コ」の字型に配置される正殿ブロック、西ブロックは総柱式掘立柱建物と礎石建物による正倉院、東は掘立柱建物による実務官衙、北ブロックは東山道を見下ろす位置に掘立柱建物がある。さらに西ブロックの西辺には奈良時代に起因するタツ街道といわれる道路があり、遺跡の北西 200 m で東山道と交差することがわかっている。遺跡は下野国最大規模の芳賀郡北部にあり、交通路付近に置かれた駅路や郡衙別院等の機能を併せもった郡内複数官衙遺跡の一つと考えられている。ここより那須郡衙までの東山道は、那珂川町片平の熊野神社南側の沢筋から那珂川の河岸段丘面の三輪地区を通過し、小川地区で北に折れ那須官衙遺跡を西に見て、箒川を渡河するものと考えられる。さらに北では上・下侍塚古墳が南北方向を主軸として立地し、

88　第 2 章　坂東と陸奥国にみる接圏地域の歴史的特性

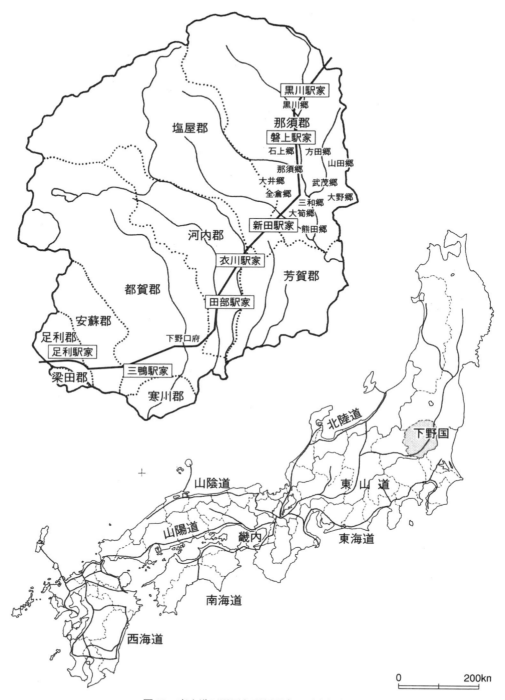

図 55　東山道下野国と那須郡内郷所在想定図

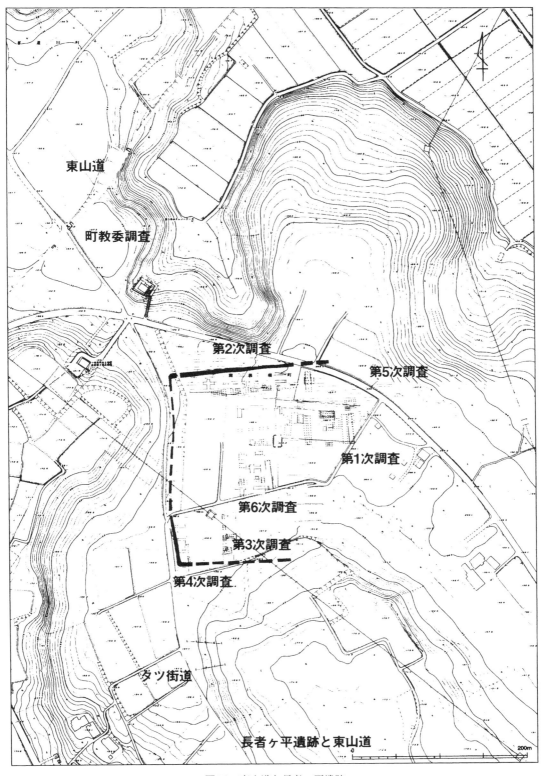

図56 東山道と長者ヶ平遺跡

那珂川などの交通路に正面（側面）をみせている可能性が強い。

　また、那須国造碑の西200mの位置にある小松原遺跡から出土する墨書土器には、「寒川」（下野国寒川郡）、「山」那須郡山田郷、「方」那須郡方田郷を示す墨書土器が出土する。これらは古代の東山道を中心とした交通の結果と考えられ、遺跡が新田駅家の北に設置された磐上駅家に関連するものと指摘されている。国造碑建立の意図も対外的な表示が考えられ、多数往来が想定される東山道との関わりが指摘される。その後、東山道は大田原市寒井付近で那珂川を渡河するものと考えられる。また、磐上駅家の北に位置し、白河関へ連なる黒川駅家比定地と東山道跡、さらに烽火関連地名が残る地域最高所の飛倉山へと向かう約1kmの古道が確認され、ようやく古代遺跡の外観が整い始めてきている。

　東山道は、税の運搬はもちろんのこと蝦夷対策など軍事や物資補給のために活用される。坂東八カ国である相模、武蔵、安房、上総、下総、常陸、上野、下野は蝦夷対策として陸奥へ兵士や兵粮米、布、武器、武具を供給する。その拠点として那須が重要な役割を担っていた。

　このような政治的、地理的な位置関係をしめすものに、日本三古碑の一つである多賀城碑がある。陸奥国府である多賀城跡の外郭南門内に天平宝字6（762）年に建碑された碑文には、多賀城から京や蝦夷、常陸、靺鞨の国界とともに下野国界までの距離が記載されている。「多賀城・去下野国界二百七十里（約148km）」と記載され、多賀城と白河関間の直線距離（約150km）に近い。下野国界の表記がさす地点は、下野国那須と陸奥国の境である白河関である。国界が陸奥国など統治、蝦夷対策においても重要な境界として意識されていたことを物語っている。

　関には大きく二つの役割が指摘できる。通行人の検札と柵列や土塁、堀を周囲に設けた防御的機能である。しかし、三関とされる不破関や鈴鹿関での遺構のあり方、地形環境から見ると、不破関では西側に断崖、鈴鹿関でも西側に西内城を設け、防御土塁で固める防衛的機能の設備をもっている。これらは畿内側に対して防御線を設け、畿内の非常事態が東国へ波及するのを阻止する意識を読み取れる。このことは、天皇崩御や政権内乱の際に関を固める「固関」が「外」からの侵入を防ぐという守備的な機能や意識を主として考えていたのとは異なるものであることをよくしめしている。白河関においても蝦夷対策、防衛という面のみならず、最前線基地である下野国側から人や情報の蝦夷との結びつき阻止、陸奥側からは馬さらに特産品である金などの流出防止という機能が付加されていた可能性も指摘できる。

7　那須の「神」と資源、技術

　古代の那須には豊富な地下資源とそれに伴う手工業生産が栄えていたことがわかっている。なおかつ、これらの地下資源と延喜式内社の関わりが色濃く認められる。下野国（栃木県）では、9郡中5郡に11社の式内社が所在し、那須郡には最多の3社が存在する。健武山神社は那珂川町健武にあり、社伝では大同元（806）年創建となる。承和2（835）年2月戊戌（23日）「下野国武茂神に従五位下を授け奉る、この神は沙金を採る山上に座する」（『続日本後紀』）の記事がみえ、産金は健武山神社付近の武茂川流域でのことと考えられている（大川 1988a）。東大寺廬舎那仏（奈良大仏）は聖

武天皇が天平 15（743）年発願し、その 4 年後に鋳造を開始した。大仏の表面に鍍金するために必要な「金」はわが国では産出されていなかった。その際、発見されたのが下野国の金であり、『東大寺要録』には天平 19（747）年に「下野国よりの黄金出来る」の記事がある。さらに『続日本紀』天平 21（749）年 2 月丁巳（22 日）には陸奥国小田郡から大量の金がもたらされ、天平勝宝 4（752）年 4 月乙酉（9 日）に、無事大仏開眼の運びとなっている。

さらに、『延喜式』康保 4（967）年、下野国から朝廷に納める交易雑物に砂金 150 両（2205 g）、練金（金塊）84 両（1234 g）が記載される。砂金採取は徭夫を使い、その食糧は正税をあてることから砂金採取が国の直営であったことがわかる。陸奥国でも砂金 350 両（5145 g）が同じく税として記載され、下野国那須郡と陸奥国小田郡の 2 国のみが古代「産金地」となる。また、承和 3（836）年正月乙丑（25 日）、「従五位下勲十等八溝黄金神に封戸二烟を充て奉る遣唐の資」（『続日本後紀』）とあるように「金」が国家的な「稀少財源」であるとともに「神」として中央にとって重要な存在となっていた。さらに「遣唐の資」は遣唐使の活動、生活資金や物資購入に用いられたものである。黄金の国ジパングとされる日本の産金、東アジアに向けてのわが国の金の存在を印象づける嚆矢となっている。

三和神社は那珂川町三輪に所在する。由緒によれば推古 12（604）年大和三輪山大神神社より遷されたという。三和神は承和 5（838）年 9 月辛酉（6 日）、「下野国那須郡三和神を官社に預かる」（『続日本後紀』）、元慶 4（880）年 8 月庚戌（29 日）、「下野国従五位下三和神に正五位上を授ける」（『日本三代実録』）。また、仁和元（885）年 2 月丙申（10 日）、「下野国正五位上三和神祇に従四位下を授ける」（『日本三代実録』）とあり、三和神の効験により次々と叙位されていることがわかる。さらに、康和 5（1103）年 6 月 10 日、二荒神、三和神の神職に神事を汚す祟りがあり、祓いを行った（『朝野群載』）などの記事もみえる。社格は本県随一の正二位の二荒山、従四位上の温泉神に次ぎ、下野国の式内社中三指に入る。那須の前期古墳を数多く調査した三木文雄は、当地にみられる産金のほか製鉄に伴うタタラ跡から金属資源と前方後方墳の被葬者との関連を想定している。そこに地下資源開発に貢献し、後の那須国造にまでつながる中国系金属生産技術を携えた専門集団の姿を重ねている（三木 1986）。古墳時代前期までさかのぼる当地域での地下資源の産出や手工業生産は今のところ未発見である。しかしながら特異かつ先進的な古墳文化と大規模製鉄遺跡、そして三和神社の関わりは注目できる。

温泉神は、貞観 5（863）年 10 月丙寅（7 日）「下野国従五位上勲五等温泉神に従四位下授ける」（『日本三代実録』）、そして 6 年後の貞観 11（869）年 2 月丙辰（28 日）「従四位下勲五等温泉神に従四位上を授ける」（『日本三代実録』）とあり、那須郡で最も社格が高い。勲位は蝦夷征討など国家の武勲等による功績に授けられるもので、勲四等の二荒山神とともに下野国内で勲位を持つ社は二社にかぎられる。下野国さらに那須郡という陸奥国に接する位置関係とすでに 9 世紀半ばでの勲位の存在は、宝亀 5（774）年から弘仁 2（811）年までの 38 年戦争と呼ばれる蝦夷征討事業との関連が考えられる。また、温泉神社は那須与一宗隆が源平屋島の合戦で扇を射ぬく際に念じた「南無八幡大菩薩、わが国の神明、日光権現、宇都宮、那須のゆぜん大明神、願はくはあの扇の真中、射させたばせたまへ」（『平家物語』）が示すように、古代以来の武勲に関わる神社である。中世以降那須氏の

篤い信仰をうけ、現在判明するものだけでも那須郡を中心に百余社を数える。

　温泉の神は各地の温泉地に祀られ、自然湧出する「温泉源」の霊験や効能が認められ信仰の対象となったものである。那須の温泉は、大正15（1926）年に完成した「那須御用邸」での皇室の温泉ご静養の1400年以上も前にさかのぼる。那須の自噴泉は、ほぼ2カ所に限定される。一つは式内社温泉神社の所在地である那須湯本、もう一つは古代那須国の中心である那珂川と箒川の合流点付近である。那須湯がいかに都に知られていたのかを知るものとして、三十六歌仙の一人、平安時代中期の歌人である大中臣能宣の長歌（古今集）がある。「……那須の湯のたぎる湯えをも　かまえつつ……」と「……那須の湯のたぎる胸をも　さましつつ……」の2首である。古代における温泉活用は、『日本書紀』に舒明、孝徳、斉明、文武の歴代天皇が有馬、牟婁、伊豫などの温泉で病の治療にあたったとあることからもうかがえる。那須の湯は『駿河国正税帳』の天平10（738）年、都から那須へ湯治に向かうため東海道駿河国を通過する際、従者12人とともに食料を支給される従四位下小野朝臣の存在が知られる。小野朝臣は牛養と考えられ、鎮狄将軍を歴任していることから牛養と那須、温泉神社の勲位との関連が指摘できる。さらに文武3（699）年3月己未（4日）に下野国雌黄を献ず『続日本紀』の記事がある。雌黄は硫黄のような火山性鉱物であり、使い道は当時の薬事書である『本草和名』や正倉院御物から「薬」として重宝されていたことがわかる。同様に『延喜式』「諸国進年料雑薬」中には、石硫黄二斗三升が下野国より貢進されている。

　以上、3式内社には「金」「鉄」「温泉」など地下資源の存在を改めて認めることができる。さらに、当時の陸奥国での征討事業に伴う祈祷祭祀等が隣接する那須郡の諸神の神威を極めることにもつながっている。

　手工業生産は奈良時代になると那須官衙遺跡から南へ2kmの「小川」地区で展開していることが明らかになってきている。立地は、那珂川により形成された中位の段丘面で、幅の狭い低位段丘面に比べて、安定した段丘面となっている。漆工房跡として上宿遺跡、赤色顔料に伴う工房跡である上の台遺跡が8世紀中葉頃から展開することになる。東山道もこの付近で屈曲し、北進するものと考えられる。また、西に広がる三輪地区を含む権津川流域には、古墳前期に遡る前方後方墳3基、方墳21基からなる那須小川古墳群、三輪仲町遺跡での7基の方墳群、3基の円墳、土坑墓3基、畿内産土師器の出土、三輪遺跡での石製模造品による祭祀遺跡がある。古代から中世にかけての那須氏の居館跡である那須神田城跡などもあり、那須の中心であるとともに伝統的な地域となっている（眞保 2012）。

　昨今、駒形大塚古墳の西南では9世紀後半の竪穴住居が発見され、「南曹司」「法南」などの多数の墨書土器が出土している。「曹司」は官衙などの実務的な施設を指す用語であり、周辺に官衙遺構が認められないこと、那須官衙遺跡から南に3kmという近距離であることから遺物が那須官衙より運ばれる可能性もある。しかし、この地点が墨書土器の示す那須郡衙の「南」に位置し、古墳群築造地、祭祀遺跡、三和神社など当地域の伝統的な地域と陸上、水上交通が交差する地域となる。以上のことから「南曹司」など「南」の墨書土器を積極的に理解することができる。

8　道の推移と那須

　このように那須地域は、陸奥国と東国、都をつなぐという位置にあることから、古代以降も強大な権力が通過することになる。『義経記』には、治承4（1180）年、当時平泉（岩手県）にあった源義経が平氏打倒に挙兵した兄頼朝に合流するため鎌倉をめざす際に、「きつ川（喜連川）を打ち過ぎ」として那須を南下する。また、弓の名手とされた那須与一宗隆もこの道を急いだのであろう。その与一が活躍した屋島の合戦に続く壇ノ浦合戦で頼朝は平家一門を滅ぼすことになった。文治5（1189）年には覇権奪取の総仕上げである奥州の藤原泰衡追討のため鎌倉を発っている。そして、白河関を越える直前、那須の新渡戸駅（那須町伊王野付近）で兵揃えをしたことが『吾妻鏡』にみえる。その後、阿津賀志山で藤原軍を破り、奥州合戦の大勢は決した。建久4（1193）年には、前年に征夷大将軍となった頼朝が陸奥との境界である那須野ヶ原にて神事祭礼、軍事訓練のための大規模な巻狩り（那須野巻狩り）を行っている。那須の地での巻狩り実施は、奥州征討との関連が指摘されている。

　南北朝の動乱時、上洛のため延元2、建武4（1337）年には陸奥国霊山を出立した南朝方北畠顕家は、奥羽の大軍とともに白河関を越え、下野へ、そして鎌倉入りを果たしている。天正18（1590）年に小田原北条を降した豊臣秀吉は天下を手中に収め、宇都宮に着き、奥州仕置きに取りかかる。そして後の奥州街道経路となる大田原、芦野、白河を経て、会津黒川（福島県会津若松市）で仕置きの総仕上げを行い、宇都宮を経て帰京している。慶長5（1600）年、徳川家康、秀忠は秀吉に仕えともに五大老に列した奥州会津の上杉景勝討伐のため、7月小山に到着する。そこで三成の挙兵を知った家康は翌日、重臣との協議に臨む、これが世にいう「小山評定」である。会津征討を中止し急遽大坂へ向かう途中、関ヶ原の戦いとなる。計画通りに家康による会津征討が行われたら、会津へ通じる重要な経路である那須が決戦の地となっていたのである。

　以上のとおり、時代を通じて畿内や東国に確立された政権は、支配権を拡大する過程で陸奥を含めた辺境施策を最重要課題として位置づけた。軍事を含めた政治的動向がきわめて効果的に実施されていく上で、最も重視された地が「那須」であり、豊富な資源とともにその重要性は想像以上であったと考えられる。那須の独自文化は、那珂川による交流と東山道による交通、関による境界に代表されるように、常にわが国の最東端に位置した陸奥への入口となる地理的、歴史的な環境により花開いた。那須地域の移り変わりは、歴史的な道の変遷からも明らかであり、政権中枢と奥羽を結ぶ主要道は必ず、この那須の地を通過することになるのである。

註
（1）坂東とは、神亀元（724）年の陸奥国多賀城などの設置に伴って、蝦夷に対する長期戦略に基づく兵站拠点として関東地方に設置される。成立当初は政治的なひとまとまりの地域を指したが、後に地理的な名称となる。
（2）これらの特徴から「考古学上の対象となる時代を通じて相互に文物の交流が行われ、その影響下に新た

な地域文化が醸成される一まとまりの文化圏である」として那須地域を「接圏」と呼び、歴史的な特徴を的確に表現している（海老原 2006）。
（3）県内の前期古墳が前方後方墳や方墳となることから、この時期の墓制を「方の世界」と呼んでいる。特に下毛野地域では1～2代の前方後方墳造営後に前方後円墳が造営されるのに対して、那須地域においては古墳時代前期を通して6代の前方後方墳、さらに周辺古墳群も方墳となる。このことから「方の世界」とは、古墳時代の那須地域を指す用語として定着することになる。
（4）唐御所横穴にみえる玄室、羨道天井部の棟木状の削り出し、左右に切妻屋根に似せた勾配をもたせる構造、床面にみえる左右奥壁側の3棺座などの特徴は、九州地方でも特に熊本県域に祖型を求めることができ、直接ないし間接的な造墓技術の伝播が想定されている。
（5）毛野河とは、『続日本紀』には下総国と常陸国の境界をなしているとあり、また『常陸国風土記』には、かつて筑波西部は紀の国であり、毛野河が各郡の境界をなしていたとある。『延喜式』兵部式、『倭名類聚抄』などには「河内郡衣川」や「下野国衣川驛家」などが見える。このほか「絹川」と書かれている書物もあるが、明治時代以降「鬼怒川」という表記が用いられる。
（6）下野型古墳とは、墳丘一段目が低平で幅広のテラスを持ち、2段目だけが墳丘のように見える「基壇式古墳」をなす。石室に巨大な凝灰岩（大谷石）の大型の切石一枚で各壁を構成、割り抜き玄門を構築する。また、前方後円墳においては、前方部にのみ横穴式石室を設けるなどの特徴をもつもので、下毛野地域でも中核地域においてのみ採用される（秋元・大橋 1988）。
（7）遺構は確認されていないものの、両遺跡が交通の要所で視野の開けたところにあり、生産遺跡特有の釉着遺物、窯壁が認められないことから、両遺跡が寺院であるとの指摘がある（大川ほか 1970）。
（8）梅曽廃寺跡は、現在那須官衙遺跡となる周辺一帯から多量の瓦が出土し、残存する基壇も寺院の金堂や塔と考えられたことから呼ばれていた。昭和40年代の発掘調査で、倉庫群が多く確認され官衙遺跡であることが明らかとなる。

第2節　下毛野と那須の古墳から寺院・官衙へ

　北関東の中央に位置する栃木県。ここには二つの水系からなる地域圏が存在している。一つは、県央、県南の鬼怒川、田川、思川などの水系、もう一つは、県北の那珂川を中心とした水系である。この二水系を代表する河川は、奈良時代の『常陸国風土記』に鬼怒川が「毛野河」、那珂川が「粟河」としてその名がみえる。これらはそれぞれ「下毛野」「那須」両国造が置かれた地域（図45参照）と考えられている。

　栃木県域の古墳時代前期は前方後方墳の時代といっても過言ではない。それを代表するのが那須地域であり、南北6kmの狭い範囲に6基の前方後方墳が築造される。副葬鏡についても駒形大塚古墳の画文帯四獣鏡、那須八幡塚古墳の夔鳳鏡など中国鏡2面を含む豊富な副葬品が出土し、当地域の隆盛がうかがえる。中期には、河内郡の田川中流域で笹塚、塚山古墳など100m内外の前方後円墳、後期には下毛野地域でも後の都賀郡となる思川流域で摩利支天塚、琵琶塚古墳など100mを越える大型前方後円墳が築造される。その後、周辺地域（後の河内、都賀郡）には6世紀後半から7世紀にかけて大規模墳が展開する。これら県内における古墳築造地域の変遷（図57）は当地の特徴をよくあらわしている。また、初期寺院についても下毛野地域の下野薬師寺跡と那須地域の浄法寺廃寺跡や尾の草遺跡があり、これら両地域の寺院は規模、性格、瓦の系譜などもまったく異なっている。

　ここでは、古代を通して独自な文化圏をもった「下毛野」「那須」地域の古墳か

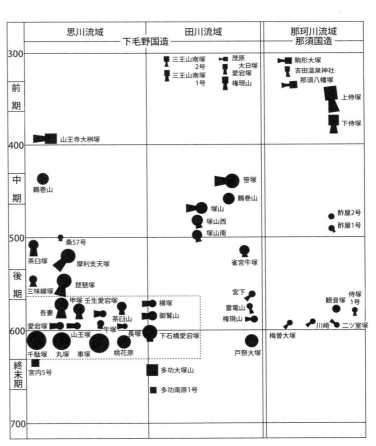

図57　古墳築造地域の変遷

図58 切石積石室の分布

ら寺院、そして官衙への動きを概観し、のちに「下毛野国」、そして「下野国」に統合されていく過程を読み解きたい。

1 下毛野地域の古墳から寺院・官衙へ

下毛野地域である思川・田川流域には6世紀後半以降、羽生田、壬生、石橋・薬師寺、国分寺、上三川、三王山、国府の7地域（図59）において「下野型古墳」（秋元・大橋 1988）とされる広い第一段平坦面（基壇）と前方部への主体部、凝灰岩による切石積横穴式石室をもつ大規模な前方後円墳や円墳が分布する（図58）。そして、下野型古墳にみられる特徴を持つ大型古墳の分布域（図60）を総称して下野古墳群と呼んでいる（秋元 2007）。下野古墳群を特徴づける巨大凝灰岩による石室採用段階からの完成度には、外来的要因、特に出雲東部との類似から「中央―畿内地域」での接触が直接的な要因と考えられている。これらの大規模墳は7世紀前半代へむかうにつれて、前方後円墳（埴輪有）→前方後円墳（埴輪無）→円墳（埴輪無）へと墳形や外表施設が転換する。しかし墳丘規模、荘厳さに零落はみてとれず、7世紀前半に首長が強い勢力を保ったまま一斉に古墳造営を停止するなど、下野古墳群の出現と消滅には各首長を超えた他律的な力、たとえばヤマト王権の政治意志の発動といった想定がなされている（広瀬 2011）。

また、下野国域にみる前方後円墳から円墳への変化には、房総、上野地域が方墳となるのとは対照的なあり方を示すことがすでに指摘されている(1)。しかし、薬師寺（下野薬師寺）周辺では、前方後円墳の御鷲山古墳（図61-2）の後、帆立貝式前方後円墳である下石橋愛宕塚古墳（図61-3）、7世紀中葉に多功大塚山古墳（図61-4）、多功南原1号墳（図61-5）などの方墳が築造されることがわかってきている。この地域では後期古墳群から下野薬師寺跡が造営されるという地域的継続性が指摘できる。このほか小山地区でも大型円墳の千駄塚浅間古墳（図61-6）以後、宮内5号墳（図61-7）などの方墳がみられ、寒川郡衙と推定される千駄塚浅間遺跡が後に造営されることになる。また、吾妻古墳（図61-1）造営以後になると、足利市渡良瀬川北部の常見古墳群の正善寺・海老塚・口明塚古墳、小山市思川西部でも寒川古墳群の茶臼塚・三昧塚・稲荷塚古墳へ、さらに小山市千駄塚古墳（円・70m）、このほか宇都宮市戸祭大塚古墳（円・53.4m）など周辺地域でも、下野型古墳群などの首長墓に遜色ない古墳群の展開が読み取られるようになる（中村 2011）。これら周辺地域の中小規模古墳を含め首長墓母体となる古墳群を「単位地域」と呼び、25地域を抽出し、その顕著なものが律令制下の都賀・寒川・河内郡に対応することから、中央集権化による郡領域のベー

第2節　下毛野と那須の古墳から寺院・官衙へ　97

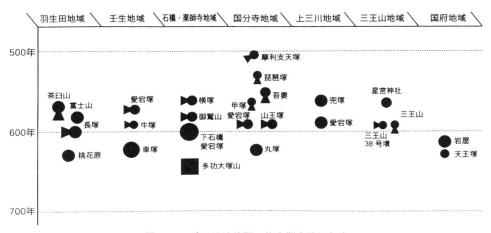

図59　下毛野地域後期・終末期古墳編年表

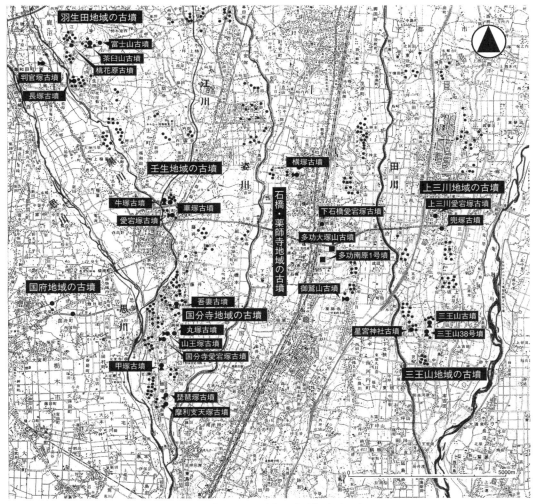

図60　下毛野地域の後期・終末期古墳分布図

98　第 2 章　坂東と陸奥国にみる接圏地域の歴史的特性

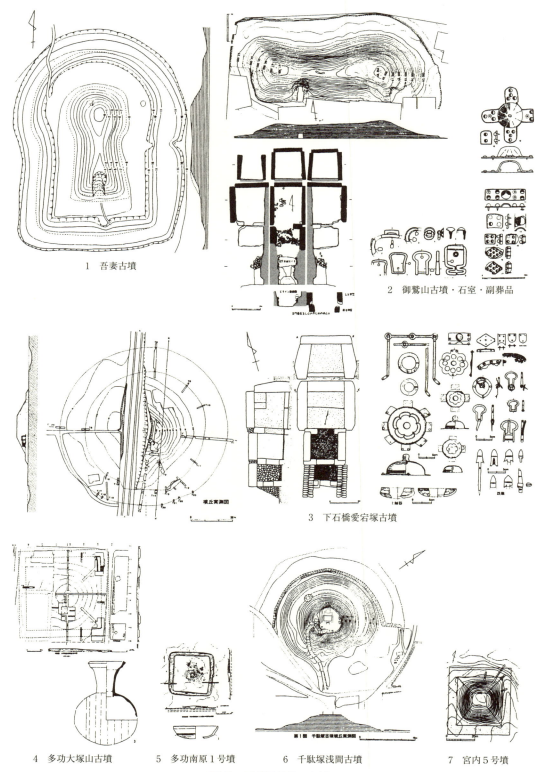

1　吾妻古墳
2　御鷲山古墳・石室・副葬品
3　下石橋愛宕塚古墳
4　多功大塚山古墳　　5　多功南原 1 号墳　　6　千駄塚浅間古墳　　7　宮内 5 号墳

図 61　下毛野地域の古墳

スがすでに6世紀代に存在した可能性が指摘されている（草間 2007）。

また、この時期、思川、田川流域の首長墓から前方後円墳の終焉での諸様相について、「絶えるもの」として前方後円墳という墳形を、「続くもの」として基壇、切石石室、墓域、集落を、「生まれるもの」として終末期の方墳が造営される地域に下野薬師寺跡のみならず、郡衙前身である評衙として西下谷田遺跡をとらえ、古墳から継続する地域で中央集権的地方支配施設が新たに生まれたとする（小森 2010）。これらの地域においては、若干の空白期間を持つものの、地域的に連綿と古墳時代から奈良時代へ、そしてモニュメントとして古墳から寺院、官衙へと引きつがれていくことは間違いない。

下野薬師寺跡の建立は、『類聚三代格』嘉祥元（848）年11月己未（3日）の太政官符に「天武天皇の建立する所なり。（略）今建立の由を尋ぬるに、大宰観世音寺と一揆なり」とあり、大宰府観世音寺跡とともに列島東西に国家的寺院としての性格をもって天武天皇により発願されたと考えられる。伽藍は中門と金堂に取り付く回廊内の南より塔基壇、北東に東金堂、北西に西金堂となる品字型に配し、下野薬師寺式伽藍配置（図62）とされる。寺院造営や瓦作りには、『日本書紀』の持統元（687）年、持統3（689）年、持統4（690）年の帰化新羅人の配置、唐や新羅で使用される「永昌」年号がみえる那須国造碑など本県域に所在する新羅人の存在が色濃くうかがえ、創建瓦は川原寺系鐙瓦と3重弧文字瓦のセット（図63）から文武朝の造営開始が考えられている（須田 2012b）。文様の祖型については寺井廃寺に求める指摘もある（山路 2005a）。関東地方における川原寺系蓮花文鐙瓦を出土する群馬県寺井廃寺、千葉県上総大寺廃寺が単范種であるのに対して創建期の下野薬師寺跡では101a、104aなど複数范種が認められ、下野国内のみならず陸奥国、武蔵国北部の寺院、官衙出土複弁6、8葉蓮花文鐙瓦（図64）へ影響を及ぼすものと考えられる。[(2)]

下野薬師寺跡は「造薬師寺司」の設置や興福寺系軒先瓦などから720年代半ばに官寺化されたものと考えられている（須田 1993）。また大和東大寺と並び、天平宝字5（761）年、筑紫観世音とともに戒壇が設けられ、坂東十国（信濃以東）の僧侶授戒を行った東国仏教の中心的な役割を担っている。さらに下野薬師寺別当として法王道鏡が配流されたことでも著名である。『続日本後紀』嘉祥元（848）年11月「体製巍々たり、あたかも七大寺のごとし、資財また巨多なり」のごとく、寺域区画施設は5時期あるものの創建当初からの南北351m、東西252mを踏襲する。平成17年度の伽藍内調査により、竪穴住居内床面上から7世紀末頃の土器や創建段階の軒先瓦が出土した。住居の性格としては寺院造営に伴う工房である可能性があり、住居が埋め戻される段階で寺院造営が始まっていたことが指摘されている（下野市教育委員会 2006）。

2　那須地域の古墳から寺院・官衙へ

那須地域の後期古墳については前期古墳に比べ調査例が少なく、不明な点が多い。このような中にあってその分布をみると、小地域ごとに50m前後の規模を持つ前方後円墳、円墳を核とした群集墳がみられる。具体的には観音塚古墳（円・40m）（図65-1）、二ツ室塚古墳（前方後円・47m）（図65-2）をはじめとする小船渡地区、梅曽大塚古墳（前方後円・50m）（図65-3）のある梅曽浄

100　第2章　坂東と陸奥国にみる接圏地域の歴史的特性

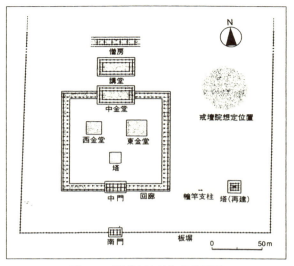

図62　下野薬師寺跡伽藍配置図

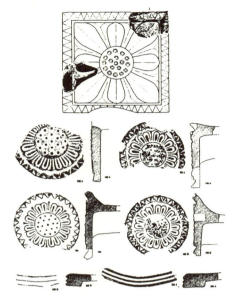

図63　下野薬師寺跡出土軒先瓦・鬼瓦

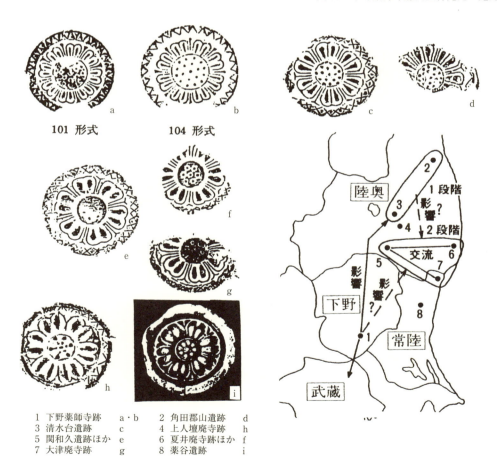

1 下野薬師寺跡	a・b	2 角田郡山遺跡	d
3 清水台遺跡	c	4 上人壇廃寺跡	h
5 関和久遺跡ほか	e	6 夏井廃寺跡ほか	f
7 大津廃寺跡	g	8 薬谷遺跡	i

図64　複弁系鐙瓦の分布

第 2 節　下毛野と那須の古墳から寺院・官衙へ　101

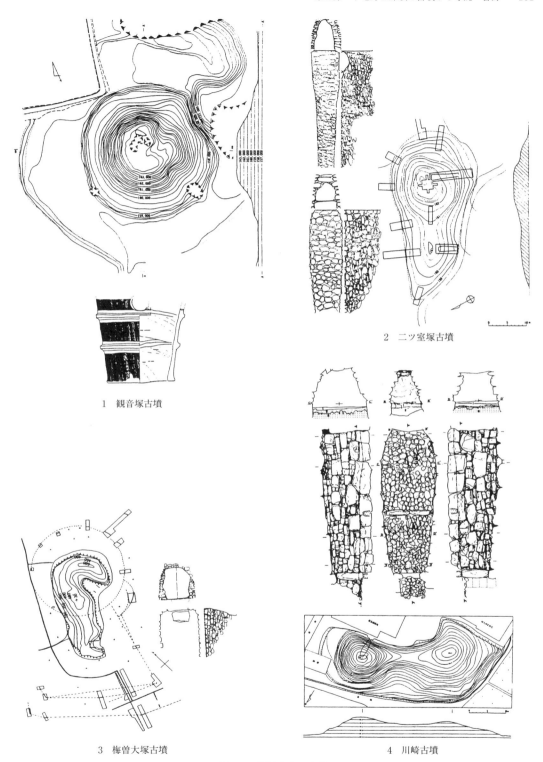

1　観音塚古墳

2　二ツ室塚古墳

3　梅曽大塚古墳

4　川崎古墳

図 65　那須地域の古墳

法寺地区、川崎古墳（前方後円・49 m）（図65-4）のある馬頭地区があげられる。これらは『和名類聚抄』にみえる那須郡内の石上・那須・武茂の各郷が設置される地域に比定される可能性がある（図66）。

　古墳の要素について下毛野地域と比較すると、大型の古墳に基壇が認められないことや、那珂川・荒川左岸など凝灰岩を産出する地域でありながら大型切石を用いた石室を構築しないなど、下毛野地域とは一定の距離をもっていたようである。また、埴輪の樹立についてもきわめて限定的であり、古墳の新古を示す指標として捉えがたい。一方、石室については特徴的な点も指摘される。本地域の横穴式石室についてはその編年が確立しているとは言いがたいが、玄門をもたず直線的な側壁をもつ石室から、玄門をもち胴張りがある石室へという、おおまかな変化がうかがえる。このような中で玄門については、框石の上に方立石を立てるという下毛野地域において盛行した特徴的な構造をみることができる。特に、栃木県最大級の石室規模を有する川崎古墳にこの玄門が用いられているのはきわめて示唆的である。

　このような後期古墳の動向が想定できる一方、前方後円墳の築造が停止されてからの古墳造営については必ずしも明らかではない。ただし、後期の前方後円墳が築造され、その後に寺院や郡衙が造営される地域に横穴墓群が集中することは注目される（表3）。栃木県内においては那珂川流域に偏在し、唐御所横穴をはじめ著名なものも多数ある（図67・68）。古くから開口している場合が多く、出土品が判明している例が少ないため時期は決めがたい。しかし下毛野地域において7世紀代に胴張のある石室が多数構築されるのに対し、那須地域では墳丘をもつ古墳が極端に少ないことを見れば、横穴の分析が那須地域の古墳時代終末期を理解するうえで重要な視点となろう。特に県内古墳の分布状況は都賀31.7％、河内13.1％、那須4.2％となり、横穴群が隆盛する地区において古墳数が著しく少ないことは、古墳から横穴の築造へと変化したことを如実に物語っている。[3]那珂川流域は、那須小川古墳群などにみられるように前期の前方後方墳や方墳群が卓越するとともに横穴群も集中している（図70）。唯一、早乙女台古墳（図69）での凝灰岩切石積石室の採用など例外はあるが、当流域における横穴墓分布は、古代律令制下の下野国那須郡のほかに塩屋・芳賀郡の一部まで含み、那珂川流域という水系、地理を基本とした那須国造領域をしめしている可能性がある。そして古代末、そして中世末にも那須系氏族が基盤とした地域とも重なることがわかる。このことから那須とともに下毛野国造領域についても律令制による郡域など面的支配はさらに東山道、河川等により便宜的に区分けしていった結果とみることができるのである（眞保 2011）。

　那須国造碑については前章で詳述した通りであるが、横8行、縦19字の全152文字が刻され、前3行は韋提の事績と建立の経緯、後5行はその補足を中国の故事などにより顕彰されている。那須国造追大壱那須直韋提が永昌元（持統3〈689〉）年に那須評督に任命されたこと、庚子（文武4〈700〉）年死去し、後継者である意斯麻呂等が立てたことが記載されている。元禄年間の調査時には国造碑下に墳丘があったとされ、現在は下侍塚古墳の北700 mに位置することからも、碑建立や銘文の内容としての顕彰のみならず、侍塚古墳群に連なる墓域を構成し、視覚的にも系譜を連ねるという意識の存在もうかがうことができる（図71）。

　国造碑設置の背景には、後期古墳群分布域の中心地が小船渡、梅曽浄法寺、馬頭の3地区にあり、

第 2 節　下毛野と那須の古墳から寺院・官衙へ

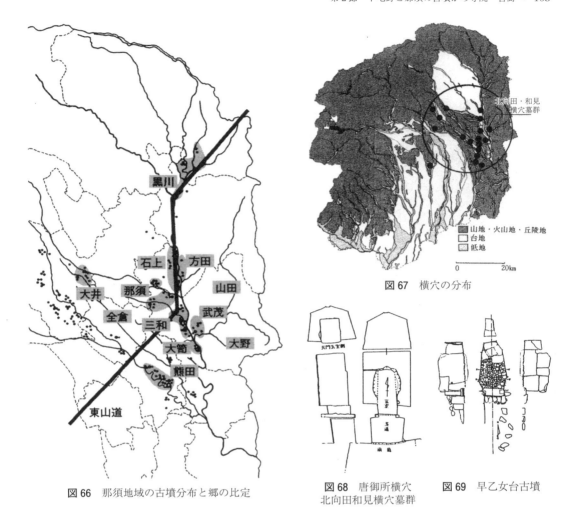

図 66　那須地域の古墳分布と郷の比定

図 67　横穴の分布

図 68　唐御所横穴　北向田和見横穴墓群

図 69　早乙女台古墳

表 3　那須地域後期古墳編年表

西暦	型式	特徴	喜連川	南那須	馬頭	小川・吉田	梅曽浄法寺	湯津上蛭田	湯津上	湯津上小船渡	黒羽
300		方墳				前方後方墳・方墳			前方後方墳・方墳		
550	TK10	無抽長方形			北向田3号墳(墳)	首長原古墳(基)			侍塚5号墳(基・墳) **侍塚1号墳**(基・墳)	観音塚古墳(基・墳)	
	TK43	切石低突帯	早乙女台古墳(切)	大和久1号墳(低位置突帯)	北向田7号墳		**梅曽大塚古墳**(前)			二ツ室塚古墳(後) 二ツ室塚古墳(前)	
600	TK209	両抽胴張		大和久6・7号墳	川崎古墳		新星敷古墳	蛭田富士山C-1・C-2			銭室塚古墳
	横穴		葛城横穴群	古館向山横穴群	北向田和見横穴群		観音堂横穴群		石田横穴群		
	寺院官衙ほか		塩谷郡へ		尾の草遺跡		浄法寺廃寺 那須郡衙		那須国造碑		

※太字は前方後円墳。（　）内の前後は石室の位置。基は基壇、墳は墳輪をもつ。

図70 那須地域後期古墳分布図

　それぞれほぼ均衡した勢力関係にあること、さらに701年以後の那須郡役所が梅曽浄法寺地区の那須官衙遺跡に比定されることとの関わりが考えられる。そこには古墳時代から奈良時代へと地方支配制度の成立過程における在地豪族間の地位獲得、譜第性表明とその告示という建立者の明確な意志表示を読み取ることができよう。
　浄法寺廃寺跡は那珂川町浄法寺にあり、那須官衙遺跡の北300mに位置する。多量の瓦片（図72）や礎石から寺院跡と考えられる。尾の草遺跡は那珂川町小口にあり、那珂川へ合流する小口川の左岸段丘上に位置する。浄法寺廃寺跡と同種の瓦（図73）が出土し、同河川流域が古代窯業地帯であることから窯跡と考えられていた。しかし、昭和45年、平成7年の調査により瓦窯跡の可能性が低くなった。また、同種の瓦群が出土することから寺院の移転論もある（大川ほか 1970）。両遺跡の創建期の素弁8葉蓮花文鐙瓦には、有稜のものと稜のないものがあるが、笵キズが確認できるもの

は同一位置に認められる。製作技法（図74）は、いずれも模骨小札をもつ円筒状の男瓦を瓦当裏面に接合（A類）し、下半を堤伏に残して他を切り取る。円筒状男瓦が瓦当周縁部としてはめ込まれるもの（B類）もある。このほか、浄法寺廃寺跡では細弁16葉もみられる。宇瓦は無顎の3重弧文で沈線により顎を表現する。素弁8葉の同種文様は東山道沿いに直線的に分布するなど、東国での畿内系鐙瓦とは様相が異なる（上原1992）。鐙瓦との接合に円筒状男瓦を用いる技法は、縦置き型一本造りなどに近い特徴をしめすものと考えられる。同様の技法としては、福岡県上岩田廃寺、長野県明科廃寺、山梨県天狗沢瓦窯跡、福島県腰浜廃寺などがある（図75）。時期としては、7世紀第Ⅱ四半期（岡本1996）、7世紀中葉（大脇1991a）との指摘がある。那須地域は那須国造碑、小金銅仏の存在から『日本書紀』にみえる下毛野国への帰化新羅人の配置先として有力視されている。鐙瓦の文様や技法の類例や歴史的な背景から7世紀後半と考えたい（眞保1995）。浄法寺廃寺跡は、那須官衙遺跡の正倉域と政庁域の外郭溝間の道路遺構の延長上に位置する。周辺には梅曽大塚古墳、新屋敷古墳、観音堂横穴があり、古墳時代からの拠点といえる。また、寺院の北側は箒川の断

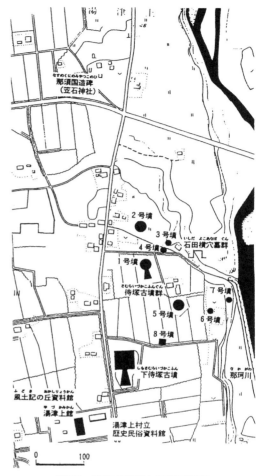

図71　侍塚古墳群と那須国造碑

崖が一部途切れ、明治初期の絵図にも記載される重要な交通路かつ、渡河地点となっている。尾の草遺跡は、那珂川流域のなかでも最大の横穴群や窯業生産地域の入口に位置する。古墳時代からの本拠地域であるとともに地下資源や産業、そして那珂川渡河など交通との関連が指摘できる。

3　「下毛野」と「那須」から「下毛野国」へ

　下毛野、那須地域での後期、終末期古墳と寺院及び郡衙の立地については、きわめて地域的に連続性が高いことをうかがうことができた。しかし、造営時期については下毛野地域で7世紀中葉から後半、那須地域で7世紀初頭から後半までの間に空白期間が存在している。この空白期間が、今後縮まるものなのか、さらなる発見と研究が必要となる。また、地理的に接しているものの両地域は古墳時代終末期の大型円、方墳、切石による石室、横穴墓分布、寺院の様相などきわめて独自性が強いことがわかった。さらにもう一つの特徴としては、異なる時期に隆盛がみられることがあげ

106 第2章 坂東と陸奥国にみる接圏地域の歴史的特性

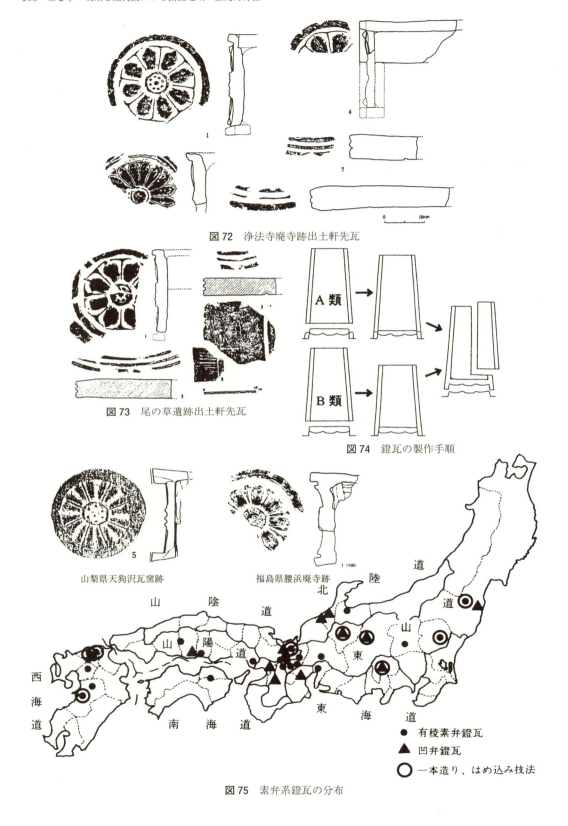

図72 浄法寺廃寺跡出土軒先瓦

図73 尾の草遺跡出土軒先瓦

図74 鐙瓦の製作手順

山梨県天狗沢瓦窯跡　　福島県腰浜廃寺跡

● 有稜素弁鐙瓦
▲ 凹弁鐙瓦
◎ 一本造り、はめ込み技法

図75 素弁系鐙瓦の分布

られる。これらは古墳時代の前期以来うかがうことができ、歴史を通して両地域が固有な文化圏を形成していたことをしめしている。

　古代史上における中央と辺境との境界に上毛野含め、下毛野と那須が位置している。陸奥国経営に対し、特に古墳時代には上毛野が中心的な役割をもっていたものの、律令期に近づいてくると、下毛野と那須が加わってくる。このような陸奥国経営という国家の重要な役割に対応するために、下毛野・那須を合わせて「下毛野国」が形成していくものと考えることができる。そして、政治的にも文化的にも統合された「下野国」を拠点として、東山道の延長として陸奥国へと政治的文化的接触が展開していくのであろう。今回検討した「下毛野」「那須」の古墳時代から奈良時代の古墳から寺院、郡衙への変遷は、この間の状況を如実にしめすものと考えることができるのである。

註
（1）関東地方の終末期古墳については、6世紀代には代々大型の前方後円墳を営んでいた首長層が一斉に大型古墳の造営を停止する。その中で群馬県総社古墳群、千葉県龍角寺古墳群などは大型の方墳、栃木県下都賀郡域では大型の円墳など新たな地方支配システム、おそらく国造制の成立に対応した古墳群の造営が見られることを指摘している（白石 2005）。
（2）川原寺系複弁6葉蓮花文鐙瓦は、下野国となる栃木県下野市下野薬師寺跡や上野国となる群馬県太田市寺井廃寺跡に系譜をもつものである。陸奥国南部において1段階が福島県郡山市清水台遺跡、宮城県角田市郡山遺跡、2段階が福島県白河市関和久遺跡、いわき市根岸夏井廃寺、茨城県北茨城市大津廃寺、3段階が福島県須賀川市上人壇廃寺跡と3段階の文様差（時間差）をもって分布する。このほか北武蔵地域の寺院、官衙造営にも同系の複弁8葉蓮花文鐙瓦が出土するが、間弁が省略されるなど異なる文様系譜をもっている。
（3）秋元陽光氏の御教示による。

第3節　那須と白河・多珂と石城
―接圏から境界へ―

　本州の中央から北東部に位置する関東と東北地方は、行政、文化ともに異なる地域区分となっている。両地方は内陸部が栃木県那須（下野国）と福島県白河（陸奥国）、海岸部が茨城県北茨城（常陸国）と福島県いわき（陸奥国）間に境界がある。この境界は内陸部が東山道に設置された白河関、海岸部が東海道に設置された菊多関（勿来関）といった古代に由来するものと考えることができる。
　本来、関東と東北地方は、地理的にも共通する特徴をもち、考古学資料における同一分布圏をしめすなど、政治、文化ともに一続き、一括りの地域と捉えることができる。しかしながら、わが国における中央集権的国家の形成と地方拡充、さらに蝦夷の居住域である陸奥国での版図拡大に伴い、最前線地域である陸奥国とその支援国である坂東北端の下野国、常陸国の間を境界（関）として明確化することになる。このことは、律令制国家の成立と陸奥国への浸透、版図拡大に伴い蝦夷の抵抗が現れる7世紀後半あたりから蝦夷に対する蔑視思想が強くなってきていることが『日本書紀』にみえるなど（氏家 1967）、境界が設置される時代背景、その要因とも符合する。
　陸奥国における中央集権的国家の版図拡大は、抵抗する蝦夷との戦いの歴史でもある。度重なる鎮圧が行われ、組織的な反乱が収束する弘仁年間に、ようやく安定化を見ることになった。陸奥国では領域の再編、制度の改革などにより、境界である関の役割にも大きな変化が見込まれる。また、反乱を退けてからも、「都」では「辺境」、「陸奥」を歌枕として白河や勿来などの関が多用されることになる。特に関を越えた陸奥、蝦夷の地が、境界として人々の心情にうったえ歌題として好まれている。関としての本来の役割が減じていく一方で、観念的に増長し、これらが機能を遥かに凌駕した感覚を植え付け続けることになった。このことが現在の私たちのもつ、大きな関東と東北の境界への意識に連なってくるのである。ここでは、境界の出現と歴史的背景、さらには陸奥へ至る東山、東海道の両境界（関）域の異なる様相を探っていきたい。

1　歴史的にみる関東と東北

　関東から東北にかけ広域的に分布する考古学的資料については、以下のものがあげられる。
　縄文時代には、白い粒子を多く含む高原山産黒曜石が北関東から福島県中通り、会津地方に分布する（図43参照）。硬玉製大珠は東日本を中心に限定し、福島県会津、中通りから、さらに那須、茨城県域にみられる。複式炉は縄文時代中期後葉から末葉まで東北北陸地方を中心に栃木県那須地方まで分布している。
　弥生時代には、茨城県北部の十王台式土器、福島県南部の天王山式土器などが那須地域を含む関東東北間で広域にみられ、重複した分布圏をもつことになる。
　古墳時代には、前方後円墳の分布は陸奥国北半部となる岩手県まで展開し、『先代旧事本紀』の「国

造本紀」に記される国造分布が関東から東北地方南部の阿武隈川以南の地域に設置される。

さらに、関東地方（毛野・上毛野［群馬県］と下毛野［栃木県］を除く）から東北地方南部にかけては横穴墓群が濃密に分布し、特に太平洋岸では横穴墓を中心に湖西産須恵器提瓶が広範に分布している。また、白河市下総塚古墳は後期古墳として東北最大の規模があり、墳丘2段築成、1段目テラス状となる形態は栃木県下野市や群馬県前橋市周辺の古墳に系譜をもつことが考えられる。

以上のことから、関東北部から東北地方南部は、それぞれの時期で南や北、内陸そして海岸部からの影響を受け、共有の文化圏を形成したことがわかる。ここには大きな文化、領域の断絶は認められず、歴史的資料は後に形成される境界を越えて分布を広げている。

2　中央集権的国家形成前後の東国

中央政権における東国、なかでも陸奥国経営の一端は、『古事記』『日本書紀』『常陸国風土記』などにかいまみることができる。崇神天皇十年の四道将軍派遣により、大彦命を北陸道、その子武沼河別命を東山道、東海道へ派遣する記事がある。また、景行天皇の命による日本武尊の東国征伐伝承で、陸奥へは東海道経路で北上することが記され、これらは常陸国内での伝承、地名由来にもよく残る。さらに東国の有力豪族である上毛野君田道、形名による征夷への関与記事がある。特に上毛野氏と陸奥国との関わりは、後の奈良時代後半に陸奥国の諸豪族が中央有力氏族の姓を賜る中、吉弥侯部を名乗る豪族が上、下毛野を中心とした姓を冠することからもうかがえる。また、令制下の陸奥国国司や按察使任命に上毛野氏が多く、東山道の延長としての密接な関係がうかがえる。さらに『宋書』にみる倭王武（雄略天皇）の上表文中、「昔わが祖先は、自ら山野を跋渉して、東は毛人五十五国を征した」という意味の記述も、政権の進出をしめしている。

古代の政治的変革点とされる大化改新は、古墳時代以来の氏姓制度による政治体制から大王（天皇）を中心とした中央集権的国家への大きな画期となっている。そのような動きのなかで「東国国司」が任命され、8名の国司が東海道の三河以東、東山道の信濃以東の東国に派遣されると考えられている。これ以後、急速に東国へ中央集権化が及ぶこととなり、陸奥を含め東国に対して東山、東海道など道単位で展開したことをしめしている。

大化改新以後下野国地域、特に那須では那須国造→下毛野那須評→下毛野国那須評→下毛野国那須郡→下野国那須郡へと

表4　常陸国域の国造制から郡制へ

国造	郡（風土記）
新治	新治
	白壁
筑波	筑波
	河内
茨城	信太
	茨城
	行方
那珂	那珂
	香島
下総海上	
久慈	久慈
	多珂
多珂	石城

左欄は郡（評）制以前の国造、右欄は郡（評）制施行段階。

表5　那須の表記の変遷

年	646	682	689	701	713
郡名等の表記	‥那須国造		那須評督	那須郡司	
	下毛野奈（那）須評	下毛野国那須評		下毛野国那須郡	下野国那須郡

名称の変化とともに国家による地方支配の変遷がうかがえる（表5）。常陸国においても古墳時代の6国造が大化5（649）年に7評、白雉4（653）年に12評、そして大宝元（701）年に11郡となることが想定され（図77・表4）、陸奥国に接する地域でも、この時期中央集権化に伴う変遷が著しい。

3　陸奥国成立と諸段階

古代の東北地方には陸奥、出羽両国が設置され、律令支配領域の東北端には「辺遠」、「辺要」などの語で表現される地域概念があった。国家は蝦夷を公民と異なる文化、風俗、言語をもつ不服従の民ととらえ、「支配領域の拡大」と「蝦夷の服属」地域における「公民制充実」を図った。特に坂東諸国から移民による公民制支配の拡大、蝦夷の服属と公民化が実施され、陸奥国には蝦夷文化圏と律令国家的文化圏との漸移地帯

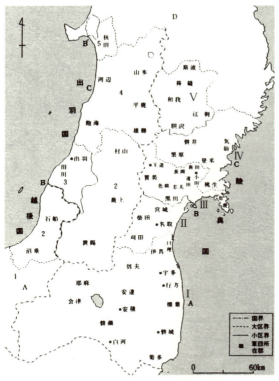

図76　版図の拡大と地域区分

が横たわることになった。道奥（みちのく）国の初見は、天武天皇5（676）年正月条『日本書紀』である。畿内、道奥、長門以外の諸国司は大山位以下（大宝律令・六位相当）を任ぜよとのことから、成立段階から蝦夷と接し、国域が固定されることなく北方へ拡張する特殊地域として重視されていることがわかる。

陸奥国の歴史的な領域（図76）を見てみると、Ⅰ地域は国造制が施行された地域で、令制国として「評」が設置され、律令公民支配が確立する。Ⅱ・Ⅲ地域南部はⅠ地域北部の周縁地域で城柵が設置され、柵戸移配によって建郡されるなど公民支配が成立される。しかし、本来は蝦夷の居住地域で移民系公民との混在により政情は不安定な地域となる。Ⅳ・Ⅴ地域は、律令公民支配が未成立となる地域としてそれぞれ区分される。そしてⅡ・Ⅲ地域など南部地域のⅣ・Ⅴ地域への版図拡大施策は、蝦夷の服属、城柵の設置、柵戸移配によって段階的に評、郡が設置され、結果的に支配領域の拡大がはかられる。さらに、Ⅱ・Ⅲ地域南部の公民制充実によるⅠ地域への転換が実施された。Ⅰ地域は前線の辺境政策に人と物資を供給する役割を担い、陸奥では辺境政策の遂行にⅠ区が必要であったと考えられている（今泉 1992）。このⅠ地域がのちの陸奥国から分立される石城・石背2国であり、蝦夷対策の当時国ではなく、支援国として位置づけられることになる。

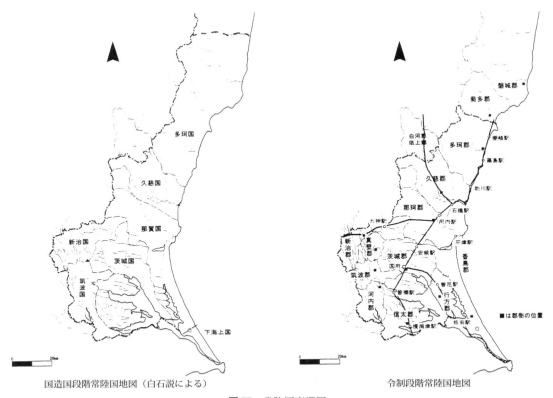

図77　常陸国変遷図

4　東山道と東海道から、陸奥国へ——石城石背2国の分置——

　天武12（683）年から天武14（685）年、伊勢王らにより、諸国の国境確定が畿内と地方を結ぶ交通路に沿って区切られる方法で行われる。この事業の完了によって、諸国の国境と同時に諸国を編成したいわゆる七道制が成立したと考えられている（鐘江 1993）。養老2（718）年の陸奥国から石城石背2国分置は、陸奥国内における中央集権化の浸透に伴い蝦夷と境を接する地域と、ある程度、中央集権化の整った地域に分けることになる。2国は陸奥国から切り離されることにより中央集権的国家の強い統制下に入り、坂東諸国と同様の位置づけとなる。陸奥国は東山道に属し、分置される石背国は下野国からの延長上にあたり、分割後は陸奥国とともに東山道に属するものと考えられる。また、石城国は、もともと常陸国内であった菊多郡を取り込むことから、太平洋岸に沿って東海道に属する常陸国の延長上への設置となる。このことは、養老3（719）年閏7月丁丑（21日）に、「石城国始めて駅家一十処を置」き、兵士、武器、食料の輸送を可能としていることからも裏付けられる。石城石背2国分置により、蝦夷には陸奥国が直接的に対処し、2国が後方支援化されることになる。陸奥国と境を接する関の機能は、石背は最北郡である信夫郡と陸奥国苅田郡に接する地、石城は最北郡である宇多郡と陸奥国日理郡に接する地がその機能を引き継ぎ、白河、菊多関の機能

は縮小化したものと考えられる。このことを考える上で、玉前関の存在はきわめて示唆に富むものである(1)。しかし、石背、石城国の陸奥国への再編により、再び境界として関の機能が見直されたであろう。

　陸奥国からの2国分置の2年後、養老4（720）年に蝦夷による按察使上毛野広人の殺害が起こる。律令国家が矢継ぎ早にとった政策は、調庸免除、石城石背両国を廃止し広域陸奥国への復活と、陸奥国府としての多賀城創建があげられる。このような中、重視されたのが白河郡であり、神亀4（728）年に白河軍団が設置される。のちには、石城にも陸奥国の蝦夷対策として軍団が設置され、石城郡と白河郡への設置は大郡であることのみならず、陸奥国南端の白河、菊多両関がおかれるという地理的位置も当然考えておく必要がある。白河郡衙である関和久遺跡とその関連遺跡と考えられる関和久上町遺跡から出土する多賀城系軒先瓦は、軍団設置との関わりを指摘でき、関連施設の造営と結びつくものと考えることができる。また、多賀城系軒先瓦は、陸奥南部現在の福島県浜通りである富岡町小浜代遺跡からも出土する(2)。鐙瓦は単弁6葉蓮花文で直立する外区内面に線鋸歯文がめぐり、単弁の花弁は重弁風、6葉はそれぞれ幅にばらつきがあるが、突出する中房に1＋4の円形蓮子は結ばれ、楔形蓮子に近い様相をしめす（図21参照）。宇瓦のヘラ描重弧文と顎面鋸歯文の施文ともに、多賀城からの直接的影響と考えるよりも白河郡での多賀城系軒先瓦の文様系譜と考えられる。このことから陸奥国南部のこの時期の建物造営と白河軍団設置段階での多賀城系軒先瓦の展開を、結びつけることができる（眞保　2010）。

　しかし、延暦24（805）年11月戊寅（13日）「陸奥国の部内、海道諸郡の伝馬を停む。要せざるをもって也」、弘仁2（811）年4月乙酉（22日）、「陸奥国の海道十駅を廃す。更に常陸に通ずる道に長有、高野二駅を置く。機急を告ぐる為なり」の記事が『続日本紀』にある。石城国とともに設置された海道は、蝦夷平定が進められ、805年に海道諸郡伝馬、811年には海道十駅の廃止により駅路も廃止され、東海道の延長としての陸奥国経営は大きな転換を迎えることになる。

5　那須から白河へ

　下野国那須郡と陸奥国白河郡の国を越えた結び付きを示すものに、白河郡における奈須氏の存在がある。奈（那）須氏は、那須国造碑に那須国造・評督としてみえ、下野国那須郡における有力氏族として著名である。

　白河郡における奈須氏には、『続日本後紀』承和15（848）年5月辛未（13日）「陸奥国白河郡の大領外正七位上奈須直赤竜、阿部陸奥臣の姓を賜わる」という記事から、大領奈須直赤竜の存在がわかる。このほか、多賀城跡出土第417号木簡は、人の進上等に関わる文書と推定され、表には「大伴部益国」の人名、裏には天平神護2（766）年とされる年号、氏族名、名前が、文字の大きさ、軸線、筆の太さ、墨の濃淡を異にして記される。年紀・日付・氏族名「奈須直」の下に「廣成」の自署を加える責任者の地位がうかがえ、白河郡領氏族である奈須直氏と近い系譜が推測され、8世紀半ばでその存在が考えられている。このほかに白河郡には丈部、大伴部など那須郡と同一姓の氏族が多数存在するなど、その関連が色濃くうかがえる。

6 多珂国造から多珂・石城2評（郡）へ

　菊多郡は、養老2（718）5月乙未（2日）「陸奥国の石城・標葉・行方・宇太・日理・常陸国の菊多六郡を割いて石城国を置く。常陸国多珂郡の郷二百十烟を割いて名づけて菊多郡と曰いて石城国に属す」（『続日本紀』）とある。郡内には「酒井・河辺・山田・大野・余戸」の5郷がある（『和名類聚抄』）。養老2年段階以前には菊多郡及び関は常陸国内にあり、常陸と陸奥の国界に置かれたわけではなかったとの指摘がある（志田1969）。この地域に設置された多珂国造は、

図78 東国における国造配置図

「久慈の堺の助河を以ちて道前と為し、陸奥の国の石城の郡の苦麻の村を、道後と為しき」として福島県大熊町熊川まで至っていると考えられる。このような広大な領域支配から、「多珂国造石城直美夜部、石城評造部志許赤ら申請に遠隔、往来不便のことから多珂、石城二郡の分置く」（『常陸国風土記』）との建郡評記事がみえる。常陸から陸奥国における国造は、『古事記』に道尻岐閇国造（楢葉郷周辺）、道奥石城国造（石城郡）、『国造本紀』に道奥菊多国造（菊多郡）、道口岐閇国造（常陸国多珂郡道口郷）、染羽国造（標葉郡）、浮田国造（宇多郡）、石城国造（石城郡）とある。常陸から陸奥での国造名称には、道口（都に近い）と道尻（都から遠い）の対の表記がある。『国造本紀』段階では道尻は認められず、石城国造に併合されるとともに、さらに北部の染羽国造、浮田国造の設置が認められる。これらがどこまで史実を反映していたか不明と言わざるを得ないが、広範な多珂国造の領域は道奥菊多、道奥石城、道口岐閇、道尻岐閇など国造領域との重複も考えられ、それぞれの国造が主張する領域が錯綜、重複する可能性もあるとの指摘がある（篠川1996、三舟2008）。

　茨城県内北部の古墳については、久慈川をすぎると大型古墳はあまりみられず、横穴墓が多い。特に、日立市から十王町にかけては大型横穴が多い。菊多郡は常陸国に接し、菊多の中心である鮫川の北岸には埴輪をもつ前方後円墳や陶棺を出す後田古墳、南岸には金冠が出土したという金冠塚古墳がある。その東側の台地上には古瓦と焼米、総柱建物が検出される郡遺跡があり、菊多郡役所と考えられる。石城郡にある前方後円墳としては、高久川流域砂丘上の神谷作古墳群101号墳があり、国指定重要文化財の天冠埴輪が出土する。付近には銅鋺が出土した中田装飾横穴墓ほか金銅製品が多数出土する八幡横穴墓群が群在し、北には石城国造の墓といわれる甲塚古墳と国造を祀る大国魂神社、さらに夏井廃寺、根岸遺跡が位置し、古墳時代から奈良・平安時代にかけて石城郡の中心となる。また、石城で建造されて常陸の海岸に漂着した大船にまつわる伝承が『常陸国風土記』にも記される。これらのことからも、旧多珂国造領域内においては、いわき市内古墳群の隆盛が見

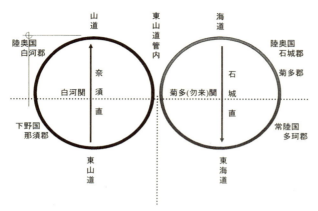

図79 那須と白河、多珂と磐城の歴史地理的関係

られ、多珂国造と石城との関わりを示す『常陸国風土記』の記載は、その状況をあらわしている可能性がある。このような常陸国への陸奥国石城郡からの影響を示すものに瓦がある。いわき市夏井廃寺跡、根岸遺跡出土の山王廃寺系複弁8葉蓮花文が北茨城市大津廃寺、複弁6葉蓮花文鐙瓦が大津廃寺のほかに常陸大宮市薬谷遺跡からも出土し、石城から常陸への影響を色濃くうかがうことができる。

道口、道尻など海道を基本とする国造名称がある多珂国造領域は、伝馬、駅家廃止により海道としてのつながりが低くなり、東海道の延長は常陸国久慈郡から、新たに長有、高野という駅家2ヶ所を設置し、東山道白河関で陸奥国白河郡へと付け替えられることとなる（図79）。しかしながら常陸から陸奥白河への経路は、この時に開通したものではなく、福島県泉崎横穴など、すでに古墳時代後期の横穴墓の分布からもうかがえるのである。

7　境（国）界の厳然化

関東と東北地方は、自然地理的に一体的な地域であり、そのことは縄文時代以来の考古学的資料の分布、『先代旧事本紀』の「国造本紀」にみる国造設置が陸奥国南部も含まれることからもうかがえた（図78）。

東国における中央集権化は、国造から評、そして郡へ、分割と再編を繰り返し、地方の拠点として支配施設である郡衙、そして寺院が造営されることになる。陸奥国には、古墳時代から続く上野地域のほか、隣接地域として結びつきの強い下野、常陸地域との関わりが認められる。下野国那須地域との関わりは、伝統的な氏族である那須（奈須）氏が奈良、平安時代にわたり白河郡司など重要な地位を占めていたことからわかる。さらに、陸奥国一円となる郡衙や寺院造営に際して採用される瓦群に上野、下野など坂東北部地域からの影響が認められる。常陸・多珂地域と陸奥・石城両地域は多珂国造領域であり、広域に及ぶ領域の分割申請者が多珂国造石城直美夜部、石城評造部志許赤等となるなど支配者層が陸奥国石城地域と関わることがわかる。また、常陸国多珂郡となる北茨城市大津廃寺跡とともに久慈郡衙と考えられる常陸大宮市薬谷遺跡でも、陸奥国石城郡衙との関わりをしめす複弁6葉、複弁8葉蓮花文鐙瓦の存在は、陸奥地域から常陸北部への影響がうかがえる。これらの状況は、坂東から陸奥国へと一方向で中央集権化がもたらされたのではなく、前代の自然地理的なつながりを下敷きとして展開していったことを示している。

陸奥における中央集権化は、養老2（718）年の石城石背2国の陸奥国分置により、蝦夷当事国か

ら支援国へと切り離されるなど順調に進められてきた。しかし、支配の拡充は蝦夷による養老4(720)年の陸奥国按察使上毛野朝臣広人の殺害を引き起こすなど、大きな反乱を誘発することになった。反乱を受けて陸奥国を中心に軍事支配強化となる神亀元年体制が敷かれ、坂東諸国をその兵站基地として一体化することになる。しかし、陸奥と坂東の境にあった白河、菊多2関は軍事的にも強化され、両地域の明確化が境界の形成につながることになる。

　このような経過から、本来一体的な地域である関東と東北地方は古代下野那須と陸奥白河、常陸多珂と陸奥石城間の関の整備により、異なる政治的、地域的区分として今日に引き継がれ、厳然化することになる。わが国における中央集権的国家形成期における坂東から陸奥国への支配領域の拡充、その維持という、7世紀後半を契機とする強力な政策推進こそが直接的な要因としてとらえることができるのである。

註
（1）多賀城出土木簡にみえる上番勤務を終えた安積団兵士の帰還申請の中に玉前関が見える。玉前関については史料に見えないものの、「玉前」は『和名類聚抄』に陸奥国名取郡の郷名、『延喜式』に陸奥国の駅名として見え、阿武隈川の北岸で山、海の両道が合流する地に置かれたものと考えられている。木簡は9世紀代のもので、その時期に関の存在が知られるが、陸奥国から石城石背2国を分置の際にその設置がさかのぼる可能性が強く、再編により廃止されるものが、陸奥国の特殊性と交通要衝であることから存続していた可能性がある。
（2）多賀城系瓦群と軍団の設置について、神亀元（724）年に造営される多賀城は、養老4（720）年の蝦夷乱に伴い陸奥国における軍事基盤の整備の拠点となるものであった。その際に重弁8葉蓮花文鐙瓦が多賀城様式として創出され、県北部地域の城柵、郡衙、寺院には創建期瓦群が供給、中南部地域には郡衙、寺院の整備に伴い創建期瓦群の生産に関与した工人層との技術交流により生産される多賀城系瓦群が、各地に導入されることがわかっている。特に南部地域となる白河郡内での導入は、神亀5（729）年の白河軍団設置に伴うものと考えられ、白河関をもつなど地域の軍事的拠点を中核として多賀城系瓦群が導入されていくものと考える。

第3章
瓦からみる中央集権的国家形成期の陸奥国

第1節　陸奥国腰浜廃寺跡出土の素弁系鐙瓦と製作技法

　わが国の寺院建立は、6世紀後半に蘇我氏の氏寺である大和飛鳥寺にはじまる。大化改新以降、律令国家による仏教奨励政策は全国的な展開をみるようになる。陸奥国南部の寺院は、おおよそ8世紀を前後して造営が開始されている。地方における寺院造営は、国家による仏教教化政策に呼応しつつも、在地豪族の権力維持・誇示をはかるため、古墳に続くモニュメントとしての機能をもたされたことが強くうかがえる。地方における寺院建立は、このような異なる二つの側面をもつものと考えられている。そのことをよくあらわしているのが、陸奥国南部の各郡に多くみられる寺院や官衙である。寺院と官衙での同笵瓦の共有などにみえる計画的な整備は、支配施設であるとともに古墳時代からの伝統的地域を継承しており、上記の二面性を考える上できわめて重要な位置を占めているのである。

　陸奥国南部地域の初期寺院や郡衙造営に採用される瓦群は、複弁6葉蓮花文鐙瓦や複弁8葉蓮花文鐙瓦、単弁8葉蓮花文鐙瓦などが主体である。これらは北関東、特に上・下毛野地域の影響をうけていることが判明している（辻 1992、眞保 1994）。その背景としては古墳時代にさかのぼる地理的、氏族的な関わりが深い地域からの影響が考えられる。このような中、陸奥南部においては、上・下毛野系瓦とは趣きを異にする素弁系瓦群が腰浜廃寺跡から出土している（眞保 1995）。これらの中には、一本造り技法と呼ばれる瓦当部と男瓦が共土になる特殊な瓦がある。文様のみならず、技法的にも今までとらえられていた坂東北部系譜の瓦とは異なる一群とみることができる。腰浜廃寺跡での素弁系鐙瓦を中心にこれらの資料を検討し、寺院造営期の様相を考えたい。

1　腰浜廃寺跡の概要

　腰浜廃寺跡は、福島市腰浜町、浜田町一帯および、その中心地は腰浜稲荷神社付近であると推定されている。所在地は福島盆地東側の山麓沿いに北流する阿武隈川の西側、信夫山の南東に位置する（図80）。付近は、阿武隈川左岸に広がる氾濫原をのぞむ段丘上となる。周辺からは古瓦が出土し、寺院であったという伝承は古くからあった。天保12（1841）年の『信達一統誌』には、「昔此所に七堂伽藍あり　大隈川洪水して其地を欠き終に破滅す　今　世に偶に共時の屋根の瓦を拾ふこ

図80 遺跡位置図

とあるなり 又羽黒山に奉納せし釣鐘も其寺にありしを 洪水のとき水中に沈みしを時を経て引きあげしとなむ」とある。周辺で拾える古瓦や羽黒山に奉納する釣鐘はここに七堂伽藍があったことをしめし、この寺が阿武隈川の洪水で破滅したことを物語っている。

腰浜廃寺跡での考古学的調査は、明治17年にさかのぼり、犬塚又兵衛、小此木忠七郎により再三、行われている。その後も木口昇、内藤政恒により現地調査が行われ、瓦については関野貞、石田茂作により鐙瓦が花文系と蓮花文系に分かれることが指摘されている。このほか顎面施文宇瓦についても研究されている。

本格的な発掘調査は、伊東信雄により、昭和36年3月に腰浜廃寺跡、昭和38年3月に宮沢瓦窯跡の調査が実施され、その成果は昭和40年にまとめられている（福島市教育委員会1965）。

その後も、昭和53年から57年まで確認調査が行われ（福島市教育委員会 1979～1981・1983）、掘り込み地業をもつ、N-5°-Wの東西23m、南北19mの建物跡（推定金堂）と、その西約100mの位置に南北溝を確認する（図81）。この位置は、現況地割りから二町四方の寺域西辺ラインと合致していることから、寺域を区画する溝と推定されている。このほか、推定金堂のすぐ南側からも掘立柱建物、塀、竪穴住居跡などが認められている。

腰浜廃寺跡の瓦については、すでに多くの検討がなされている。ここでは、本書と関わりをもつ見解についてふれておきたい。伊東信雄は腰浜廃寺跡や宮沢瓦窯跡、赤埴瓦窯跡を発掘調査し、出土古瓦を蓮花文グループと花文グループに分類した。蓮花文グループは、鐙瓦を1類(101)（図82-3）、2類(120)（図83）、宇瓦では重弧文1、2、3類、単弧文1、2、3類に分類した。また、宮沢第2号窯跡の調査から、鐙瓦2類(120)と単弧文3類(520C)（図85-2～4）のセットを明らかにする。[1]

年代観としては、1類(101)が備後寺町廃寺のsⅡとの文様類似性から7世紀後半とした。採用の背景については、白村江の乱後の情勢下での寺院造営と結びつけて考えている（伊東 1977）。2類(120)も白鳳寺院に見られる文様であり、瓦当裏面の布目のしぼり痕跡が南滋賀廃寺の大津京期に始まることを指摘している。2類は、1類よりも古い時期のものと考え、1、2類は7世紀後半の中で時代的に分かれる可能性を指摘した。

辻秀人は、金堂と推定される建物基壇北東部及び南方瓦溜から出土した瓦類を分類し、軒瓦類の

形式分類と接合技法について検討を加え、蓮花文系と花文系軒先瓦と男・女瓦のセット関係を整理している（福島市教育委員会 1980）。また、接合技法は、A技法：通常の接合技法、B技法：一本造り、C技法：はめ込み技法に分類し、蓮花文系ではB技法を120、C技法を100、101と分類している（辻 1984）。

福島雅儀は、伊東分類1類（101）と備後寺町廃寺との比較から、寺町での鐙瓦には外区に二重凸線があるのに対して、腰浜廃寺例が周縁を直立縁とするものであり、瓦の様式から寺町廃寺跡より古い7世紀中頃と位置づけている（福島 1992）。

図81　腰浜廃寺跡の寺域と推定金堂の位置

2　素弁系鐙瓦について

ここでは特に素弁系と呼ばれる瓦や瓦当裏面に堤状の高まりをもつ一本造り技法鐙瓦について検討を加えたい。

素弁8葉蓮花文鐙瓦には、100、101、120がある。100と101が伊東1類に該当する[2]。有稜の花弁と間弁がきわめて均整のとれた文様構成となっている。100と101は同種の鐙瓦であるが、面径は100が17.5 cm、101が14.8 cmと大きな違いがみられる。面径に比例して花弁の長さも100の方が長く、花弁や間弁端部での盛り上がりも強いようである。いずれも中房は内区の3分の1以上となる。最も大きな違いは、中房蓮子1+8の周縁蓮子の配置にある。100は間弁、101は花弁に位置する。101は創建期段階の鐙瓦であることは、すでに指摘されているところである。花弁幅は2.4 cm、中房径3.8 cm、花弁と間弁の断面は端部が盛り上がり、ほぼ相似形となる。セットとなる宇瓦は段顎系の重弧文と考えられている。接合法は瓦当裏面に浅い溝を掘り、そこに半裁男瓦を接合するものである。瓦当厚は3.0～3.5 cmとなる。胎土は均質、色調は白灰色、焼成はきわめて良好である。100は、福島県立博物館展示資料（図82-1）と東京国立博物館所蔵資料（図82-2）があげられる。

福島県博資料は、花弁幅2.5 cm、中房径4.7 cm、花弁長4.3 cm、瓦当厚2.7 cmである。瓦当面には、笵へのつめ直しの痕跡が明瞭に残る。周縁は調整により面取りされ、周縁外周には調整の違いにより段差が認められる。男瓦凸面には、ナデやハケがみられる。男瓦との接合技法は、従来C技法（はめ込み技法）とされていた[3]。しかし観察の結果、はめ込み技法特有の瓦当部粘土と円筒男瓦部分の乾燥具合が違う状態は認められなかった。瓦当周縁部には円筒男瓦ではなく、瓦当笵への粘土ブロックの詰め込みの単位が認められ、一本造り技法による鐙瓦と考えられた。報告書の記載にも、瓦当裏面には明瞭な布絞り痕及び粗い布目が認められ、一本造り技法の可能性も指摘されて

120 第3章 瓦からみる中央集権的国家形成期の陸奥国

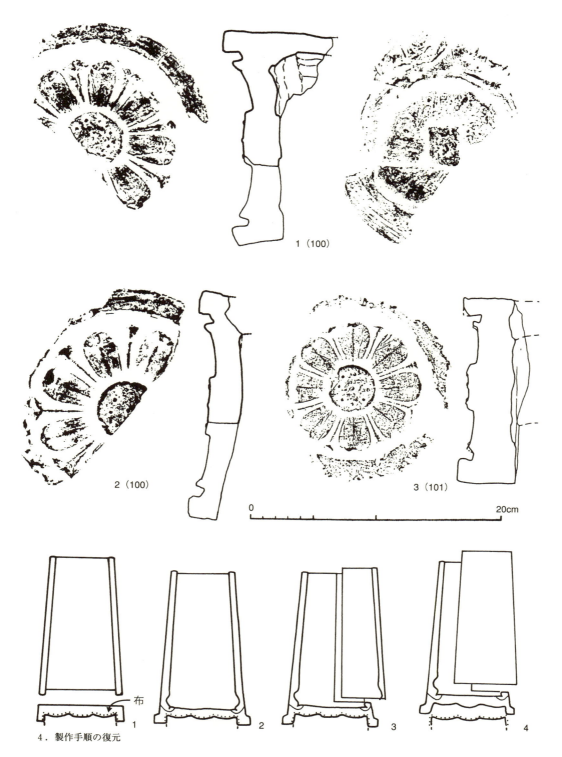

図82 腰浜廃寺跡出土鐙瓦100と101、120の製作手順

いる。瓦当裏面には長方形3.2 cm×2.4 cm、高さ2 mmの高まりが見られ、柄状木工具での押圧痕跡と考えられていた。しかし、観察の結果、布目は認められず、木目が認められた。このことから端部に布を持たず、柄穴を持つ型木を用いた一本造り技法の可能性が高い。接合は、模骨上の円筒粘土を、笵に分割して、粘土をつめた瓦当裏面に強く接合させるものである。この際の押圧の状況から、円筒男瓦粘土を一気に押し込んだ断面上の痕跡が見える。また、瓦当裏面周囲には指ナデが施され、下半は低く切り取られるがナデにより堤状の高まりが強調される。男瓦部は粘土板素材の模骨小札をもつものである。小札の幅は1.8 cmほどで、明瞭に観察される。男瓦凹面の布目はナデにより消される。

　東博資料は、花弁幅2.6 cm、中房径4.8 cm、花弁長4.3 cm、瓦当厚2.6 cmである。瓦当面には笵へのつめ直しの痕跡がみられ、花弁、間弁端部には別粘土がつめられる。瓦当裏面は中央が高くなり湾曲する。一部に木目や細かい布目らしきものがみられるが、裏面はきれいにナデられ不明である。また、柄状木工具の痕跡もわからない。裏面に男瓦接合用の溝がみられるが男瓦を支える支持土部分に布目はなく、半裁男瓦を差し込んだ形跡はない。割れ口などから瓦当部、男瓦粘土は共土と考えられ、一本造りとすることができよう。下半の円筒男瓦は瓦当面の際でカットされ、堤状とはならない。周縁外周には調整の違いから120の周縁外周にみられる段差がわずかにあり、共土状態の円筒男瓦と瓦当粘土の接着のため押圧した痕跡とも考えられた。

　以上、100の2点は笵キズ等により、同笵を示す資料はなかった。しかし、笵への瓦当粘土のつめ直し、裏面男瓦カット部分の直線的なケズリ、周縁外周の段差、断面形状、胎土等から、きわめて酷似した文様・技法をもつことがわかる。瓦当面の布目が見られない、下半の堤状高まりが低い、もしくは見られないなど、後述する鐙瓦120との相違はあるものの、図82-4で復元した技法と同様のものと考えられる。

　120は、宮沢第2瓦窯例（図83-1〜4）、腰浜廃寺跡例（図83-5〜7）があり、いずれも瓦当面に布目の痕跡をもつものである。瓦当面径は、15.0 cmに復元される。布目により詳細は不明であるが、素弁8葉蓮花文鐙瓦である。中房は小さく高く、蓮子は確認できないが1+4と推定されている。花弁端部は平面、断面ともに丸みをおび、間弁は大きい。100や101とは明らかに異なる文様系譜とすることができる。布目は、瓦当周縁内面に続き、端部に達する資料があることから、笵の上面のほとんどの部分に敷かれていたものと考えられる。資料の観察から周縁の高さや幅にバラツキがあり、笵型の形態を明確にし得なかった。瓦当裏面には布の端部を折り畳んだような状態の布絞りがみられる。瓦当部表面から裏面に連続する布目は認められない。布目は瓦当面が太いのにくらべ裏面が細かいことから、瓦当の表面と裏面の布目は別布と考えられる。いわゆる一本造り技法の鐙瓦とすることができる。図83-7の資料から男瓦周縁外周に段を有することが確認される。男瓦は100同様粘土板素材であり模骨小札が明瞭となるものである。

　接合の手順は、以下のとおりと考えている（図82-4）。①布を敷いた笵に瓦当粘土をつめる。②模骨上の円筒男瓦を瓦当粘土に押圧し、接合する。上から強く模骨に押され、円筒男瓦の凹面にゆがみが生じている。また、押圧時の粘土の強い動きにより模骨に巻いた布が粘土に食い込む「一条の隙間」もみえる。瓦当裏面には押圧により模骨端部の布絞りがみえる。模骨端部には粘土はなく、

122　第3章　瓦からみる中央集権的国家形成期の陸奥国

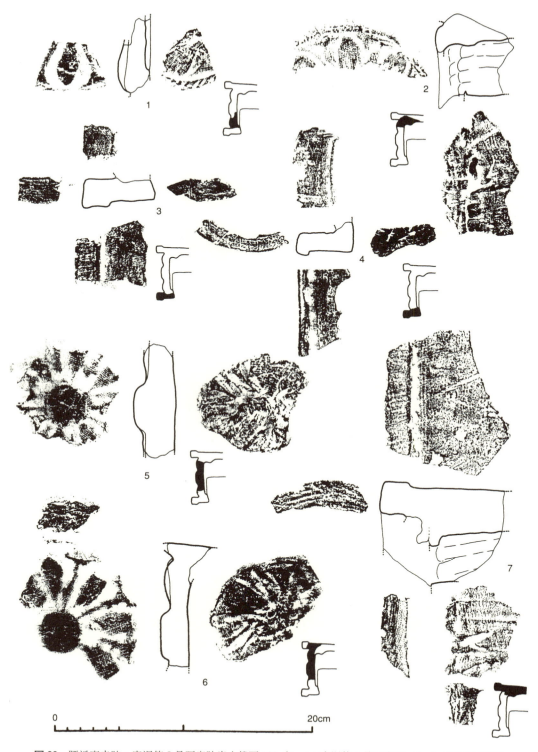

図83　腰浜廃寺跡・宮沢第2号瓦窯跡出土鐙瓦120（1～4：宮沢第2号瓦窯跡　5～7：腰浜廃寺跡）

笵につめた瓦当粘土裏面と接合される際、円筒男瓦粘土が内側に飛び出す。この際、周縁外周部に段が造り出され接合を強くさせている。③瓦当裏面下半の不要粘土を切り取り、堤状の高まりはきわめて低い。④型木を取り除き、笵からはずす。男瓦凹面の小札痕は明瞭であり、幅は1.5 cmから2 cmである。

胎土は100・101に比べると粗砂粒が多い。色調は赤褐色、焼成はあまりいいとはいえないものが多い。

腰浜廃寺跡供給瓦窯である宮沢瓦窯跡には、120を焼成したとする第2号窯跡が存在する（図85 – 1）。この窯は、窯体が認められなかったものの、遺物（図83 – 1～4）は灰原から出土している。ここからは、120のほか縄タタキ粘土板桶巻作り女瓦、無顎の2重弧文字瓦（520C）が出土し、これらがセットになると推定されている。報告書に不明土製品（図84 – 20）とされているものがある。これは瓦当周縁外周部が厚く造られる段差をもつ一本造り鐙瓦の瓦当部の下端が外れたものと推定される。このほか、もう一点この種の瓦を確認した（図83 – 4）。図83 – 7の資料も周縁外周の段を持つもので120と考えられる。第2号窯跡で供伴する須恵器としては、蓋（図84 – 2～6）や長頸壺の破片（図84 – 7・8）や甕類がある。蓋にはいずれもカエリのつくものは見られない。福島市内小倉寺高畑窯跡では、端部にいくぶんカエリがつくものがあり、7世紀末から8世紀初頭の資料と考えられ、これをさかのぼるものとは考えがたい。福島雅儀はカエリが消失後の善光寺V式の須恵器の特徴と類似することから、須恵器、瓦を8世紀前半代としている（福島 1992）。周辺では第1号瓦窯跡のフラスコ型瓶（図85 – 8）や第4号瓦窯跡の杯（図85 – 6）が出土し、第2号窯跡での須恵器よりも古い要素が認められている。木本元治は宮沢第4号瓦窯跡出土の口径8.5 cmの小型杯と多数の男・女瓦類、段顎に沈線で区画された上下に波状文を施文する宇瓦が供伴するものと指摘している。そして、小型杯を善光寺ⅡA期として飛鳥Ⅱ、7世紀第2四半期として窯の使用期間を考慮し、創建瓦（100、101）については7世紀第3四半期におさまるものとしている（木本 1989）。いずれにしても宮沢瓦窯跡は、7世紀代にさかのぼる可能性がきわめて強いものの、120を出土する第2号瓦窯跡灰原の出土品については8世紀初めに下るものと考えたい。

3　創建期に関わる諸問題

いままで腰浜廃寺跡の創建期には、均整のとれた素弁8葉蓮花文鐙瓦である101や100が位置づけられ、これに較べて120はやや遅れるものと考えられてきた。しかしながら、101の文様系譜下にある100は、技法的な特徴や男瓦の模骨小札など細部に及んで120と共通する要素をもつことが明らかになった。このことは120と100は文様的には相異するものの、100の製作段階で120の技術が採用されたものと現段階では想定できる。100の資料数が少なく大勢をうかがえないものの、120との技術的な接近はきわめて重要な所見となった[7]。また、120は第2号瓦窯跡灰原の出土から8世紀代初め頃の時期と推定でき、素弁系の100の製作年代もこの時期に近いものと考えることができそうである。

ここで問題となるのは100と101の関係である。伊東の指摘以来、この瓦の採用される背景や時

124　第3章　瓦からみる中央集権的国家形成期の陸奥国

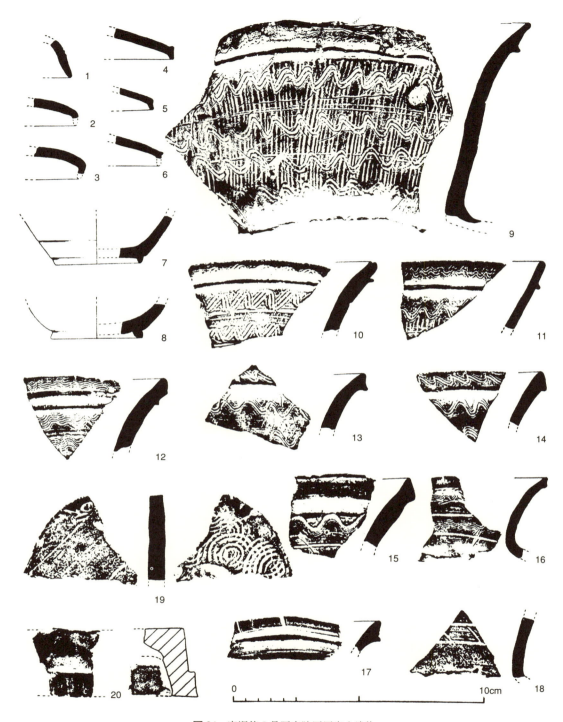

図84　宮沢第2号瓦窯跡灰原出土遺物

第1節　陸奥国腰浜廃寺跡出土の素弁系鐙瓦と製作技法　125

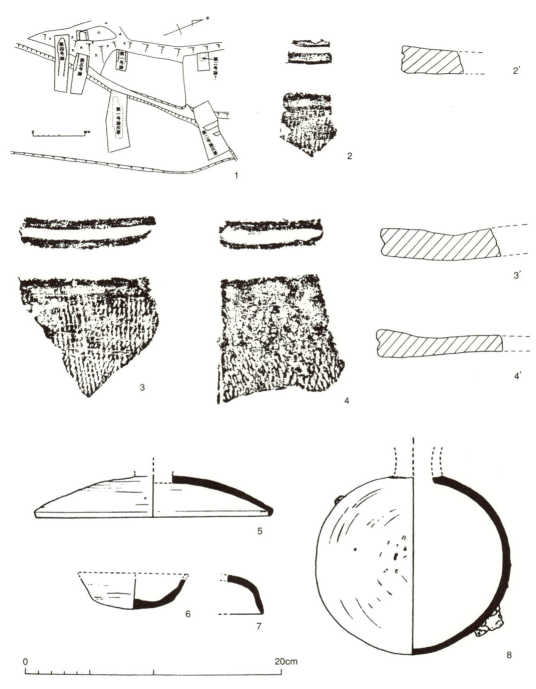

図85　宮沢瓦窯跡と出土遺物（2～4：第2号瓦窯跡　5・8：第1号瓦窯跡　6・7：第4号瓦窯跡）

期は、7世紀後半段階と位置づけられてきている。出土瓦の整理作業から、腰浜廃寺出土瓦の中で素弁系鐙瓦に伴うと考えられる男瓦は粘土板素材の男瓦であり、その中で凹面に小札が明瞭なものはほぼ半数を占め、小札が不明瞭なものとほぼ同数となっている[8]。このことは、今回の検討で100と120に伴う男瓦が明瞭な小札であることから類推すると、101とセットとなる男瓦は小札が目立たないものである可能性が高い。宮沢第2号瓦窯跡で120と無顎の520C宇瓦がセットとなるが、段顎系の重弧文字瓦は101とセットと考えられる。また、101の瓦当面径は100より一回り以上小さい。これらのことは技法・文様的にも差が認められ、鐙瓦101については古い要素をすべて揃えているといえる。今後、101の中に技法的に120的な要素をもつものがあるのかなど検討が必要ではある。しかし、現段階では101が陸奥国内でも最も古い7世紀後半との位置づけには問題は見当たらない。ここでは101と100には時間、技法的にいくぶん時間差を考えるものである。100の年代は120の時期である8世紀初頭頃を下限と位置づけ、腰浜廃寺跡での一本造り技法鐙瓦は120採用に伴い100などに技術導入されたものと考える。

　また、その出自は今後の課題となるが、この時期の一本造り技法の採用は、東山道地域で素弁系鐙瓦とセットで認められている。したがって、東山道地域に集中する一本造り技法が8世紀を前後する時期に各遺跡で採用されることに矛盾はないと考えている。

4　鐙瓦にみる地域のつながり

　腰浜廃寺跡出土の100と101素弁系鐙瓦は、東北地方でも最古の瓦であると指摘される。これらの瓦群の分布やその特徴は、いわゆる上野や下野系の瓦当文様が展開する陸奥国南部の中にあって、きわめて特異な存在とすることができる。しかし、8世紀初めとされる素弁系120の一本造り技法が、100の製作技法に影響を与えている可能性から、従来のように素弁系100と101を一括して取り扱えない可能性が指摘できた。

　一本造り技法の鐙瓦は、大津京期（667〜672）南滋賀廃寺などでの川原寺系鐙瓦への採用を初源としている。型木端部の布の状態により、絞り、無絞り、布目のないものがみられるが、基本的には同一の技法と考えられる。この種のものは、製作工程から縦置型一本作りとも呼ばれている。東山道では、甲斐や信濃、上野、陸奥と点的分布するのが特徴であり、時期も7世紀末から8世紀前半と考えられている。特に瓦当裏面に絞りをもつ一本造り鐙瓦は、腰浜廃寺のほか南滋賀廃寺を筆頭に兵庫県丹波三ツ塚遺跡、群馬県上植木廃寺を代表とする北武蔵や武蔵国分寺でも出土する。しかし、この種の瓦造りはきわめて地域や時期を限定したものであることがわかる。また、上野では、絞りによる一本造り採用後、上野国分寺創建において無絞りへと変化しつつも、平安時代まで連綿と一本造り技法を保持しているという特殊な地域であることがわかっている（高井 2004）。また、これら東山道の一本造りは共通の特徴として、いずれも小札男瓦がセットとなる可能性が考えられる。腰浜廃寺跡の鐙瓦は、今後これらの地域の瓦との文様や技法の比較をする必要がある。外来系技術を在地で採用するのは、畿内地域からの影響により、九州で竹状模骨と一本造りがセットで採用されるのと近い様相（花谷 1995）と考える。

時期は下るが、腰浜廃寺跡での花文系鐙瓦と同系の瓦を出土する福島県南相馬市泉廃寺跡、植松廃寺跡、入道迫瓦窯跡でも、腰浜廃寺跡と同様の堤状の高まりをもつものが認められる。鐙瓦の製作技法には一本造り技法はなく、一部はめ込み技法によるものもあるが、多くは半裁した男瓦を瓦当裏面に接合後、裏面下半に堤状の高まりを設けるものである。鐙瓦製作上の意識は、瓦当裏面下半に粘土で堤を造成することにあるようである。この手法は、時期的にも素弁系100や120で採用される一本造り技法導入への直接的な影響はみられない。しかし、現段階では、素弁系鐙瓦の最も文様が退化した140での円筒男瓦を接合し、堤を高く残す資料が、両者を結びつける可能性をもつと考える。一本造り技法の技術導入や堤状の高まりの模倣、瓦当裏面の調整などには、祖型が存在するケースが多い。一本造り鐙瓦など外的な技術の導入に伴い、在地の鐙瓦裏面に堤状高まりなど外見を似せた接合手法の採用は、夏井廃寺跡や上人壇廃寺跡でもみられる。そこには寺院の伝統的な文様とともに、技術系譜による外見を模倣するという、文様や技術を踏襲する意図を読み取ることができるのである。このように瓦にみられる外来的な文様・技術が在地にどのような影響を与え、定着、発展、融合していくのか、それが東国の初期寺院の建立時やその後の存続段階で、どのような地域や勢力、また技術工人との関わりをもつのか。寺院や官衙に葺かれる瓦から、地域社会を垣間みるために、今後さらに検討を加えていきたい。

註
（1）瓦類の型式番号については、福島市教育委員会（1980）による。しかし、伊東分類を説明上用いた場合は、必要に応じて（　）内に記した。
（2）100と101の形式設定は、伊東分類1類の細分である。この設定は福島市教育委員会（1980）による。
（3）福島市教育委員会（1981）により、瓦当粘土を円筒男瓦が、はめ込まれる状態で技法復元がなされている。大きく見れば一本造り技法であると指摘している。
（4）福島市教育委員会（1980）により、「瓦当裏面のほぼ中央部には 2.4 cm×3.2 cm の長方形の突出部分が見られる。その周辺には、明瞭ではないが布のしばり痕及び荒い布目のようなものが認められ一本造りの可能性がある」と指摘している。
（5）100と120の接合技法は細部に共通し、男瓦模骨小札が明瞭となる。また、一部には胎土、色調、焼成にも類似するものが認められる。
（6）中房蓮子1＋4の指摘は、福島市教育委員会（1965）による。筆者も採拓中に1＋4状に墨が浮かびあがるのをおぼろげながら観察することができた。
（7）辻秀人には「陸奥国最古の瓦と位置づけられる100が大きく見れば一本造りの中に含まれることは、今後の瓦の製作技法が東北地方に伝えられた経路を考える一つの手がかりになる」と指摘している（辻1981）。
（8）福島市教育委員会では現在、腰浜廃寺跡の出土瓦の再整理を行っている。そのなかで、粘土板巻作り、縄タタキなどの素弁系鐙瓦に伴う男瓦の中に模骨の小札痕跡が明瞭な一群と不明瞭な一群が存在し、これらがほぼ同数認められるという（原充広氏よりご教示いただいた）。これら2種類の男瓦は、101には不明瞭な一群、100と120には明瞭な一群が伴うものと考えることができる。

第2節　陸奥国夏井廃寺跡出土古瓦の基礎的研究

　福島県内の古瓦の研究は、官衙遺跡やそれに供給する瓦窯跡の調査とともに進展し、これらの資料の蓄積により大まかな年代観や系譜も判明するようになってきている（伊東 1977、辻 1984、戸田 1985b）。ここでは、いわき市内にある夏井廃寺跡出土軒先瓦の分類や系譜、供給瓦窯跡について検討を加え、多様な系譜が時期差をもちながら採用される中央集権的国家形成期の陸奥国における寺院造営の一事例として位置づけたい。

1　夏井廃寺跡の概要

　夏井廃寺跡は、福島県いわき市平下大越字石田、岸前地内に所在する。周辺は、西から東へ伸びる丘陵が夏井川南岸へいくぶん張り出す地形を呈し、その丘陵東側の沖積地にある。
　遺跡は南、西に丘陵、東に太平洋、北に夏井川とそれぞれ囲まれる。付近には甲塚古墳、牛転古墳群、神谷作古墳群や、礎石建ちの倉庫跡が検出され石城郡衙と推定される根岸遺跡、大国魂神社などがある（図86）。現在は水田化されているが、その中に5m×5m、高さ1.3m程の基壇跡が残り、上面には円形造り出しをもつ礎石が1個あり、県指定史跡「夏井廃寺塔跡」となっている。
　調査は、昭和41年度、61〜63年度にわたって合計6回実施され、基壇建物跡3基の他、土塁状遺構、掘立柱建物跡群、溝跡などが検出されている。1号基壇建物跡が、県指定夏井廃寺塔跡になっているものである。基壇規模は、南北13.3m、東西12.8mをはかり、塔心礎と思われる礎石の抜き取り穴とそれを囲む3間×3間の礎石の坪地業跡から、塔跡と推定されている。2号基壇建物跡は、1号基壇建物跡から西へ27.3mの位置にある。基壇の規模は、南北17.2m、東西13.1mをはかる南北棟と推定され、以前ここには礎石らしい大きな石が3、4個あったとされている。3号建物跡は、2号建物跡から北へ32.5mの位置にあり、基壇規模は、南北19.5m、東西32.1mをはかり、基壇上面には礎石が確認されている。また、土塁状遺構は2号建物跡の南と西を囲み、北は3号建物跡の西まで伸びている。
　これらの配置から1号基壇建物跡は塔跡、2号基壇建物跡は金堂跡、3号基壇建物跡を講堂跡と考えると、いわゆる法起寺式の伽藍配置をとる。しかしながら、金堂跡が南北棟であることから、金堂と塔が向き合う観世音寺式の伽藍配置と推定される（図87）。特徴としては、金堂の中軸線上に講堂が配置されることがあげられる。塔跡の基壇版築土中は、多量の瓦片が突き込まれ（広岡・中山 1988）、この状況が講堂基壇跡には認められない。また、突き込まれた瓦の中に後述する大平A遺跡で焼成された製品があり、夏井廃寺跡の供給瓦としては、創建段階以降と考えられる。このことから塔跡の造営が遅れたことが予想される。

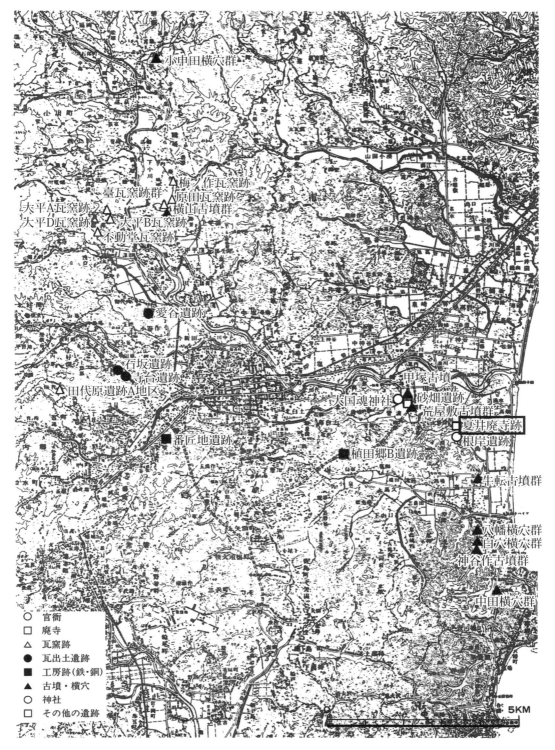

図86　夏井川流域の主な遺跡

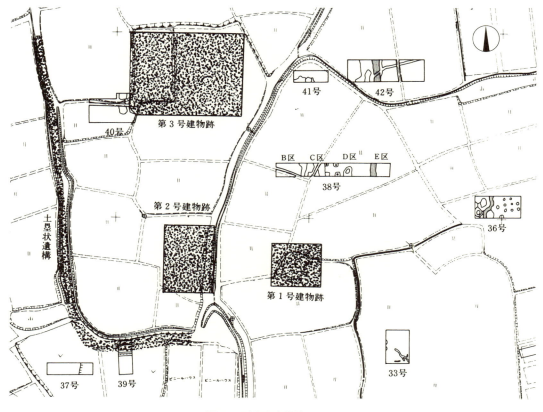

図87　夏井廃寺基壇配置図

2　軒先瓦の分類

　夏井廃寺跡出土軒先瓦の分類については、すでにまとめられている（広岡・中山 1989）が、新たな知見も加わったことから補足していきたい。

(1)　鐙　瓦

a　複弁6葉蓮花文鐙瓦

　第一類（図88-1）：中房は内区の3分の1以上をしめ、中房蓮子は1+6で周縁蓮子は、いずれも弁間を指す。子葉は凸線により囲まれ、弁の端部は切れ込む。弁中央の分割線はない。間弁はY字状を呈し、鋭い。花弁と間弁は中房に接し、ともに中位、端部でよく盛り上がる。周縁は三角縁で、そこにX字状の浮文が隣接しつつ整い配される。接合する男瓦は行基式粘土板巻作り、凸面に弱い縦方向のナデ、ケズリが施される。［接合技法Ⅰa］

　第二類（図88-3）：中房は内区の3分の1以下と小さく、中房蓮子は1+4で周縁蓮子の一対は花弁、もう一対は弁間を指す。子葉は凸線により囲まれ、弁端は切れ込む。弁中央の分割はない。子

葉は中房より3分の2のところで盛り上がる。花弁と間弁は中房に接し、間弁はY字状で盛り上がりはない。周縁は緩い三角縁で「∧」状の波文がある。[接合技法Ⅰb]

第三類（図88-4）：中房は内区の3分の1以上あり、中房蓮子は笵には表現されず、竹管文が1+4施される。中房にヘラで交互に刻みを入れるものもある。花弁の割り付けは均等ではなく、弁端は切れ込む。子葉は幅の広い凸線で囲まれ、弁の端部は切れ込む。弁中央には分割線がみられる。間弁はY字状を呈し、軸部には沈線があり、端部は周縁に接する。花弁と間弁は中房に接し、中房より一度高さを減じるが弁端にいたり徐々に高さを増す。周縁は直立縁でX字状の浮文がある。顎部には、ヘラ描きによるX字の刻みと竹管文の交互刺突を上下1条ずつの沈線で区画するもの、ヘラ描きによるX字刻みのみ施されるものがある。異笵のある可能性がある。[接合技法Ⅱ]

第四類：これは、第三類に含まれる可能性が強い。

第五類（図88-5）：第三類によく似るが、間弁Y字の軸部の中心には、沈線が認められない。子葉は凸線により区画され、花弁端部は切れ込む。花弁中央には分割線がみられる。花弁、間弁は盛り上がりはない。間弁端の切れ込み部分は周縁も対応して張り出し、周縁は平坦縁に近い。接合する男瓦は粘土紐素材の可能性がある。

第六類（図88-2）：中房は内区の3分の1以上あるが、瓦当面径に比べると小さい。中房蓮子は1+6で周縁蓮子は花弁を指す。子葉は凸線により囲まれ、弁端は切れ込む。花弁の分割線はない。間弁は凸線によるY字状を呈すが端部が折れ、花弁に接する。花弁、間弁は中房より派生し、断面は中位および端部で盛り上がり、端部が最も高い。外区内縁には、珠文が花弁、間弁の延長上に12

表6　夏井廃寺出土鐙瓦計測値一覧　　　　　　　　（単位：mm）

型式	直径	厚さ	中房径	中房高	蓮子数	内区径	弁幅	外区幅	内縁		外縁			全長	技法
									幅	文様	幅	高	文様		
複6一	170	35	55	7	1+6	142	46	—	—	—	14	7	X30	—	Ⅰa
複6二	204	35	46	8	1+4	158	43	—	—	—	23	4	X30	—	Ⅰb
複6三	推180	40	55	8	竹1+4	推156	51	—	—	—	12	10	推X30	—	Ⅱ
複6五	推173	25	—	—	—	推151	45	—	—	—	11	6	推竹18	—	
複6六	176	50	41	6	1+6	110	31	33	12	珠12	21	6	X23	348	Ⅰa
複4一	160	48	40	6	1+8	122	48	19	8	—	—	—	X16	—	Ⅰa
複4二	194	38	48	5	竹1+8	144	55	—	—	—	25	16	推∧32	—	Ⅰc
複4四	165	40	32	6	1+4	140	52	—	—	—	12	2	—	—	Ⅱ
複4五	155	35	32	7	0+4	115	45	—	—	—	20	6	∧	—	Ⅱ
複4七	160	29	35	12	—	140	68	—	—	—	10	15	—	—	Ⅱ
複4八	—	—	—	—	—	—	—	—	—	—	—	—	—	—	
複4九	—	—	—	—	—	—	—	—	—	—	—	—	—	—	Ⅱ
複5一	150	32	50	5	—	130	53	—	—	—	10	10	—	275	Ⅲ
複5二	—	—	—	—	—	—	—	—	—	—	—	—	—	—	
複8一	推176	50	43	2	1+4+8	136	31	—	—	—	20	16	推竹16	—	Ⅰc
複8二	166	35	35	1	1+11	132	25	—	17	15	竹8/12			—	Ⅰc
単6一	172	20	—	—	推0+6	130	22	—	—	—	21	7	—	—	Ⅲ

132　第3章　瓦からみる中央集権的国家形成期の陸奥国

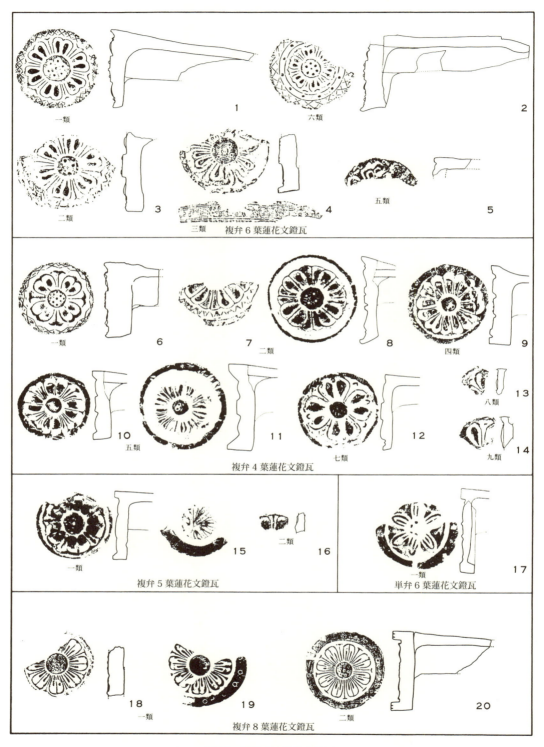

図88　夏井廃寺跡出土鐙瓦

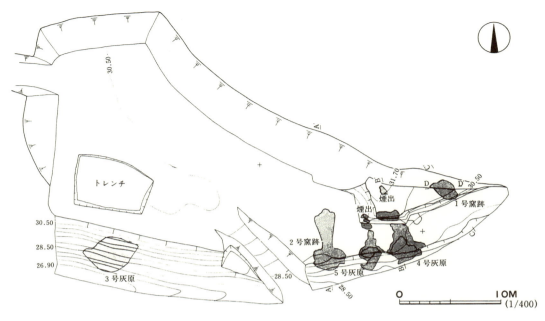

図89　梅ノ作瓦窯跡全体図

配され、珠文には中心に突起があり、乳房状を呈する。外区外縁は三角縁を呈し、X字状の複合波文が23巡る。複合波文は大きさにばらつきがみられ、均等ではない。周縁の外には范型の跡が認められるものがある。同種異范の可能性のあるものもある。接合する男瓦は玉縁式粘土板巻作り、凸面縦方向のケズリが施される。供給瓦窯跡は梅ノ作1号窯跡である（図89）。[接合技法Ⅰa]

b　複弁4葉蓮花文鐙瓦

　第一類（図88-6）：中房は、内区の3分の1をはかり、中房蓮子は1＋8、周縁蓮子は花弁と間弁を指す。花弁を指すものは間弁を指すものより中心蓮子に近く、周縁蓮子を結ぶ線は正方形となる。子葉は凸線ではなく立体で囲みが表現され、弁端は切れ込む。花弁中央には分割線がみられる。子葉は卵形を呈し中位に盛り上がりをみせ、中房には接しない。間弁は稜をもち、銀杏の葉のように端部で広がり、花弁の囲み同様、立体的に表現されている。花弁、間弁は中房に接し、端部付近でよく盛り上がる。周縁は三角縁を呈し、X字状の複合波文を16配する。周縁の外には范型の跡が認められるものがある。接合する男瓦は行基式粘土板巻作り、凸面不定方向の弱いナデ、ケズリが施され、凹面には布目はみられない。供給瓦窯跡は大平A遺跡と推定される。[接合技法Ⅰa]

　第二類（図88-7・8）：中房は、内区の3分の1をはかり、中房蓮子は范には表現されない。范抜き後1＋4、1＋5の竹管による刺突で蓮子が表現され、1＋4のものには、周縁蓮子間に円形刺突が四つみられる。子葉は凸線により囲まれ、端部で切れ込む。花弁中央には分割線がみえる。間弁は銀杏の葉状を呈すが、基部や端部の稜は凸線で表現される。花弁、間弁は中房に接し、ともに端部付近でよく盛り上がる。周縁は傾斜縁を呈し、傾斜面に「∧」状の波文が整って配されるものとそれが消されるものがある。周縁幅やその形態から范型が周縁の傾斜面までのものと推定される。顎部

には斜格子タタキが施されるものがある。［接合技法Ⅰｃ］

第三類：第二類に含まれる可能性が強い。

第四類（図88－9）：中房は内区の4分の1以下で中房蓮子は1＋4となり周縁蓮子は間弁を指す。中房の周囲には1条の沈線がある。間弁は乱れ、複弁の花弁状になり、複弁8葉のようにみえる。子葉は太く、長さは花弁の3分の2程ある。花弁は周囲より1段低く作られ、子葉の囲みは細い凸線で表現される。花弁端部は切れ込み、弁中央の分割線もみられる。間弁は複弁状を呈し、中央の分割がみられるところもある。花弁、間弁は高さはあるが盛り上がりはみられない。周縁は、低く直立縁を呈す。［接合技法Ⅱ］

第五類（図88－10・11）：中房は内区の4分の1程と小さい。中房は、不整円形で蓮子は周縁蓮子のみ4顆ある。中房の周囲には1条の沈線が巡る。子葉は凸線により囲まれ、弁端部は切れ込む。花弁中央には分割線がみえる。間弁は、第四類の間弁がさらに形式化したもので、複弁の花弁が3本の凸線で表現される。断面は、高さはあるが盛り上がりが認められない。周縁は、傾斜縁となり、その傾斜面には、「∧」状の波文があるものと消されるものがある。范型は周縁の傾斜面までのものと思われ、周縁の高さや幅にばらつきがみられる。［接合技法Ⅱ］

第六類：第五類に含まれる。

第七類（図88－12）：中房は内区の4分の1程と小さい。子葉を囲む凸線は端部で閉じず、独立して「∧」状の凸線がみえる。子葉は菱形を呈し子葉間の分割線はない。間弁は表現されていないが、端部に花弁端部と同様の凸線がある。断面は高さはあるが盛り上がりはない。周縁は素文の直立縁である。接合する男瓦は行基式粘土板巻作り、凸面斜格子タタキが施される。［接合技法Ⅱ］

第八類（図88－13）：文様構成は第七類に類似するが、それぞれ寸法が短いものである。

第九類（図88－14）：文様は窪みにより表現され、棒状の子葉は長く、端部はいくぶん幅広となる。花弁中央は窪まず分割線を意識する。間弁も窪みにより表現されるが、端部に「－」状の凸線が表現される。周縁は平坦縁となり、顎部には、格子系のタタキが施される。［接合技法Ⅱ］

　ｃ　複弁5葉蓮花文鐙瓦

第一類（図88－15）：中房は内区の3分の1以上あり、丸みをもち、盛り上がる。蓮子は不明である。子葉は凸線により囲まれ、端部は尖る。花弁中央の分割は端部付近のみある。子葉は、花弁の4分の3程の大きさである。間弁は剣菱状を呈し中央には稜がある。子葉は中位で、間弁は中位と端部でよく盛り上がる。周辺は、内外区の高まりから、もう1段立ち上がる直立縁である。周縁の外には、范型の跡が残る。接合する男瓦は行基式粘土紐巻作り、凸面不定ナデ、凹面不定ナデにより粘土紐の痕跡が消され、布目は見えない。［接合技法Ⅲ］

第二類（図88－16）：子葉の囲みは立体により表現され、花弁端部は、いくぶん切れ込む。間弁はＹ字状の稜をもち、立体で表現される。子葉や間弁は中位で、花弁は中位と端部でよく盛り上がる。

　ｄ　複弁8葉蓮花文鐙瓦

第一類（図88－18・19）：中房は内区の3分の1あり、中房蓮子は1＋4＋8と中心蓮子の周りを2重に巡る。子葉は棒状で細く花弁の3分の2程をしめ、端部は、いくぶん幅広く丸みをもっておさめる。花弁は、立体により表現され、中央は凸線により分割される。端部は盛り上がりをみせ、い

くぶん切れ込む。間弁はT字状を呈すが、立体的に表現され、基部端部の稜は鋭い。花弁、間弁は中房より派生し、弁の中位と端部でよく盛り上がる。周縁は高く広い直立縁を呈し、竹管文が刺突されるものがある。［接合技法Ⅰc］

第二類（図88-20）：中房は内区の4分の1と小さく、低い。中房蓮子は小さく1+11（1+3+8）ある。周縁蓮子は、中心蓮子を2重に巡るのを意識しているが乱れる。周縁蓮子の方向は統一性がみられない。子葉は棒状を呈し、弁の3分の2以上をしめ、端部は、いくぶん幅広く丸くおさめる。子葉の分割は凸線によりなされ、花弁は凸線により子葉を囲む。端部の切れ込みはなく、割り付けも、やや不揃いである。間弁はT字状を呈す立体により表現され、基部や端部の稜は鋭い。花弁、間弁は中房より派生し、中位、端部でよく盛り上がる。周縁は幅広く、高い直立縁となり、竹管の刺突がみられる。接合する男瓦は行基式粘土板巻作り、凸面縦方向のナデが施される。［接合技法Ⅰc］

e　単弁6葉蓮花文鐙瓦

第一類（図88-17）：中房は1段低く、周縁蓮子のみ推定6顆ある。蓮子はいびつで、花弁方向を指す。子葉は棒状を呈し、それを囲む凸線と周囲の沈線により花弁は表現される。花弁端部はやや尖り気味となり、花弁は中位でよく盛り上がる。内区と外区は、1条の沈線により区分されるが、周縁の高さは低い直立縁を呈す。瓦当裏面には、男瓦から続く布目がみられ、一本造り特有の1条の隙間が見える。［接合技法Ⅲ］

(2)　宇　瓦

a　型挽重弧文宇瓦

A類（図90-1）：型挽の3重弧文。弧の厚さ1cm、深さ0.8cmをはかり、顎幅10.5cm前後の段顎を呈す。接合する女瓦は粘土板巻作り、凸面ナデが施される。［接合技法Ⅰc］

B類（図90-2）：型挽の3重弧文。弧の厚さ1cm以下、深さ0.7cmをはかり、顎幅6cm前後の段顎を呈す。接合する女瓦は粘土板巻作り、凸面ナデが施される。［接合技法Ⅰc］

C類（図90-3）：型挽の3重弧文。弧の厚さ1.5cm、深さ0.3cmをはかり、顎幅9.5cm前後の段顎を呈す。接合する女瓦は粘土板桶巻作り、凸面ナデが施される。［接合技法Ⅰc］

D類（図90-4）：型挽の3重弧文。弧の厚さ1cm、深さ0.2cmをはかり、顎幅9cm前後の段顎を呈す。顎面には、斜格子状のヘラ描きが施される。

b　均整唐草文宇瓦

A類（図90-5・6）：中心飾りは、中央やや下より珠文をおき、それに接するように上外方に翼状の葉がのびる。唐草は先尖りの半葉状を呈し、中心の珠文の下部から左右に伸びる。第1単位は上に、第2単位は下に反転する。唐草の軸や内外区の界線は太い。上外区には珠文が推定9、下外区上段には、珠文が推定12、下段には「∧」状波文が推定15みられる。両脇区には「∧」状波文が3単位ずつみられる。珠文は乳房状を呈するものがある。顎の形態は段顎となる。接合する女瓦は粘土板桶巻作り、凸面縦のヘラケズリが施される。［接合技法Ⅱ］

また、同笵によるが上外区の文様部のないものがみられる。接合される女瓦は、粘土紐素材によ

136 第3章 瓦からみる中央集権的国家形成期の陸奥国

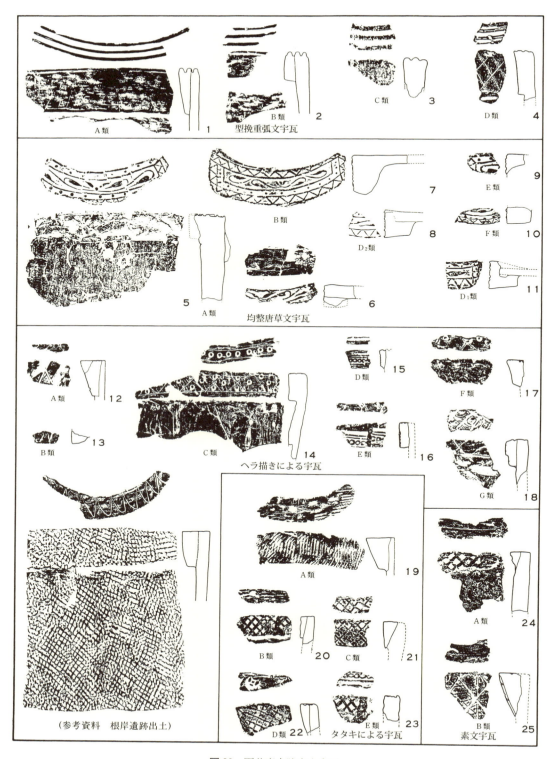

図90 夏井廃寺跡出土宇瓦

る1枚作りのもので、凸面には縦方向のヘラケズリが施される。供給瓦窯跡は梅ノ作1号窯跡である。

B類（図90-7）：中心飾りには、珠文が表現されず、中央から左右の上外方に翼状の葉が伸びるが短い。唐草は、つぼみ状を呈し、中心飾りや反転する唐草には接しない。唐草の第1単位は下に、第2単位は上に展開するが、第1単位と第2単位には接しない。上外区は、「∧」状波文が11、下外区上段には、珠文が左右脇区まで連なり15、下段には、「∧」状波文が9あり、脇区には珠文の外側に「∧」状波文が外に向いて2単位分それぞれ配される。下外区および脇区は2重に内区を囲むため、内区の文様面は小さい。顎の形態は段顎となる。接合する女瓦は粘土紐素材による1枚作り、凸面ナデケズリが施され、平行タタキの残るものもある。凹面の布目痕は残らない。供給瓦窯跡は大平A遺跡と推定される。［接合技法Ⅲ］

C類：この種のものは確認することができなかった。

D1類（図90-11）：中心飾りや唐草の形態は不明である。右の最終単位の部分と思われ、つぼみ状の唐草は反転せずに真っ直ぐ伸びるが、端部はやや上外方に尖る。上外区には珠文、下外区には「∧」状波文、脇区には珠文が配される。珠文非常に小さく、瓦当面も小振りとなる。顎の形態は段顎となる。［接合技法Ⅳ］

D2類（図90-8）：右に展開する唐草の一部と思われる。唐草は、下に反転し、その端部が軸に接するようである。上外区には珠文、下外区には「∧」状波文がそれぞれ配される。顎の形態は段顎となる。［接合技法Ⅳ］

E類（図90-9）：左に展開する唐草文の最終単位である。唐草は、いくぶん角ばる基部より下に反転する。上外区には珠文、脇区には「∧」状波文が配される。A類によく似ているが、A類にはこの部分がないため現段階ではE類とするが、A類に含まれる可能性が強い。［接合技法Ⅱ］

F類（図90-10）：右に展開する唐草が下に反転した部分と思われる。唐草の端部は、つぼみ状を呈す。下外区上段には珠文、下段には「∧」状波文が配されるが、波文の幅が狭い。

　c　ヘラ描きによる宇瓦

A類（図90-12）：ヘラ描きにより唐草文が表現される。唐草は、上方に伸びて左巻きになり右の端部で右巻きとなる。顎部には、大きな斜格子タタキののち、交互に斜め方向のヘラ描きが施される。顎は傾斜する段顎を呈す。［接合技法Ⅰa］

B類（図90-13）：ヘラ描きにより乱れた波状文が表現される。顎は傾斜する段顎を呈する。［接合技法Ⅰa］

C類（図90-14）：文様は、ヘラ描きによる重弧文とその弧の間に竹管文が刺突される。顎は深い段顎を呈し、顎面には上下1本ずつの沈線内に連続するX字状のヘラ描きが施される。これらヘラ描きによりできた区画内には竹管文刺突が施される。接合する女瓦は1枚作り、凸面ヘラケズリが施される。凹面は糸切り痕を残し布目は見えない。

D類（図90-15）：ヘラ描きによる重弧文である。顎は段顎を呈し、顎面には連結した竹管文とその上下に凸線が表現されるタタキが施される。［接合技法Ⅰb］

E類（図90-16）：ヘラ描きによりX字状の文様が表現される。顎は段顎を呈し、顎面にはC―D

138　第3章　瓦からみる中央集権的国家形成期の陸奥国

表7　夏井廃寺跡出土宇瓦計測値等一覧　　　　　　　　　　　　　　（単位：mm）

型式	瓦当面							文様深	全長	顎形態	技法
	上弦幅	弧深	下弦幅	厚さ	内区	外区	脇区				
型A	300	50	—	40	3重弧文			8	—	段顎	Ⅰc
型B	—	—	—	45	3重弧文			7	—	段顎	Ⅰc
型C	—	—	—	50	3重弧文			3	—	段顎	Ⅰc
型D	—	—	—	40	3重弧文　顎面手描きX字			2	—	段顎	—
均A	—	—	—	73	内区厚30―文様均唐2単位　上外区厚17―文様珠推9　下外区上厚12―文様珠推12　下外区下厚14―文様∧波推15　脇区幅17―文様∧波3			3	—	段顎	Ⅰ・Ⅱ
均B	275	50	280	77	内区厚26―文様均2単位　上外区厚18―文様∧波11　下外区上厚13―文様珠9　下外区下厚19―文様∧波9　脇区内幅16―文様珠3　脇区外幅17―∧波2			3	—	段顎	Ⅲ
均D1	—	—	—	57	内区厚22―文様均唐　上外区厚14―文様珠文　下外区厚21―文様∧波文　脇区厚20―文様珠1			2	—	段顎	Ⅳ
均D2	—	—	—	—	内区厚25―文様均唐　上外区文様珠文　下外区厚16―文様∧波文			3	—	段顎	Ⅳ
均E	—	—	—	—	上外区厚21―文様珠文　脇区幅19―文様∧波文			—	—	—	Ⅱ
均F	—	—	—	—	内区文様均唐　下外区上厚7―文様珠文　下外区下厚11―∧波文			—	—	段顎	—
ヘラA	—	—	—	—	ヘラ描唐草文			—	—	段顎	Ⅰa
ヘラB	—	—	—	—	ヘラ描波状文			—	—	段顎	Ⅰa
ヘラC	286	25	290	40	ヘラ描重弧文上に竹管文			2	—	段顎	—
ヘラD	—	—	—	—	ヘラ描重弧文　顎面連結竹管文タタキ			—	—	段顎	Ⅰb
ヘラE	—	—	—	—	ヘラ描X字文　顎面連結竹管文タタキ			—	—	段顎	Ⅰb
ヘラF	—	—	—	—	ヘラ描X字文　顎面ヘラ描きと竹管文			—	—	段顎	Ⅰa
ヘラG	—	—	—	33	ヘラ描X字文　顎面ヘラ描X字			3	—	段顎	Ⅰa
タA	—	—	—	52	平行タタキ　顎面平行タタキ			—	—	段顎	—
タB	—	—	—	32	平行タタキ　顎面格子タタキ			—	—	段顎	Ⅰb
タC	—	—	—	—	格子タタキ　顎面格子タタキ			—	—	段顎	Ⅰb
タD	—	—	—	25	小形蓮花文タタキ　顎面格子タタキ			—	—	段顎	Ⅰb
タE	—	—	—	25	連結竹管文タタキ　顎面格子タタキ			—	—	段顎	Ⅰa
素A	—	—	—	33	顎面格子タタキ			—	—	三/段	Ⅰa
素B	—	—	—	—	顎面斜格子上にヘラ描X字			—	—	三角	Ⅰa

類同様のタタキが施される。［接合技法Ⅰb］

　F類（図90-17）：ヘラ描きによりX字状の文様が表現され、その上に竹管文が刺突される。顎は傾斜する段顎を呈す。［接合技法Ⅰa］

　G類（図90-18）：ヘラ描きによりX字状の文様が重なり合って表現される。顎は段顎を呈し、顎面には瓦当面同様X字状のヘラ描きが施される。［接合技法Ⅰa］

　　d　タタキによる宇瓦

　A類（図90-19）：平行タタキが施され、一部ナデにより消されるところがある。顎は傾斜する段顎を呈し、顎には瓦当面同様の平行タタキが施される。

　B類（図90-20）：平行タタキが施される。顎は低い段顎を呈し、顎面には格子タタキが施され

る。［接合技法Ⅰb］

　C類（図90‐21）：格子タタキが施される。顎は低い段顎を呈し、顎部には瓦当面同様の格子タタキが施される。格子には斜めに木目痕がはしる。［接合技法Ⅰb］

　D類（図90‐22）：瓦当面には直径2cmの蓮花文タタキが施される。蓮花文は中心に円、その周囲に長楕円の盛り上がりを四つ表現するものである。顎は低い段顎を呈し、顎には格子タタキが施される。［接合技法Ⅰb］

　E類（図90‐23）：宇瓦C―D類の顎部に施されたと同様のタタキを瓦当に施すものである。顎は低い段顎を呈し、顎面には格子タタキが施される。［接合技法Ⅰa］

　e　素文宇瓦
　A類（図90‐24）：素文であるが、ナデが施される。顎は低い段顎のものや三角形を呈する顎がある。顎面には、格子タタキが施される。格子には斜めに木目痕がはしる。接合する女瓦は1枚作りである。［接合技法Ⅰa］

　B類（図90‐25）：素文であり、顎は三角形を呈す。顎面には斜格子が施され、その上にX字状のヘラ描きが描かれる。一枚作り女瓦の可能性がある。［接合技法Ⅰa］

3　接合技法

　接合技法については、鐙瓦5種類、宇瓦6種類ある。

(1)　鐙　瓦

　Ⅰa類：笵の中房部に粘土を詰め、その後、全体に2枚程の粘土を足し、瓦当粘土とする。その裏面に弧状の溝を穿ち男瓦を挿入し、凹凸両面に支持土する。弧状の溝は、瓦当粘土の合わせ目まで達し、Ⅱ類に似るものもある。［複弁6葉蓮花文鐙瓦一、六類、複弁4葉蓮花文鐙瓦一類］

　Ⅰb類：笵の全体に粘土を詰め、裏面に弧状の溝を穿ち、男瓦を挿入し、凹凸両面に支持土する。［複弁6葉蓮花文鐙瓦二類］

　Ⅰc類：笵の中房部に粘土を詰め、その後薄い粘土を全体に足し、瓦当粘土とするが、裏面中央部は、いくぶん盛り上がり気味とする。その後、弧状の溝を穿ち、男瓦を挿入し、凹凸両面に支持土する。［複弁4葉蓮花文鐙瓦二類、複弁8葉蓮花文鐙瓦一、二類］

　Ⅱ類：笵の全体に粘土を詰め、その裏面に男瓦をたてる。その後凹凸両面に支持土するが、凹面部は瓦当全体に粘土を付け足す。いわゆる接着技法によるものである。［複弁6葉蓮花文鐙瓦三類、複弁4葉蓮花文鐙瓦四、五、七類］

　Ⅲ類：円筒の端部まで布が及ぶ型木で、男瓦を作り、型木端部まで粘土をかぶせる。その後笵に端部まで及ぶ粘土の部分を押し付け、型木のみ取り外し、不要な男瓦部を切り取る。いわゆる一本造りによるものである。［複弁5葉蓮花文鐙瓦一類、単弁6葉蓮花文鐙瓦一類］

(2) 宇瓦

Ⅰa類：女瓦に、顎部粘土を貼りつけ、その端部を文様面とするもの。［ヘラ描宇瓦A、B、F、G類、タタキ宇瓦E類、素文宇瓦A、B類］

Ⅰb類：女瓦に、顎部粘土を貼りつけるものであるが、顎部粘土の女瓦と接合される面には、布目痕がみられる。［ヘラ描宇瓦D、E類、タタキ宇瓦B、C、D類］

Ⅰc類：女瓦に、顎部粘土を貼りつけるものであるが、顎部粘土が接合される部分にヘラ刻みが施されるもの。［型挽重弧文A、B、C類］

Ⅱ類：女瓦の凹端面と顎部に粘土が貼りつけられるもので、女瓦は断面で文様面の下位にくるもの。［均整唐草文宇瓦A、E類］

Ⅲ類：女瓦に、顎部粘土を貼りつけ、さらにその端部に文様面となる粘土を貼りつけるもの。［均整唐草文宇瓦B類］

Ⅳ類：文様部の粘土と顎部粘土をあらかじめ共土で作り、その裏面に弧状の溝を穿ち女瓦を挿入するもの。凹凸面には支持土される。［均整唐草文宇瓦D1、D2類］

(3) 接合技法と文様

鐙瓦については、各種の文様により接合技法にも相違がみられ、その傾向はつかみきれない。しかし、単弁6葉蓮花文一類は、文様、技法の両面から遺跡内の系譜とは異なっている。宇瓦は、比較的文様ごとに技法の違いがみられる。なかでもヘラ描宇瓦D、E類、タタキ宇瓦E類は同様のタタキ文様をもつ。これらは技法がⅠa、Ⅰb類という違いはあるが、比較的近い技法であり、その関連が指摘できる。また、タタキD類に類似する宇瓦は、いわき市内の忠教寺という山岳寺院と推定される遺跡からも認められ、相互の関連が注目できる。[2]

4 供給瓦窯跡

夏井廃寺供給瓦窯跡としては、小川町梅ノ作瓦窯跡、臺瓦窯跡、平中平窪の原田瓦窯跡、平赤井の大平A、B、D遺跡、不動堂遺跡などが確認されている[3]（図86）。梅ノ作瓦窯跡は、丘陵を縫い蛇行しながら南流する夏井川の左岸に張り出した低丘陵にある。瓦窯跡は、丘陵の北、西、南斜面にあることがわかっている（広岡・中山1989）。現在、丘陵上には、二俣神社が鎮座している。窯跡は、神社の参道により削平され、その存在が知られていたが、近年駐車場工事により多数の窯跡が破壊され、瓦、須恵器が採集された。

破壊後に現状調査が実施され、窯跡が5基確認された（図89）。1号窯跡は、以前より露出していたもので、調査により須恵器蓋、鐙瓦・宇瓦・女瓦が出土している（図91-1～8）。蓋は偏平なもので口縁部は下方におれる。鐙瓦は、夏井廃寺複弁6葉の六類、宇瓦は、均整唐草文A類に比定されるものである。女瓦は粘土板桶巻き作りにより凸面ケズリが施されるもの、粘土紐素材の1枚作りにより凸面ナデが施されるものが出土している。2号窯跡は焼成部付近より上は破壊されていたもので、床面は2面あり、床面付近より須恵器蓋、甕が出土している（図91-9～11）。須恵器蓋は偏

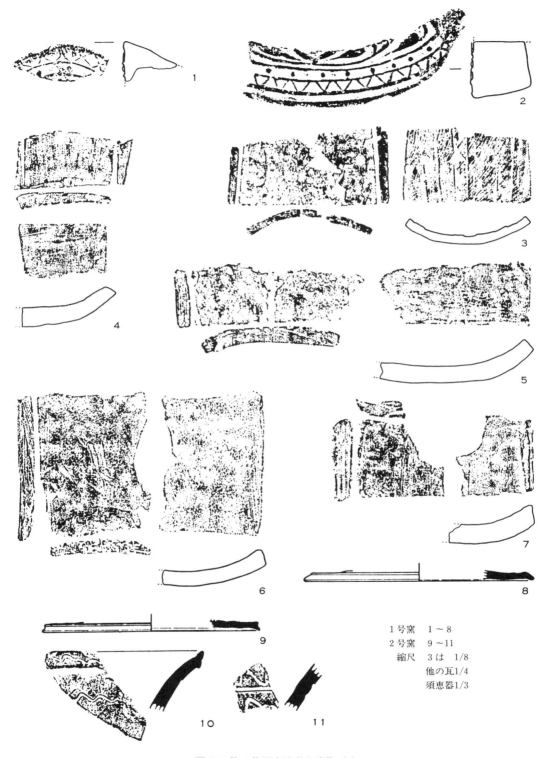

図91 梅ノ作瓦窯跡出土遺物 (1)

平なもので口縁部はいくぶんつまみだされる。甕は口唇直下と顎部に1本沈線の波状文が施されるものと顎部に1本沈線後、上下に1本沈線の波状文が施されるものがある。また、2～5号窯跡は灰原の調査が実施され、須恵器の蓋・高台付杯・甕、鐙瓦・宇瓦・男瓦・女瓦が出土している（図92、93－1～3）。灰原については、窯体の確認される面より高いことから、他の窯跡からの流れ込みの可能性が考えられ、窯跡の一括資料としては扱わないものとする。この他、破壊により動かされた土中からも、須恵器の蓋・甕、鬼瓦（図93－4～7）などが出土している。

臺瓦窯跡は、梅ノ作瓦窯跡から南へ約1kmの夏井川に張り出す丘陵北斜面に位置する。常磐自動車道四倉延伸に伴う分布調査により発見された瓦窯跡で、宅地裏の掘り返しの際に多数の瓦片が出土していた（図94）。採集した瓦はいずれも女瓦で、粘土板桶巻作り、凸面ケズリが施され、梅ノ作1号窯の瓦群と同種である。

大平A遺跡は夏井川右岸の丘陵南緩斜面に位置し、畑地の開墾により窯跡の一部が破壊され、付近には窯体片や須恵器、瓦が散在している。窯跡は2～3基ほど存在すると思われる。男瓦・女瓦、須恵器蓋・甕等が採集されている（図95）。女瓦は、いずれも粘土紐素材による1枚作りと思われるもので、凹面はナデにより布目がみられない。凸面の調整はケズリによるもの、ナデによるものがある。男瓦は凸面に平行タタキが施され、凹面は布目がみられない。蓋は、比較的大振りなもので、つまみ接合部に渦巻き文のタタキが押圧される。甕は口縁部片と体部片があり、体部外面には連続渦巻き文のタタキと同心円のタタキが施されるものがある。この他、以前に表採されたもののなかに須恵器の杯片や、女瓦の凸面に平行タタキ、ナデの施されるものがある（猪狩1986、中山・広岡1986）。

大平B遺跡は、大平A遺跡の南に広がるやや緩い台地の南斜面に位置する。現在梨畑となり付近には窯体片や瓦、須恵器が散布している（猪狩1986）。採集された遺物には男瓦、女瓦や須恵器杯がある（図96）。女瓦はいずれも1枚作りによるもので、凹凸面ともナデ調整されるもの（図96－1）、凸面ナデ調整されるもの（図96－2）、凸面縄タタキが施されるもの（図96－3～5）がある。男瓦は凸面に縄タタキが施されるが凹面は摩耗により布目は見えない。杯は直径11cmあり、体部から口縁部まで直立気味に立ち上がるものである。

この他、原田瓦窯跡、大平D遺跡、不動堂遺跡、田代原遺跡A地点でも瓦の出土が知られているが、少数資料であり、今後追加して検討していきたい。

5　瓦群のセットとその変遷

ここでは供給瓦窯跡からの出土状況と接合事例によるセットから瓦群をとらえていきたい。

梅ノ作1号窯跡の瓦群のセットは、複弁6葉六類と均整唐草文A類、粘土板桶巻作り凸面ケズリによる女瓦と粘土紐素材の1枚作り凸面ナデ調整による女瓦である。また接合資料により、男瓦は玉縁式粘土板巻作りで凸面にケズリが施されるものが、複弁6葉六類と接合されることがわかっている。また均整唐草文A類は粘土板素材の女瓦が接合されるものと粘土紐素材の女瓦が接合されるものがあり、このことは窯跡のセットと矛盾しない。

第 2 節　陸奥国夏井廃寺跡出土古瓦の基礎的研究　*143*

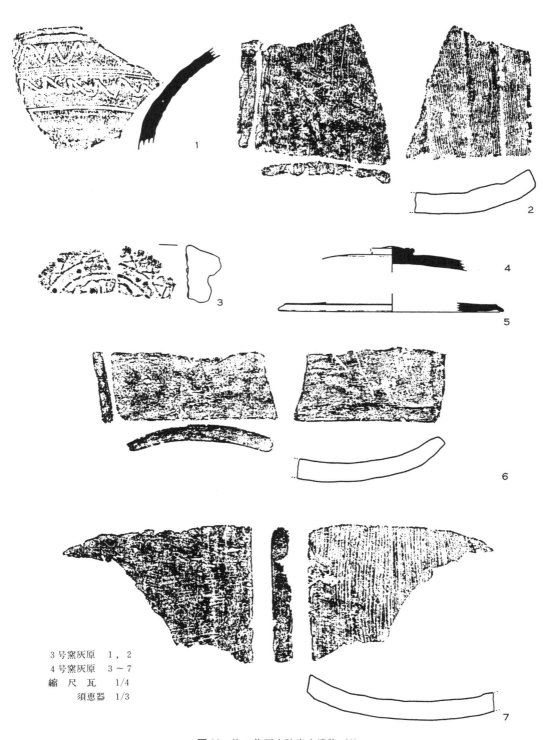

3 号窯灰原　1，2
4 号窯灰原　3～7
縮　尺　瓦　1/4
　　　　須恵器　1/3

図 92　梅ノ作瓦窯跡出土遺物（2）

144　第3章　瓦からみる中央集権的国家形成期の陸奥国

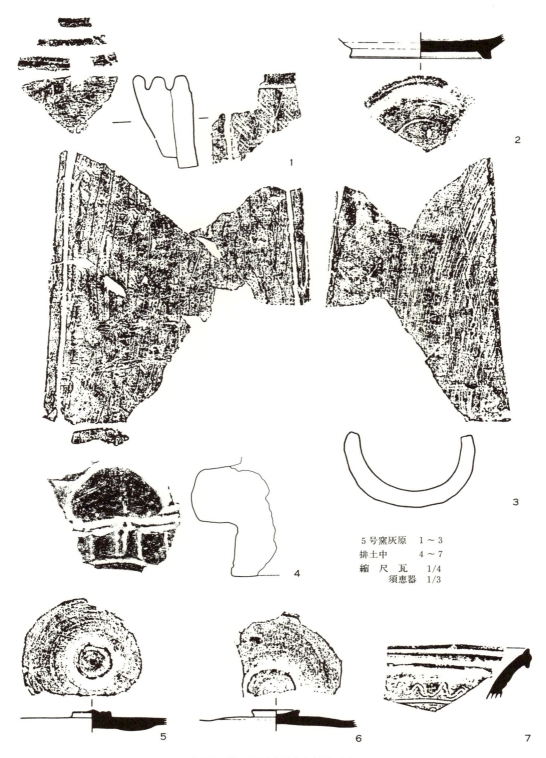

5号窯灰原　1～3
排土中　　　4～7
縮　尺　瓦　1/4
　　　　須恵器　1/3

図93　梅ノ作瓦窯跡出土遺物（3）

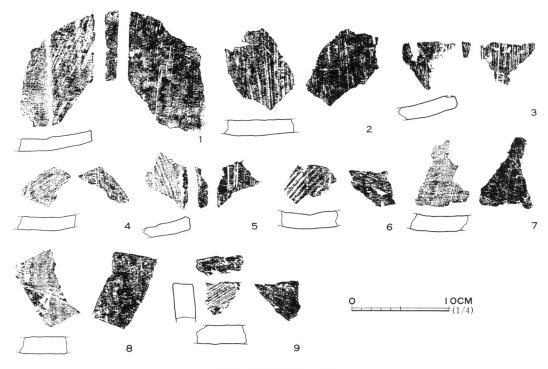

図94　臺瓦窯跡出土遺物

　大平A遺跡の瓦群のセットは、女瓦粘土紐素材1枚作りによる凸面平行タタキの施されるものとナデが施されるものがあり、ナデのものが主体的である。凹面はナデにより布目が消されるものがほとんどである。夏井廃寺跡出土男瓦・女瓦でこの特徴をもつもののなかに鳥足状のヘラ描きが施されるものがある（広岡・中山1989）。また、複弁4葉一類や均整唐草文B類に接合する男瓦・女瓦の調整が大平A遺跡表採品に酷似し、これらの焼成、胎土もよく似ているので、これらは大平A遺跡で焼成される瓦群のセットと考えられる。

　大平B遺跡の瓦群のセットは、男瓦・女瓦のみ知られる。男瓦は凸面縄タタキによるもの、女瓦は1枚作り凹、凸面ナデ調整によるものと凸面縄タタキによるものである。

　これらの瓦群については、製法技法の差異がうかがえ、一定の時間差をもつものと考えられる。梅ノ作1号窯では、桶巻作りのものと1枚作りのものが伴出し、後述するいわゆる畿内系の文様を採用する段階でもある。梅ノ作瓦窯跡群における1号窯の立地は、他の4、5号窯跡より上段に位置する。窯跡の変遷が下段から上段へ作り替えていくという傾向を考えると、1号窯のセットと異なる瓦群である型挽重弧文宇瓦、男瓦行基式粘土板巻作りによる凸面ケズリ、女瓦粘土板桶巻作りによる凸面丁寧なケズリのものが、1号窯跡群の瓦群よりも一段階古い他の窯跡で焼成されたものと考えられる。大平A遺跡については梅ノ作1号窯の女瓦にみられる凸面ケズリのものもみられるが、いずれもその主体は粘土紐素材の1枚作りのもので、凹凸面ナデの女瓦となる。また、この瓦窯跡で焼成されたと推定される宇瓦の文様は梅ノ作1号窯のものに比べて、中心飾りの珠文の消失、

146 第3章 瓦からみる中央集権的国家形成期の陸奥国

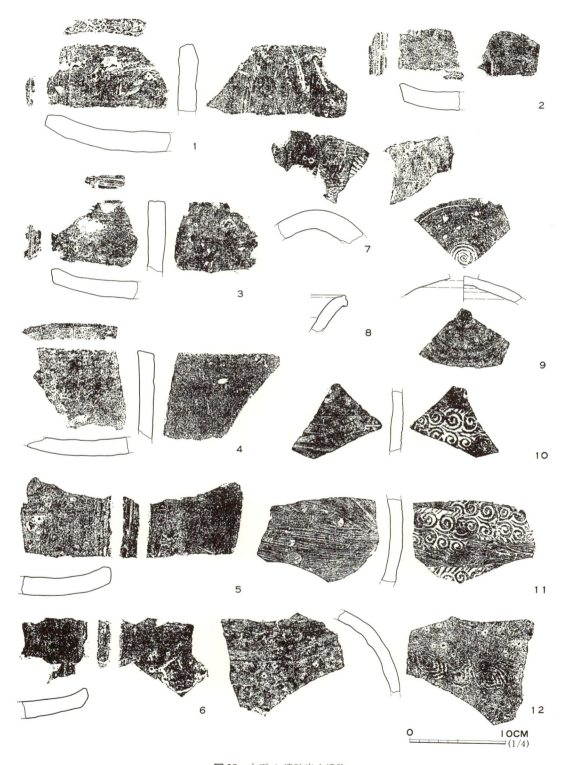

図 95 大平 A 遺跡出土遺物

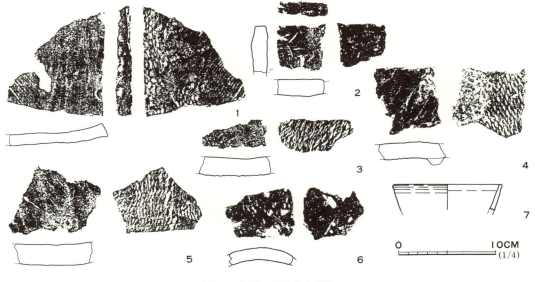

図96 大平B遺跡出土遺物

左右の翼状の飾りや展開する唐草の形骸化が著しいものとなっている。大平B遺跡からは女瓦1枚作りのものがみられる。

これらのことから、梅ノ作表採型挽重弧文の瓦群→梅ノ作1号窯の瓦群→大平A遺跡の瓦群→大平B遺跡の瓦群への技法、文様差に伴う時間差がうかがえる。年代観としては、後述するが、梅ノ作1号窯跡は8世紀の中葉頃、大平A遺跡は8世紀中葉から後半にかけての時期が与えられることから、この前後を含めた8世紀前半から9世紀前後にかけての築窯の変遷ととらえられる。[4]

また、集落跡では、愛谷遺跡、石坂遺跡、寺台遺跡の表土、住居跡のカマド、ピット等から瓦片が出土している（図97）。愛谷遺跡のものについては不明だが、これらはいずれも1枚作りの女瓦であり、寺台遺跡の斜格子タタキ以外については夏井廃寺跡から出土しているものである。遺跡は夏井川の支流である好間川水系に立地し、この水系の北に広がる丘陵は大平遺跡の所在するところでもある。瓦の整形の特徴が同一であることから、夏井廃寺跡からもたらされたものと考えるより、供給瓦窯跡からのものと考えられる。そして、これらの瓦が1枚作りによるものであることから、瓦の製作技法の変遷により、夏井川東岸の梅ノ作瓦窯群や臺瓦窯跡群から夏井川西岸の大平A遺跡へ、そこから大平B遺跡群や好間川水系へと徐々に供給瓦窯が変遷したことが考えられよう。

6 供給瓦窯跡と歴史的背景

夏井川は、阿武隈山系をその源流にもち山間部を縫って平市街まで南下し、そこから太平洋へ向かって東流する。夏井川の支流には好間川、新川、茨原川などがある。現在までのところ、この流域に集中して瓦の出土が知られている。これらの地域の古墳時代の遺跡を概観すると、夏井川中流域では、小円墳が200基以上あったといわれる横山古墳群、金銅装飾弓が出土する小申田横穴群、

148　第3章　瓦からみる中央集権的国家形成期の陸奥国

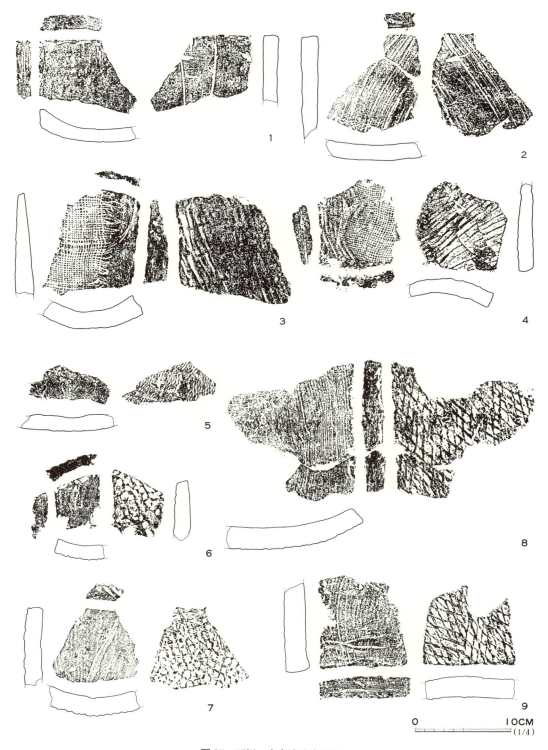

図97　石坂・寺台遺跡出土瓦

下流域では、石城国造の墓との言い伝えが残る甲塚古墳が知られる。しかし、この時代の古墳群としては、夏井廃寺跡から丘陵を挟み南の滑津川水系が著名である。下流域には、円筒埴輪の出土する神谷作106号墳や、天冠埴輪などが出土する前方後円墳の同101号墳を中心とした神谷作古墳群、横穴式石室をもつ古墳のある牛転古墳群、金銅製馬具などが出土する装飾横穴の中田横穴、金銅装飾大刀が出土する白穴横穴群、金銅製パルメット唐草文透彫金具の出土する八幡横穴群があり、流域の充実を物語っている。中でも神谷作101号、106号墳は、6世紀代のいわきの有力首長の古墳と考えられている（いわき市 1986）。このような古墳群と郡衙の立地から、山中敏史氏は、石城郡の郡衙の立地について本拠地型B群として捉えている（山中 1983）。これは、古墳群の本拠地の隣接地周辺に郡衙を営むものであるが、他にも有力な勢力を持つ古墳群があるというものである。他の有力な古墳群としては、横山古墳群などが考えられよう。しかし、これらの地域の7世紀に比定される古墳は、牛転2号墳の7世紀前半のもの以外には未だに解明されず、石城評（郡）の成立の前段の動向がつかめないのが現状である。

　歴史時代になると、下流域では、掘立柱建物群が100棟以上検出され、時期も概ね8世紀代に限られるという砂畑遺跡がある（いわき市教育文化事業団 1990）。性格づけは今後の課題であるが、この遺跡が大国魂神社に近接することは興味がもたれる。また、新川南岸の久世原遺跡からは9世紀頃の「磐城郡印」の鋳型が出土し、付近に工房跡があったことが推定されている（樫村 1988b）。さらに、滑津川中流域の植田郷B遺跡からは小規模ながら鍛冶工房跡が検出され、遺跡周辺の丘陵部には数多くの製鉄関連遺跡の存在も知られている（いわき市教育文化事業団 1989）。

　このように滑津川を含めこの夏井川周辺は、瓦陶兼業窯、郡印工房跡、製鉄関連遺跡といった官衙とのつながりが深い遺跡が集中するところでもある。

　古代末以降はつぎつぎと荘園化が進められ、この地域にも好嶋庄という関東御領が置かれている。好嶋庄は西庄として好間川上流域と新川流域が含まれている。しかし、夏井廃寺跡周辺や、滑津川流域、夏井川中流域の夏井廃寺供給瓦窯跡のある梅ノ作、大平瓦窯跡周辺については荘園化されないようである。特に夏井廃寺跡周辺は国衙領となっている。以上のことから、夏井川流域については、古墳時代からの関連が指摘でき、根岸遺跡、夏井廃寺跡の供給遺跡としての役割を担い、古代末も国衙領として荘園化されない地域となる。

7　鐙瓦の文様系譜と年代観

　ここでは、鐙瓦を中心に、文様の系譜についてふれていきたい。

(1) 複弁8葉蓮花文鐙瓦一、二類

　一類の大きな特徴としては、中房蓮子が1+4+8と推定されることと、盛り上がりのあるよく整った花弁を持つことである（図98-1）。同種の二類のものは、中房蓮子が1+11と不揃いな配置を呈すものであり、花弁、間弁の盛り上がりや、中房の大きさやその蓮子から一類との先後関係が指摘できる（図98-2）。

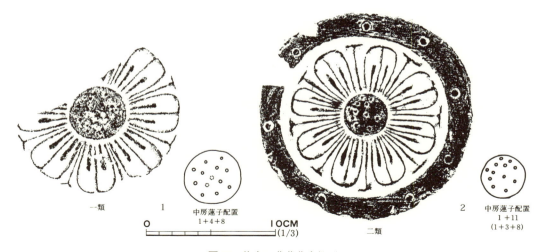

図98　複弁8葉蓮花文鐙瓦

　これらの鐙瓦の類例は、群馬県内に数多くみられ、特徴から4段階の変遷が考えられている（大江 1988）。1段階のものは、文様がよく整った7葉で中房が大きく、蓮子は1＋4＋8のものである（図99－1）。この段階のものに周縁に竹管文の施されるものがある。山王廃寺跡、寺井廃寺跡、秋間窯跡から出土している。2段階のものは、複弁7葉で花弁の盛り上がりがややなくなり、中房も小さくなり蓮子は1＋11と不揃いになる（図99－2）。でえせえじ遺跡、田端廃寺跡から出土している。3段階のものは、複弁7葉であるが、中房蓮子が1＋8となり、花弁が彫り下げにより表現されているものである（図99－3）。馬庭東遺跡などから出土する。4段階のものは、複弁6葉となるものである（図99－4）。上野国分寺跡などから出土している。この種の複弁系鐙瓦の初現段階の資料は、滋賀県衣川廃寺跡から出土しているものである。これは、新羅との関連や遺跡内の他種瓦の様相から、飛鳥時代の最終末頃とされている（稲垣 1981）が川原寺より出土する複弁8葉の変遷の中からも、この種のものがみられ（木津 1989）、祖型としては現段階では特定できていない。

　東北地方では、福島県相馬市黒木田遺跡、宮城県白石市兀山窯跡出土例がある[7]。黒木田遺跡からは、Aa、Ab、Ac、Ad、Ae、E、F類までの7種類の鐙瓦が出土している（図99－5～11）。この中で中房蓮子が1＋4＋8のものは、F、Ad、Ae、Aa類で、F類が複弁の7葉である以外は複弁の8葉である。F類は、整った文様を持つもので中房は大きい。Ad、Ae類のものは、複弁8葉で花弁が凸線により表現され、子葉の端部が、珠文状になるものである。Aa類は複弁8葉であり、花弁の幅が狭くなるものである。中房蓮子が1＋8＋8のものには、Ab、Ac類があり、いずれも複弁8葉である。Ab類のものは、花弁、中房部が小振りとなり、Ac類にいたっては間弁が花弁に接するものである。E類は8葉と思われ、中房が大きく、蓮子は少なく、さらに子葉は表現されず珠文がおかれるものである。

　これらの変遷については、F→Ad、Ae、Aa→Ab→Ac→E類への変化が想定されるが（木本ほか 1989）、F以後とAc以後には文様的にやや隔たりがある。

　兀山窯跡からは、鐙瓦が1種出土している（図99－12）。これは、周縁が幅の広い素文縁となり、

第 2 節　陸奥国夏井廃寺跡出土古瓦の基礎的研究　151

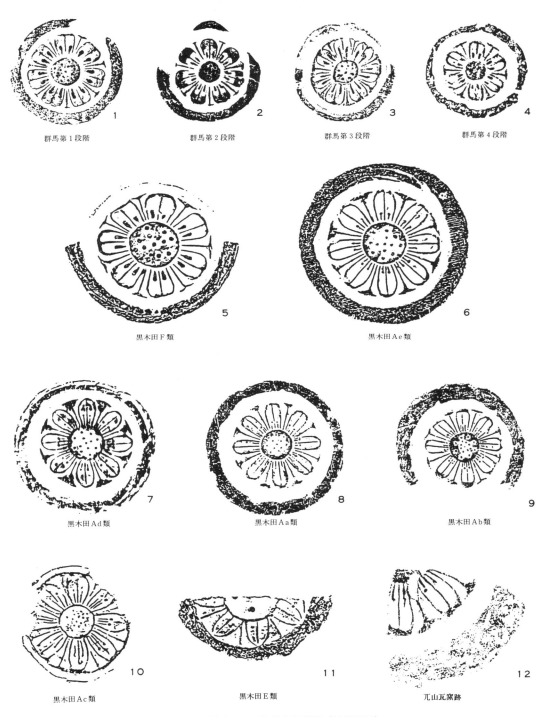

図 99　複弁 7・8 葉蓮花文鐙瓦（縮尺不同）

やや幅の狭い花弁内に端部が珠文状になる子葉を持つものである。黒木田 Aa 類や Ab 類に類似し、型挽重弧文段顎の宇瓦が伴う（佐々木・菊地 1985）。

　これらの資料を群馬県例に比定すると、黒木田遺跡の F 類と夏井廃寺跡の一類は、群馬県の 1 段階と文様構成、蓮子数に共通性が認められる。また、夏井廃寺跡一類には瓦当周縁に竹管文が配されるものがあることから群馬県例 1 段階との共通性が指摘できる。黒木田の F 類は 7 葉で群馬県例同様なのに対して夏井廃寺一類は弁数が 8 葉である。また、群馬の 1 段階は、セットの宇瓦が型挽重弧文で、段顎の顎部上に 1 条の凸線をめぐらせるものがある。この種のものは黒木田遺跡より出土する宇瓦にみられ、夏井廃寺出土例には今のところ見当たらない。黒木田例により強い共通性が認められる。黒木田 Ad、Ae、Aa 類は、中房蓮子が、1＋4＋8 となり、文様からも黒木田 F 類の変遷と考えられる。黒木田 Ab、Ac 類、夏井廃寺跡二類は、前者が 1＋8＋8、後者が 1＋3＋8（1＋11）の中房蓮子を呈するもので、群馬県例 2 段階の中房蓮子が 1＋4＋7（1＋11）と乱れるものに共通性がみられる。しかし、この段階にも再度群馬の影響を受けたとする根拠はなく、いずれも前段の文様の系譜下にあると理解できる。また、兀山窯跡例については、鐙瓦の中房部がないのではっきりしないが、セットの宇瓦は型挽重弧文で段顎を呈し、顎部上にある沈線を黒木田出土宇瓦の顎部の 1 条の凸線に類似するものとしている（佐々木・菊地 1985）。しかし、顎部の段についてはほとんどみられず直線顎に近いものであり、この種の宇瓦は群馬県の 2 段階にみられるものである。

　これらのことから、次のような前後関係にあると考えられる。

　　黒木田 F 類・夏井一類→黒木田 Ad、Ae、Aa 類・夏井二類、黒木田 Ab 類、兀山→黒木田 Ac
　　類→黒木田 E 類

　夏井廃寺跡と黒木田遺跡の鐙瓦は、初期の段階に群馬の影響を受けて、それぞれ成立した文様で、以後独自な変遷を展開すると考えられる。また、技法やセット、その背景についての検討も必要であるが、ここでは文様面についての指摘にとどめる。兀山例の系譜等については、今後の資料増加を待ちたい。

　これらの瓦の中で年代観のわかるものとしては、黒木田の E 類がある。善光寺 9 号窯から E 類の鐙瓦とともに、多賀城 I 期でもその前半に比定できる須恵器杯や 1 枚作りの女瓦が出土することからこの窯の存続年代を長くみて、8 世紀の第 2 四半期から中葉頃のものととらえることが可能となる。他類はこれ以前のものと考えることができる。この他群馬の 1 段階として、山王廃寺跡出土例がある。山王廃寺跡は総社古墳群と至近距離にあり、古墳の被葬者との関わりの中で建立されたと考えられる。また、山ノ上碑や上野交替帳にみられる放光寺に比定されている。山ノ上碑の「辛巳歳」には寺が存在しており、この年は天武 10（681）年にあてられることから、山王廃寺跡の創建は 670 年代頃と指摘されている。山王廃寺跡から出土する創建期の鐙瓦には、素弁 8 葉の 2 種と複弁 7・8 葉のものがある。素弁 8 葉のものは複弁 7・8 葉より先行するものと考えられていることから、年代を 670 年代頃とし、複弁 7・8 葉については 7 世紀第 4 四半期以降に位置づけられている。このことから、群馬県の 1 段階についてもこの頃とされている。最終段階となる 4 段階については、上野国分寺から鐙瓦が出土することから、国分寺創建の前年を含む 730～740 年代頃とされている（大江 1988）。この間に 2、3 段階が位置づけられる。

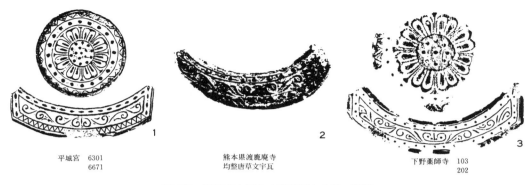

平城宮　6301　　　　熊本県渡鹿廃寺　　　　下野薬師寺　103
　　　　6671　　　　均整唐草文宇瓦　　　　　　　　　　202

図100　夏井廃寺複弁6葉蓮花文六類の類例

　これらのことから、黒木田F類と夏井廃寺跡一類については群馬の1段階頃との関連から7世紀第4四半期以降、黒木田 Ad 一、二類、Aa類と夏井廃寺跡二類については8世紀を前後する時期、黒木田 Ab、Ac類、兀山窯跡例については、群馬の2段階との関連から、8世紀前葉頃、黒木田E類については、8世紀第2四半期の時期を考えたい。

(2)　複弁6葉蓮花文鐙瓦一類

　関和久遺跡などの出土例から、型挽重弧文宇瓦とセットになると考えられる。セットの男瓦、女瓦は、接合関係から男瓦は粘土板巻作り、女瓦は粘土板桶巻作りによるもので、いずれも凸面ナデ調整が施されるものである。供給瓦窯跡はわかっていない。瓦の年代観については、鐙瓦の文様やセットの宇瓦、男瓦、女瓦の製作技法や、関和久遺跡創建期の供給瓦窯跡である大岡瓦窯跡より出土する須恵器から、7世紀末から8世紀初頭に位置づけられている。文様の系譜については、川原寺系の変化の中で捉えられるが、花弁が6葉、周縁に複合波文といった在地的な要素がみられ、現段階では、上・下野国での初期寺院の鐙瓦に求めたい。

(3)　複弁6葉蓮花文鐙瓦六類

　複弁6葉のセットとなる宇瓦は均整唐草文A類である。均整唐草文の類似資料としては、平城宮軒平瓦6671があげられる。6671は、中心に縦長の珠文をもつ中心飾りと左右に三回反転する唐草が配される均整唐草文である（図100-1）。上外区、脇区には縦長の珠文、下外区には、波文が配される。6671とセットの鐙瓦は、九州の鴻臚館の軒瓦の成立に影響を与えており（渡辺1981）、鴻臚館式軒瓦の文様変遷の中に熊本県渡鹿廃寺出土資料がある（図100-2）。出土する宇瓦は夏井廃寺例に文様が類似することから、夏井廃寺跡の宇瓦の祖型として6671をあげることができる。

　6671は鐙瓦6301とセットになり、6301は、複弁8葉の外区内縁に珠文、外縁に波文が配されるもので、夏井廃寺跡複弁6葉六類とも共通性が指摘される。6301と6671は興福寺式と称されるもので、『続日本紀』の養老4（720）年10月丙申（17日）の造興福寺仏殿三司の記事と関連すると考えられることから、平城Ⅱ期でも初出的なものとされている（奈良文化財研究所1975）。しかし興福寺式軒瓦は、東大寺や和泉国分寺でも用いられ、使用される期間が養老から天平勝宝年間までの

長期間に及ぶものとされている（森 1983）。

また、関東では下野薬師寺から複弁8葉に外区内縁珠文外縁波文が配されるものと、均整唐草文宇瓦の出土がみられる（図100-3）。瓦の年代については、国分寺創建を若干遡る時期が考えられ（大金 1973）、この種の文様が畿外でも使用されるようになるのは国分寺建立を契機とすることなどから、夏井廃寺跡の複弁6葉六類のセットの年代観もほぼその頃と考えられよう。このことは、セットとなる女瓦が桶巻作りによるものの他に粘土紐素材の1枚作りによるものがあり、地方への普及がやはり国分寺の建立を契機とすることと符合する。しかし、鐙瓦の外区外縁が複合波文縁であるということ、花弁が6葉であること、宇瓦の均整唐草文の形態など、祖型との差異や在地的な要素が認められ、文様の伝播、その背景については、今後の課題である。

(4) 複弁4葉蓮花文鐙瓦一類

鐙瓦は複弁の4葉となり、外区に複合波文縁があるなど在地的な要素が強い。セットの宇瓦は、前述の通り複弁6葉六類とセットになる均整唐草文A類からの変化と考えられ、鐙瓦とともに系譜がおえる。年代観については、複弁6葉六類のセットよりやや遅れた時期が考えられる。

以上の検討の結果、複弁8葉一類がおよそ7世紀末頃、複弁8葉二類、複弁6葉一類のセットが7世紀末から8世紀初頭、複弁6葉六類のセットが8世紀中葉を中心とした頃、複弁4葉一類は複弁6葉六類よりやや遅れた時期の8世紀中葉から後半の年代観が与えられる。また、夏井廃寺塔跡の基壇版築土中に突き込まれた女瓦の中に大平A遺跡で焼成された複弁4葉一類とセットになるものが含まれることから、複弁4葉一類の焼成される時期以降に塔の造営が行われていたものと考えられる。講堂跡には、塔跡のような基壇中の瓦はなく、塔跡より早い造営が考えられる。このことは、金堂跡と講堂跡は中軸線を揃えるものの、塔跡が金堂の東に建立されるという、いわゆる観世音寺式伽藍配置の変形であることからもうかがえよう。このことから、夏井廃寺跡創建段階に比定される瓦群は、複弁8葉一、二類、複弁6葉一類、主要堂宇の造営完了時頃に複弁6葉六類と複弁4葉一類を比定することができる。

また、東北地方の初期寺院の中には、郡衙に瓦が葺かれる前にすでに瓦が葺かれるものがあるという指摘がある（戸田 1985b）。夏井廃寺跡の場合も、7世紀代に遡ると推定される複弁8葉一類は寺院からのみ出土し、この指摘に副うとも考えられるが、このことについては資料の増加を待ち検討したい。

8　陸奥国南部出土古瓦の様相

複弁6葉鐙瓦は関和久遺跡、夏井廃寺跡、清水台遺跡、上人壇廃寺跡、宮城県角田郡山遺跡、茨城県大津廃寺跡から出土し、陸奥国南部を中心に広く分布している（戸田 1985b）。また、これとは別に群馬県に祖型の求められる複弁7、8葉鐙瓦が、黒木田遺跡、夏井廃寺跡にあり、広島県備後寺町廃寺跡を祖型にもつ腰浜廃寺跡の素弁8葉鐙瓦や山口瓦窯跡の複弁4葉鐙瓦、清水台遺跡の単弁8葉鐙瓦があり、山口瓦窯跡、清水台例以外については、広く分布する複弁6葉より遡る可能性が指

摘される瓦である。このことは、比較的統一された文様意匠になる以前は、それぞれ独自に祖型を
もつ鐙瓦を採用していたものと捉えることができる。また、夏井廃寺跡の畿内に類似した文様を
もつ複弁6葉六類の時期と同じか、やや以前に、関和久遺跡では、多賀城跡Ⅰ期を祖型とする単
弁8葉の鐙瓦が採用される。

　このようなことから、造瓦の1期としては、畿内周辺や群馬県や栃木県等にその祖型がみられる、
それぞれ独自な鐙瓦の使用される段階。2期として、比較的広い分布をもつ1期と同系統の鐙瓦の
使用される段階。3期として、畿内や多賀城に祖系が求められる鐙瓦の使用される段階を設定でき
る。それぞれのセットとしては、1段階は型挽重弧文と粘土板巻男瓦と粘土板桶巻作り女瓦のセッ
ト、2段階は1段階と同様であるが、一部ヘラ描重弧文、男瓦粘土板、紐巻作りのもの、女瓦粘土板
桶巻作りのものがセットになる。3段階は均整唐草文宇瓦とヘラ描重弧文宇瓦、粘土板・紐巻作り、
粘土紐1枚作りがそれぞれ組むものと考えられる。造瓦の背景としては、1期は律令体制化の官僚
組織への地方豪族の編入や陸奥国経営に関連をもつ上・下毛野氏との関係、2期は1期に引き続き
地方官衙の成立、整備とともに計画的な寺院の造営との関連、3期としては陸奥国での蝦夷乱を受
け石背、石城国が陸奥国に再編されて以後の旧石背、石城国の情勢、諸国の国分寺建立との関連か
ら考えていく必要があり、今後の課題も多い。

9　夏井廃寺跡出土古瓦の特性

　夏井廃寺跡の軒先瓦を中心として、基本的な問題について検討を試みてきた。その結果、次の5
点を指摘することができる。

　①夏井廃寺跡への供給瓦の様相は、瓦の特徴から梅ノ作瓦窯跡の型挽重弧文宇瓦の1群→梅ノ作
瓦窯跡1号窯→大平A遺跡→大平B遺跡への時間差が考えられ、このことは、夏井川水系から、そ
の支流である好間川水系への移動と理解することができる。変遷はおよそ8世紀初めから9世紀前
後にかけての年代が与えられる。

　②夏井廃寺跡と夏井川中流域にある供給瓦窯跡の地域的な関係は、古墳時代後半から古代末に
至ってもその関連が指摘でき、周辺には生産遺跡が多く認められる。

　③夏井廃寺跡複弁8葉蓮花文鐙瓦、黒木田遺跡複弁7、8葉蓮花文鐙瓦は、特徴から群馬県出土例
に祖型が求められる。これらの文様採用後は、段階的に共通する特徴を持ちつつ、それぞれ独自の
変遷を遂げていく。また、これらの瓦の採用は群馬県との比較から、複弁6葉蓮花文鐙瓦一類より
先行する可能性がある。

　④複弁6葉蓮花文鐙瓦六類のセットは、諸国に国分寺が建立される時期に地方に普及するものと
捉えられ、このことは女瓦の製作技法からも矛盾しない。

　⑤夏井廃寺塔跡の基壇版築土中に突き込まれた女瓦の中に、創建段階以降の供給瓦窯跡である大
平A遺跡で焼成されたものがある。講堂跡の基壇版築土中には認められないことや、金堂中軸線
延長上に講堂が位置し、塔は金堂の東に置かれ、伽藍配置が観世音寺式の変形であることから、堂
宇の造営に時期差が考えられる。

なお、検討できなかった軒先瓦や、男瓦、女瓦については、後稿の課題としたい。

註

（1）夏井廃寺は昭和41年度、61〜63年度にわたって調査が実施されている。その成果については次の報告書を参考にした。渡辺一雄他「いわき市夏井廃寺跡第1次調査報告書」『新産業都市指定地区遺跡発掘調査報告書』（福島県教育委員会、1967年）。広岡敏・中山雅弘「夏井廃寺跡Ⅰ」、「夏井廃寺跡Ⅱ」、「夏井廃寺跡Ⅲ」（福島県いわき市教育委員会、1987〜1989年）。

（2）群馬県高崎市の黒崎八幡遺跡から平安時代の山岳寺院と推定される遺構が検出され、ここからは上野国分寺跡より出土する鐙瓦と同笵の瓦が出土することから、山岳寺院と官寺の関連が想定されている。

（3）梅ノ作瓦窯跡、大平A・B遺跡については以前より瓦窯跡と推定されていた。原田瓦窯跡はその存在は知られていたものの所在地がわからず、1989年に（財）いわき市教育文化事業団が実施した常磐自動車道四倉延伸に伴う分布調査により、その位置が再確認された。また、新たに臺瓦窯跡、大平D遺跡、不動堂遺跡といった瓦窯跡と推定される遺跡も発見された。

（4）石坂遺跡2号住居跡柱穴出土女瓦は1枚作りによるもので、住居跡の年代観は、8世紀末から9世紀初頭頃と考えられる。女瓦の技法上の特徴は、大平A遺跡よりも大平B遺跡出土瓦に類似することから、大平B遺跡の下限をその前後と考えている。

（5）杉山洋は、久世原番匠地遺跡から郡印の鋳型とともに坩堝や私印、鏡の鋳型等が出土することと遺構の状況から、私営工房の可能性を指摘している（杉山1990）。また、植田郷B遺跡出土の鍛冶遺構についても整然とした配置や長期間の使用による切り合いがみられず、規模が小さいなどの面から私営工房の可能性がある。しかし、浅香年木は律令期在地の手工業生産は「生産手段の私有と私的な生産管理のうえに成り立っていたという点では、私的経営に違いないが、当時の分業関係の在り方から推して、これを独立した小商品生産者とみなすことは不可能であり、なんらかの形で郡司・土豪層の関与を受けないかぎり再生産を維持することは困難であったはずである」としている（浅香1971）。

（6）好間川周辺地域への瓦窯跡群の移動は、古代末の様相とは矛盾する結果となっている。今後の資料の増加を待ち解釈すべき問題である。

（7）福島県双葉郡双葉町の郡山五番遺跡からも類似する複弁11葉蓮花文鐙瓦が出土しているが、やや文様的に隔たる点もありここではふれない。

（8）複弁7・8葉蓮花文鐙瓦は、それぞれが創建期を構成する瓦群と考えられていたが、昨今の山王廃寺跡の調査では、素弁8葉蓮花文を創建期に、複弁7・8葉蓮花文を7世紀末から8世紀はじめにかけての年代に位置づけている。

（9）鐙瓦と男瓦の接合法についても、山王廃寺素弁8葉がはめ込み式と想定され、黒木田遺跡F類も半截男瓦のはめ込み式であるのに対して、夏井廃寺跡複弁8葉一類ははめ込み式ではなく、やはり山王廃寺跡と黒木田遺跡により強い共通性が認められよう。

（10）善光寺遺跡9号窯について木本元治は、多賀城Ⅰ期の供給瓦窯出土杯との比較からⅠ期でもその前半に比定し、多賀城の創建については多賀城碑より神亀元年（724）とし、実年代としては8世紀第1四半期後半から第2四半期前半頃を与えている（木本ほか1989）。しかし、同窯跡より出土する瓦に1枚作りによる女瓦が2種類見られることから、この窯跡の存続期間を長くみて、8世紀第2四半期頃まで操業していたと考える。

（11）善光寺遺跡ⅡA期の窯跡より焼き台として女瓦が出土することから、ⅡA期にさかのぼる造瓦が想定される。この女瓦に組むものとして黒木田遺跡素弁8葉であるC類を推定し、これらのことからⅡA期の時期である7世紀第2四半期を黒木田遺跡の創建としている（木本1989）。しかし、この種の女瓦は黒木田遺跡では少量であり（相馬市教育委員会橋本博幸氏の御教示）、C類のセット関係も不明であることから、黒木田F類との時間差、須恵器の年代観を含め今後さらに検討が必要であろう。

(12) このことについて戸田有二は、複弁6葉蓮花文の直接ではないものの、その祖型を岡寺式に求めている。岡寺は持統天皇3（689）年に薨じた草壁皇子の宮に寺院を建立したことに始まるため、この種の瓦が畿内では7世紀末頃に位置づけられるとし、その背景については不明としながらも東北地方では8世紀初頭を中心とした年代を与えている（戸田 1985b）。また、後にこの種の鐙瓦とセットの瓦をA～Dグループに分類し、Aグループに夏井廃寺跡、関和久遺跡出土複弁6葉蓮花文を位置づけ、年代観については製作技法上の特徴から藤原宮遷都以降、7世紀末から8世紀初頭としている（戸田 1987）。

辻秀人は、関和久遺跡創建期の供給瓦窯である大岡瓦窯跡から出土する須恵器にカエリの焼失した直後の蓋とともに杯があり、この杯はカエリのある蓋とカエリ消失後の蓋が伴出する福島県小倉寺高畑窯跡より出土するものに類似するため7世紀末から8世紀初頭の年代を与え、複弁6葉の年代観についてもこの頃と考えている（辻 1985）。

(13) 滋賀県花摘寺出土の川原寺系複弁8葉蓮花文鐙瓦の中にも外区周縁にX字状の複合波文があり、川原寺系鐙瓦が在地化していく中で面違鋸歯文からX字状複合波文が出現するようである。

(14) この他に大阪府龍泉寺からも夏井廃寺跡均整唐草A類同様、翼状の中心飾りをもつ鐙瓦が出土している。この瓦については興福寺など南都に系譜をもつ文様と考えられている。また、時期については、7世紀代の第4四半期を下限としている（大谷女子大学資料館 1982）。

(15) このことについては伊東信雄により、広島県備後寺町廃寺出土の鐙瓦、宇瓦との比較から白鳳時代後半（7世紀後半）頃の年代観が指摘されている（伊東 1977）。

第3節　陸奥国南部に分布する二種の複弁系鐙瓦の歴史的意義

　本来、建物の甍を飾る瓦は、実は非常に政治的色彩の濃いものであることが指摘されている。ここでは、陸奥国の寺院・官衙の整備にともない複弁系二種の瓦が採用される背景について、特に陸奥国経営の観点から検討を加えたい。

1　山王廃寺系複弁蓮花文鐙瓦

　山王廃寺系複弁鐙瓦とは、群馬県前橋市山王廃寺跡から出土する複弁7葉蓮花文鐙瓦をその祖形とするものである。いわゆる川原寺系の複弁鐙瓦の周縁が傾斜縁で鋸歯文を配すのと異なり、周縁が幅広い直立素文縁となる。山王廃寺跡で多数出土し、范種も9種類を数えることから、山王廃寺系鐙瓦と呼ばれている。
　群馬県内での山王廃寺系鐙瓦は、4段階の文様変遷が認められている。[(1)]
　Ⅰ段階は複弁7葉で中房が内区の3分の1近くの大きさを占め、蓮子は1＋4＋8と2重に巡るもので、周縁には円形の竹管の施されるものもある（図102-1・2）。山王廃寺跡（上野国群馬郡）のほか、太田市寺井廃寺跡、太田市（旧新田町）入谷遺跡（新田郡）、東吾妻町（旧吾妻町）金井廃寺跡（吾妻郡）から出土し、供給瓦窯跡は安中市八重巻瓦窯跡（碓氷郡）であることがわかっている（図101）。山王廃寺跡を中心として上野国内の数郡の初期寺院にまたがって認められている。
　Ⅱ段階は複弁7葉で蓮弁の凹凸がややなくなり、中房も内区の3分の1以下と小さく、蓮子が1＋11と周縁蓮子が不揃いになるものである。藤岡市水窪遺跡（緑野郡）（図102-4）、高崎市田端遺跡（片岡郡のち多胡郡）から出土し、供給瓦窯としては高崎市でえせえじ遺跡（片岡郡のち多胡郡）がわかっている。Ⅱ段階以降の瓦は山王廃寺跡では見られず、片岡（のち多胡郡）、緑野、群馬郡といった隣接郡でも近接した地域に見られるなど、Ⅰ段階とは明らかに異なった分布を示している。
　Ⅲ段階は複弁7葉であるが、蓮弁、間弁にバラツキが見られる。中房も円形ではなく、蓮子が1＋8となるものである。高崎市（旧榛名町）本郷奥原遺跡（群馬郡）、高崎市（旧吉井町）馬庭東遺跡（片岡郡のち多胡郡）、高崎市護国神社遺跡（片岡郡のち多胡郡）（図102-5）で出土している。
　Ⅳ段階は複弁6葉となるもので、高崎市（旧群馬町）・前橋市上野国分寺跡（群馬郡）（図102-6）、高崎市（旧吉井町）雑木見遺跡（片岡郡のち多胡郡）にみられる。
　東北地方（陸奥国）では、福島県いわき市夏井廃寺跡、相馬市黒木田遺跡、相馬市・新地町善光寺遺跡、宮城県白石市兀山遺跡出土例をあげることができる。
　夏井廃寺跡（陸奥国石城郡）から出土するものは、2種の複弁8葉蓮花文鐙瓦である。1類（図103-1・2）は中房が内区の3分の1程で、中房は1＋4＋8と2重に蓮子が巡り、蓮弁は幅が広く、よく盛り上がる。瓦当周縁は素文のものと竹管文の施されるものがある。2類（図103-3）は中房

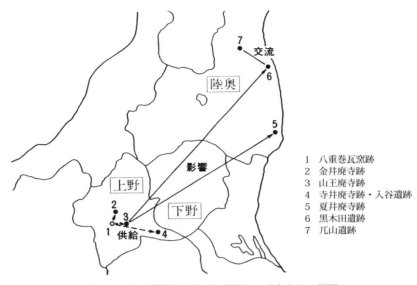

図 101 山王系複弁鐙瓦（I段階）の分布とその影響

が内区の4分の1程で、中房蓮子は1＋11と周縁蓮子が不揃いになり、蓮弁の表現は平面的で周縁には8から12個の竹管文が施される。文様変遷は1類から2類へ変化することがわかっている。

　黒木田遺跡（宇多郡）は寺院跡と考えられ、7種類の複弁7・8葉蓮花文鐙瓦が出土している。また、善光寺遺跡（宇多郡）は黒木田遺跡と同様な瓦類を焼き台とした窯跡群で、黒木田遺跡E類の鐙瓦が出土している。A類型は複弁8葉で、子葉端部が珠文状になるという特徴をもっている。この中でAa、Ad、Ae類は中房蓮子が1＋4＋8となるものである。Aa類（図103－7）は弁幅が狭く、蓮弁と中房が小振りで、Ad（図103－6）、Ae類（図103－5）は凸線により蓮弁が表現される。Ab、AC類は中房蓮子が1＋8＋8となるもので、Ab類（図103－8）はAa類同様に蓮弁、中房が小振りであり、AC類（図103－9）は、間弁が蓮弁に接する。E類（図103－10）は複弁8葉と推定されるもので文様は凸線で表現される。中房が大きく蓮子も少なくなり、子葉の表現も珠文状となる。F類（図103－4）は複弁7葉で中房は内区の3分の1、蓮子も1＋4＋8で花弁は幅広く、よく整う。これらは、文様面の特徴からF類→Ad、Ae、Aa類→Ab類→AC類→E類への変遷が想定されている（木本ほか 1989）が、F類以後とAC以後は文様的に隔たりがある。

　兀山遺跡（旧柴田郡のち苅田郡）は瓦窯跡であることが確認されており、ここから出土するものは複弁8葉（図103－11）と推定される鐙瓦である。鐙瓦は破片であるが幅の狭い蓮弁の端部がいくぶん角張り、子葉端部が珠文状となる。黒木田遺跡Aa、Ab類に類似するものである。遺跡からは鐙瓦に伴う型挽重弧文の宇瓦が出土している。宇瓦は、女瓦部分の厚さから4重弧文になると推定され、浅い沈線により顎部が表現されている。

　このほかに同種の鐙瓦は、埼玉県馬騎の内廃寺例をあげることができ、上野、陸奥南部、北武蔵に分布していることがわかる。

　文様面の共通点としては山王系複弁鐙瓦I段階の特徴である7葉と中房蓮子が1＋4＋8は黒木田

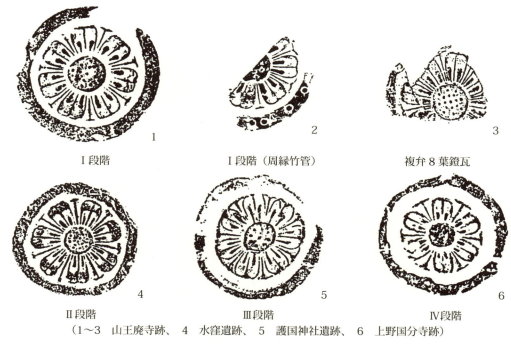

図102 群馬県の山王系複弁鐙瓦
（1～3 山王廃寺跡、4 水窪遺跡、5 護国神社遺跡、6 上野国分寺跡）

遺跡F類に、また、中房蓮子1＋4＋8と周縁に竹管をめぐらすという要素は夏井廃寺跡1類に見られる。黒木田遺跡は文様面で、夏井廃寺例では周縁竹管という施文法で共通要素が認められ、山王廃寺系鐙瓦を祖型としていることが明らかである。しかしながら、夏井廃寺跡と黒木田遺跡相互には文様、技法ともに共通点は見出しがたく、それぞれが上野に系譜をもつことがわかる。群馬県でⅡ段階とされる、でいせえじ遺跡などの複弁7葉は中房蓮子が1＋11と不揃いに配置され、夏井廃寺跡2類が1＋11、黒木田遺跡例も1＋8＋8となるなど中房蓮子に同様な変化が見える。しかし、文様的には群馬県例に較べて凸線で表現され、夏井廃寺跡2類が1類の施文系譜である周縁竹管文を配し、黒木田遺跡の鐙瓦の中房蓮子の変化にいずれも継続性が見られる。このことから上野からもたらされたのは黒木田遺跡、夏井廃寺跡でも第Ⅰ段階のもののみで、再び上野地域からの影響は認められない（眞保 1992）。

　山王廃寺からは、「放光寺」・「方光」銘瓦が出土し、上野国交替実録帳にみえる放光寺に比定されている。山ノ上碑文に記す「辛巳歳」での放光寺僧長利の存在から天武10（681）年の辛巳年には、すでに寺が建立され、寺の造営は670年代にさかのぼるという推定がなされている。複弁7葉鐙瓦については、通常単弁系は複弁系に先行することや文様構成から7世紀末葉以降ととらえられている。しかし、素弁系鐙瓦と複弁系鐙瓦の裏面調整が丁寧なナデで仕上げられ、複弁8葉（図102－3）、素弁8葉の裏面調整が雑なケズリとなること、金堂・塔の中間地点から複弁系の鐙瓦が他の種に較べて夥しい量出土し、主要建物の瓦葺きがこの種で行われていたこと（前橋文化財研究会 1980）などから、複弁系は創建期をそれほど下らない時期までさかのぼる可能性も残されている。いずれ

第3節　陸奥国南部に分布する二種の複弁系軒瓦の歴史的意義　*161*

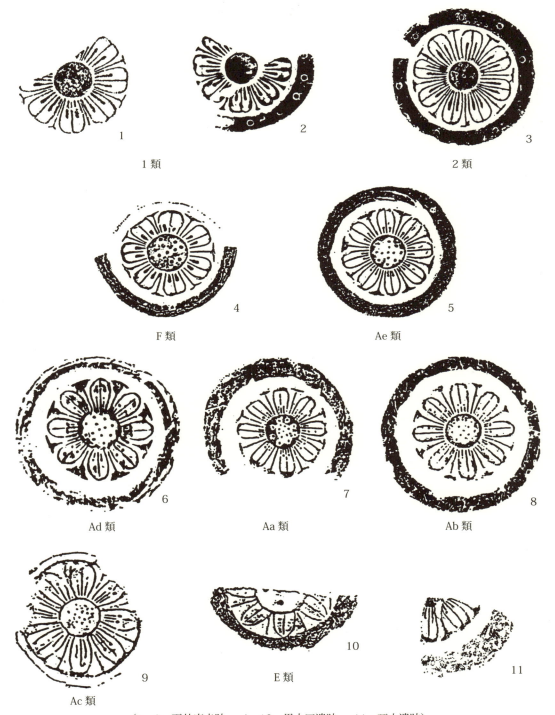

（1～3　夏井廃寺跡、　4～10　黒木田遺跡、　11　兀山遺跡）

図 103　陸奥国南部に分布する山王系複弁軒瓦

にしても陸奥国での兀山窯跡が多賀城創建を遡る型挽重弧文字瓦を伴出し、善光寺窯跡で複弁系のくずれた文様のものが8世紀第1から第2四半期頃の須恵器の焼き台として使用されることは、すでに8世紀の早い段階でそれぞれ独自に文様変遷を遂げるようである。このことから山王系複弁鐙瓦の陸奥南部への影響は7世紀末葉から8世紀はじめの年代観を与えることができよう。

2　複弁6葉蓮花文鐙瓦

複弁6葉鐙瓦については、すでに分布や系譜により、いくつかの論があるが、ここでは若干の再検討を試みる。この種の鐙瓦は、宮城県角田市角田郡山遺跡、品濃遺跡（陸奥国伊具郡）、福島県郡山市清水台遺跡、開成山瓦窯跡（安積郡）、須賀川市上人壇廃寺跡（石背郡）、泉崎村関和久遺跡、関和久上町遺跡、白河市借宿廃寺跡、表郷村大岡窯跡（白河郡）、いわき市夏井廃寺跡、根岸遺跡（石城郡）、茨城県北茨城市大津廃寺跡（常陸国多珂郡）、金砂郷村薬谷遺跡（久慈郡）から出土している（図104）。共通点としては6葉の複弁蓮花文をもち、周縁には凸線による鋸歯文また交叉状鋸歯文（X字文）がめぐることである。

角田郡山遺跡は伊具郡衙推定地で、品濃遺跡は隣接地にある。ここから出土する鐙瓦（図105－4）は、中房蓮子が1+6+11と中心蓮子のまわりに周縁蓮子が2重にめぐり、6葉の複弁には中央に分割線がみられる。周縁の線鋸歯文は間弁間に2単位配されるようである。

清水台遺跡は安積郡衙推定地で開成山瓦窯跡はその供給瓦窯跡である。鐙瓦（図105－3）は中房蓮子が1+5+10と中心蓮子の周囲を2重にめぐり、6葉の複弁には中央に分割線をもつ。周縁には間弁間に4単位、計24単位の交叉状線鋸歯文が均等に配される。

上人壇廃寺跡は、基壇上から須恵質六角瓦塔が出土するなど郡衙に隣接する寺院と考えられてい

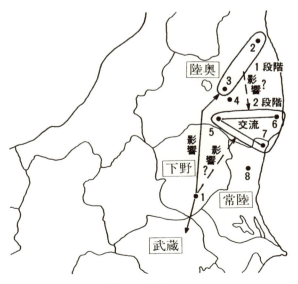

図104　複弁6葉鐙瓦の祖型とその影響

1　下野薬師寺跡
2　角田郡山遺跡
3　清水台遺跡
4　上人壇廃寺跡
5　関和久遺跡ほか
6　夏井廃寺跡ほか
7　大津廃寺跡
8　薬谷遺跡

第3節　陸奥国南部に分布する二種の複弁系鐙瓦の歴史的意義　163

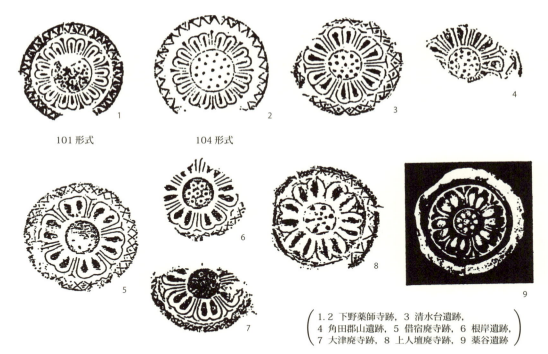

1・2 下野薬師寺跡，3 清水台遺跡，
4 角田郡山遺跡，5 借宿廃寺跡，6 根岸遺跡，
7 大津廃寺跡，8 上人壇廃寺跡，9 薬谷遺跡

図105　複弁6葉鐙瓦とその祖型

る。鐙瓦（図105-8）は中房蓮子が1＋6＋6と2重にめぐるものの、蓮弁端部での盛り上がりに欠ける。6葉の複弁には中央に分割線がなく、間弁も消失している。周縁には線鋸歯文がめぐるが間弁間にある鋸歯文単位は2.5から4単位と不均等となる。

　関和久・上町遺跡は白河郡衙を構成する遺跡と推定され、借宿廃寺は郡衙に隣接する寺院跡、大岡窯跡はそれらの供給瓦窯跡である。鐙瓦（図105-5）は、同笵と認められるものがあり、中房蓮子が1＋6で、蓮弁中央には分割がみられない。周縁の交叉状線鋸歯文も間弁間で5、5.5、6単位と不均等に推定32単位配される。

　根岸遺跡は石城郡衙、夏井廃寺跡は、その隣接寺院である。鐙瓦（図105-6）は中房蓮子が1＋6で蓮弁中央に分割がみられない。周縁の交叉状線鋸歯文も間弁間で4.5、5、5.5、6単位と不均等に計32単位みられる。

　大津廃寺跡は、性格については不明であるが常陸国多珂郡内の一堂規模の寺院跡と推定される。鐙瓦（図105-7）は中房蓮子が1＋6で、6葉の蓮弁中央には分割はない。断片資料の復元では間弁間に4、5単位と不均等な交叉状線鋸歯文が計27単位配される。

　薬谷遺跡は周辺一帯が久慈郡衙に推定されている。鐙瓦（図105-9）は中房1＋6、6葉の複弁には蓮弁中央の分割がない。間弁は形骸化し、蓮弁端部と接している。周縁には鋸歯文はみられず、素文の直立縁となる。

　ここではこれらの鐙瓦の祖型を導きだすために、文様構成の中の古い要素を把握したい。蓮子は、畿内にかかわらず東国においても中房蓮子が2重から1重に変化する例は多く、複弁系の中でも特

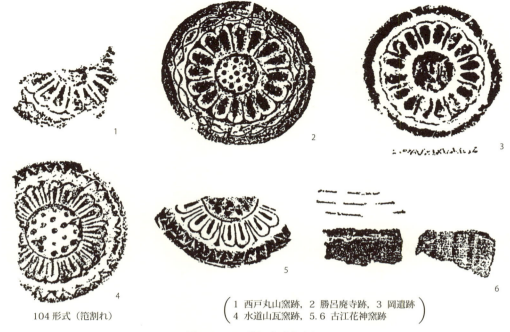

104形式（范割れ）

（1 西戸丸山窯跡，2 勝呂廃寺跡，3 岡遺跡
4 水道山瓦窯跡，5.6 古江花神窯跡）

図106 下野薬師寺系複弁鐙瓦

に川原寺系にその変化がみられる。また、文様面の変遷から、基本的には蓮弁内の中央分割線は、あるものからないものへと変化し、蓮弁端部の盛り上がりや間弁が消失し、鋸歯文の不均等配置もみられるようになる。複弁6葉系のなかでも最も祖型に近い文様構成をもつものとしては、中房蓮子が2重となり、蓮弁内の分割線があるものが位置づけられ、角田郡山遺跡、清水台遺跡例を1段階とすることができる。2段階には関和久・上町遺跡・借宿廃寺跡・大岡窯跡、根岸遺跡・夏井廃寺跡、大津廃寺跡を、間弁の退化を見せる薬谷遺跡、上人壇廃寺跡は3段階に位置づけることができる。このことは鐙瓦とセットになる瓦群の製作技法からもⅠ類として型挽重弧文、連菱文字瓦、粘土板桶巻作り女瓦、粘土板巻作りの無段男瓦の瓦群をもつ関和久・上町遺跡・借宿廃寺跡・大岡窯跡、清水台遺跡、角田郡山遺跡、根岸遺跡・夏井廃寺跡、Ⅱ類として型挽重弧文字瓦、凸面布目女瓦、粘土紐巻作り男瓦の瓦群をもつ大津廃寺跡、Ⅲ類としてヘラ描重弧文字瓦、粘土板桶巻作りの女瓦、粘土板と粘土紐による男瓦の瓦群をもつ上人壇廃寺跡を時間的な差をもつ瓦群とした分類（戸田 1985）とも符合する。今回の文様面の検討では、Ⅰ類をさらに古と新に分けられる可能性も指摘できた。

また、遺跡間の交流としては関和久周辺、夏井周辺、大津廃寺例で技法的に指摘されているものの、その他の関連については明確にすることができなかった。文様面では陸奥南部を中心とした地域でもその北部に古相のものが分布し、これらが文様変遷の中心に位置づけられるという指摘にとどめたい。時期については、東北地方での型挽重弧文の位置づけや関和久遺跡供給瓦窯である大岡窯跡で共伴する須恵器の特徴（辻 1988）などから、概ね8世紀前後を初現と考える。また、最終段

階である上人壇廃寺跡については、セットとなる宇瓦に段顎がみられる。これは当地域の型挽重弧文とも共通するものの、ヘラ描重弧文で顎面に鋸歯文が認められることからも多賀城創建である養老・神亀以降と推定できる。

　このほか、同種の瓦としては、複弁系軒瓦で周縁に交叉状鋸歯文をもつ埼玉県さいたま市（旧浦和市）大久保領家廃寺跡、比企郡鳩山町小用廃寺跡、西戸丸山窯跡から出土する複弁8葉蓮花文軒瓦（図106-1）がある。いずれも同笵で、子葉がよく盛り上がる。蓮弁端部には切り込みがみられ、子葉間には分割線がみられない。隣接する蓮弁は接し、間弁が消失するものである。周縁は内縁と外縁に分かれ、内縁となる周縁傾斜面に交叉状線鋸歯文がみられる。セットになる宇瓦が重弧文であることから、8世紀第2四半期頃に位置づけられる。この種の軒瓦は埼玉県央や西北部地域に分布し、文様構成は類似するものの周縁内面傾斜部分に曲線状の交叉状鋸歯文がみられるもの（図106-2）や、周縁が直立縁となり、その内面に線鋸歯文が配されるもの（図106-3）への変遷がみられる。これら陸奥南部を中心とする地域、北武蔵地域に分布する2種の複弁軒瓦は、蓮弁数、間弁の形態に相異が認められる。しかし、基本的に文様構成は一致するもので、これら複弁系の諸要素はすべて川原寺系複弁軒瓦をその祖型として成立するものと考えることができよう。

　東国の川原寺系軒瓦としては、千葉県木更津市上総大寺廃寺跡（上総国）、群馬県大田市寺井廃寺跡（上野国）、栃木県下野市（旧南河内町）下野薬師寺跡（下野国）の3寺院をあげることができる。これらの軒瓦は文様面での差こそあれ、いずれも大和川原寺跡出土複弁軒瓦に連なるものと考えられる。これらの瓦が東国にもたらされた背景については、地方に本貫をもつ畿内豪族との関係や壬申の乱での論功行賞、幹線交通路の要衝といった政治的な意義をとなえる考え方が示されている（須田 1991、森 1991）。時期的にも7世紀後半代に位置づけられ、東国の初期寺院造営の中心的な存在となっている。しかし、東国での川原寺系軒瓦の採用以後も同一寺院内や周辺遺跡を含め文様変遷をたどりつつも存続されていくのは下野薬師寺跡のみとなる。他2寺院の川原寺系軒瓦が1種類のみで、以後その影響がみられないのとは明らかに様相を異にしている。下野薬師寺跡から出土する川原寺系軒瓦は、面違鋸歯文をもつ101（図105-1）、102系軒瓦をはじめ、線鋸歯文の104形式（図105-2）などがある。時期的にも天武・持統朝と考えられる101形式、104形式の笵割れの進んだもの（図106-4）は下野薬師寺跡供給瓦窯である水道山1、2号窯から出土する。操業は天平初年頃まで下る長期間の変遷が考えられている（大川 1982）。また、下野国府域およびその供給瓦窯と推定される都賀郡栃木市（旧岩船町）古江・花神窯跡（大橋・中野 1982）でも面違鋸歯文縁複弁8葉蓮花文軒瓦（図106-5）が出土し、周辺遺跡での広がりがみられる。このような下野薬師寺跡での長期間にわたる変遷や周辺遺跡にも及ぶ影響から陸奥南部や北武蔵を中心とする複弁系の祖型に求めることができよう。

　福島県を中心とする複弁系軒瓦は、先にも述べたとおり文様面ではいずれも周縁に線鋸歯文をもち、古い要素としては、2重に回る中房蓮子や複弁の蓮弁中央に分割線をもつものである。その古段階のものが時期的に7世紀末から8世紀初頭に位置づけられることは、下野薬師寺跡101、102、104形式といった面違鋸歯文から線鋸歯文への一連の変化のなかに祖型を求める妥当性を認めることができよう。さらに、6葉への変化については、この時期に大和地方で葡萄唐草文とセットとな

ることで著名な岡寺などや、畿内周辺の他の寺院でも川原寺系の変化のなかで弁数が5、6葉と減少していくのと同様な在地変化と考えたい。[11]

この種の北武蔵、陸奥南部を中心とする分布は山王系複弁鐙瓦とも一致し、これらの瓦の時期も近似することは、分布の背景に政治的な動きを想定できよう。

3　文様と技術の系譜

陸奥国南部地域を中心に分布する2種の鐙瓦はいずれも、祖型を上・下野国に求めることができた。山王廃寺系複弁蓮花文鐙瓦、複弁6葉蓮花文鐙瓦も文様などで祖型とはややかかけ離れたものが陸奥国南部を中心に分布する。このような影響を考えた場合、ただ単に造瓦工人の陸奥への移動等では律しきれない問題を含んでいるようである。ここでは、このような影響を造瓦工も含めた造寺に関わる工人の交流により上・下野国からもたらされたものと想定したい。[12]

4　上・下野国の陸奥地域への関与

東国、特に陸奥国が中央集権的国家形成期に重要視される背景としては、天智朝での半島進出の挫折や壬申の乱での東国の役割などが指摘される。その実質的な面としては、従来畿内近辺に置かれた唐、百済、新羅、高句麗などの渡来人の東国への配置、再配置、国司など高官位への登用などをあげることができる。さらに、これらの動きの中に、東国の雄族である上・下毛野君の存在が散見される。

(1)　上野国

上野国の陸奥への関与は、地理的な面や古墳時代からの役割、牧の設置などからその特殊な立場が考えられる。また、上野国を代表する氏族である上毛野君の祖先伝承に見える陸奥への関与は、書紀編纂に携わった上毛野君三千の存在があるとしても、国家による蝦夷経営重視の姿勢により、上毛野君、上野国の存在はなおさらクローズアップされるようになる。

上毛野君と陸奥との関わりは、8世紀初頭の陸奥国司に上毛野姓が多数輩出され、上野国の俘囚郷の存在からもうかがうことができ、坂東一括的な総称が出現する以前の陸奥、出羽への関与は、史実上、上毛野国が最も多いことがうかがえる（前沢1992）。陸奥経営は上毛野君の伝承にも見えるごとく大化前代から直接的に行われ、特に大陸からの撤退以後は、大化以前の遺制を残した形で直接的には上毛野君が、その背後には国家の関与が想定される。上毛野君の一部が中央官人化した後も引き続き維持され、国家と上野国の軌を一にした陸奥への関与を読み取ることができるのである。

(2)　下野国

上野国、上毛野君が文献史上に頻繁に登場するのに較べ、下野国の記事は少ない。しかし、地理

的にみても東山道諸国で陸奥国と接する位置にあり、この地を本貫とする下毛野朝臣古麻呂は天武から文武朝に活躍がみられ、和銅2（709）年に卒すまで正四位という位階に達している。古麻呂が下野薬師寺跡の造営に深く関与したことはすでに指摘されているところで、陸奥国南部地域へ瓦当文様の影響を与えているのも興味深い。また、下野薬師寺跡は後に官寺化され、戒壇院の設置により坂東10国の僧侶の得度が行われる。東国の仏教施設でもその中心的な位置を占めるようになったこと(13)、後述する君子部（吉弥侯部）姓が陸奥南部に分布することからも、上野国ほど明確な形ではないがその関与を類推することができよう。

5　上・下野系鐙瓦分布の意義

　これら2種の鐙瓦の分布は辺境支配の地域、時期区分を行った今泉隆雄のいう古墳時代からヤマト王権と密接な関係のあったI地域およびII地域の南部に位置している。この地域は7世紀後半に関東系土器が分布し、関東地域由来の各郡郷名が見られるところでもある（今泉 1992）。また、これら2種の複弁系鐙瓦の他に、III地域である大崎平野には単弁系鐙瓦を出土する伏見廃寺跡などの寺院が造営されており(14)、それよりも南部にこれら2種の瓦が分布しているのである。陸奥国経営の最前線ではなく、南部の基盤的な地に分布していることに、これらの鐙瓦の特徴を見出すことができる。分布域は上・下毛野君の伴造的立場にあり、後に上・下毛野姓に改氏姓する君子部（吉弥侯部）氏や養老2年の石城、石背国が設置される地域と一部重なるものである。また、I、II地域は古墳時代から関東地域との関連が認められる地域でもあり、7世紀末から8世紀初頭段階の寺院、官衙造営にも古墳時代から引き続く上・下野国などの関与を認めることができる(15)。

　しかし、このような関与も、度重なる蝦夷の抵抗に対する和銅年間の陸奥国経営変換に伴う有力中央官人による征討事業の開始（高橋 1957）、後の天平宝字年間に確立する坂東諸国全体での均一的な陸奥国支援体制の形成により、上・下野国でも特に上野国の負担比重が減少することになる(16)（前沢 1992）。このことから、複弁系2種の鐙瓦の文様系譜は、国家の陸奥国経営への上・下野国の参画をその背景とするものと考えることができ、「坂東」が出現し、坂東諸国の一元的な陸奥国経営の参入により、影響が減少する以前の時期に位置づけられることを指摘したい。

　以上検討してきたように、陸奥国南部を中心に分布する2種の複弁系鐙瓦の祖型は同じ東山道に属す上・下野国に求めることができた。背景としては、東国を本貫とする中央貴族化した上・下毛野君と地元との密接な関係の中での陸奥国経営への参画を考えた。分布も陸奥国において、蝦東経営の最前線ではなく、古墳時代より東国が影響を持ち得た陸奥国の南部周辺地域であり、その延長上での寺院、官衙の整備に対する上・下野国の関与を想定することができた。しかし、文様面での影響が直接的な瓦工人の移動ではなく、実態としてどのような形態のものであったか、また、2種それぞれにみえる北武蔵、その他の地域への分布の意義など今後に残された課題も多く、再度検討を加えていきたい。

註

（1）この変遷観は大江正行により指摘されている（大江 1988）。松田猛により山王廃寺跡で複弁8葉蓮花文の存在が確認され、複弁7葉に先行する可能性が指摘されている（松田 1991）。実見したかぎりでは、裏面の調整が粗雑なことや中房蓮子が1＋8＋8となるなど、この種の鐙瓦は中房蓮子にその変化が顕著にあらわれる。このことから、従来どおり複弁7葉蓮花文鐙瓦を先行形式と考えるものであるが、複弁8葉蓮花文との明瞭な時間差を認めることはできない。

（2）黒木田遺跡の男瓦はめこみ技法は山王廃寺跡創建期の素弁8葉蓮花文と同様な技法であり、その関連をうかがうこともできる。これらのことから、夏井廃寺跡、黒木田遺跡双方ともに特に山王廃寺跡からの影響を読み取ることができる。

（3）この種の鐙瓦が上野国に祖型をもつことは、すでに指摘されているところである（辻 1988、松田 1991、眞保 1992）。

（4）黒木田遺跡と兀山遺跡間については文様面での類似がみられ、その交流がうかがえる。

（5）森郁夫は飛鳥寺、山田寺などの造営に7、8年の歳月が費やされたことから、山王廃寺の創建年代を670年代に求めている（森 1991）。

（6）このことについては、セットとなる瓦群、製作技法の一致から関和久遺跡群と夏井廃寺群間を（辻 1984）、凸面布目をもつ女瓦分布から関和久、大津廃寺間の交流が指摘されている（戸田 1987）。

（7）高橋一夫は、この種の複弁鐙瓦が下野薬師寺複弁系から変化した女影系鐙瓦を祖型としたものと指摘している（高橋 1982）。

（8）東国ではこの他に川原寺系複弁鐙瓦として神奈川県千代廃寺跡出土の重圏文縁複弁10葉蓮花文鐙瓦が出土しているが、山田寺系の要素を多分に含むことから今回は検討から除外している。

（9）川原寺系鐙瓦の分布は、時期、地理的にもかなり限定されているもので陸奥国南部、北武蔵地域を中心とする、この種の瓦は東国にその祖型をもつものと推定している。

（10）この種の文様系譜が下野薬師寺跡に求められるということはすでに伊東信雄により指摘されているところで（伊東ほか 1973）、辻秀人もこれを支持している（辻 1992）。ここでは面違鋸歯文から線鋸歯文へと変化した104形式を基本的に祖型と推定するものである。しかし、104形式については調査者である大金宣亮は出土状況から203形式の宇瓦とセットになると推定し、供給瓦窯跡である水道山瓦窯跡の共判例からこのことが裏付けられる。このことから范割れの進んだ104形式については、天平初年頃まで長期間使用されていることがわかっている。

（11）技法的にも下野薬師寺例は、男瓦の接合位置が周縁より内区近くに位置するという独特なものとなる。そのような例は陸奥南部地域に分布する複弁6葉系にはみられず、祖型からの直接的な影響とは考えられない。

（12）交流については現在、漠然とした表現を使用せざるを得ないが、東国での寺院造営に際して陸奥南部地域から動員された人々が再び本貫地へ戻ってその影響をもたらしたものである可能性も考慮に入れたい。

（13）このことについて下野薬師寺を近年調査した須田勉は、南北3町強、東西2町という広大な寺域が、7世紀後半段階に策定され、その位置、規模を後の時代でも踏襲している。さらに創建段階での文様瓦の出土量が全体の6割を占めることからも、当初から本格的な寺院造営であったことを指摘し、官寺化、戒壇の設置される前代での下野薬師寺の位置づけを再評価している（大川ほか 1993）。

（14）同様な背景により上毛野の影響による鐙瓦が複弁系をさかのぼる素弁系鐙瓦の段階でもみられ、それは陸奥経営の最前線の地である宮城県古川市名生館遺跡にも分布しているという指摘がある（戸田 1987）。

（15）関東地域から陸奥への鐙瓦文様の影響は上野・下野国などから出土する単弁、複弁系鐙瓦にみられる。このことは坂東諸国的な関与、文化伝播の基盤的役割りを果たす東国という理解ではなく、それぞれ個々のもつ歴史的な関与とその影響により解釈すべきものであると考えている。このことについては後論を用意したい。

（16）福島県二本松市郡山台遺跡、本宮町小幡遺跡では上野国地域にみられる米印タタキがみられ（戸田1987）、いわき市夏井廃寺跡でも宇瓦に上野国分寺と同種の竹管文を連ねた文様意匠があることからも上野地域からの影響は地域を限定しながらも、その後も認められるようである。

第4節　古代陸奥国初期寺院建立の諸段階
――素弁・単弁・複弁系鐙瓦の分布とその歴史的意義――

　古代東国、特に陸奥地域の寺院造営は、その地理的な面から当時の政治文化の中枢である畿内とある一定の時間幅を置くという意識的な位置づけがなされてきた。当然のことながら、出土する瓦もおのずと控えめな年代観が付されることが多かった。しかし、伊東信雄は瓦の型式学的検討により、福島県腰浜廃寺跡出土素弁系鐙瓦を白鳳期と位置づけ、背景に白村江の乱での百済救援後、寺造りが始められる備後寺町廃寺との関係を考えた（伊東 1977）。これが、それまでの陸奥地域での年代的位置づけを根本から見なおす契機となり、進藤秋輝（1976・1986）、辻秀人（1984・1988・1992）、戸田有二（1985b・1987）らによる文様、技法的な面での検討の積み重ねから、様相が明らかになろうとしている。

　ここでは、今まで多賀城創建期を遡る瓦群として一括して扱われた素弁8葉、単弁8葉、複弁6・7・8葉蓮花文鐙瓦について、文様構成上の特徴、男瓦との接合技法、時期、分布、祖型から検討を行うものである。そして、これらの瓦が陸奥国で採用される時期および、その背景から、初期寺院建立の諸段階についてふれていきたい。

1　素弁8葉蓮花文鐙瓦

　素弁系鐙瓦の出土遺跡としては、宮城県古川市伏見廃寺、福島県双葉町郡山五番遺跡が知られている。

　伏見廃寺跡周辺には名生館遺跡、菜切谷廃寺跡、城生柵跡などがあり、この地域が蝦夷経営の最前線基地であることを示すかのように寺院、官衙、城柵跡が多数認められる。伏見廃寺跡からは基壇建物跡が検出され、近接する名生館遺跡が玉造柵、玉造郡衙という官衙遺跡と推定されることから、官衙に隣接する寺院と考えられる。ここからは2種の素弁8葉蓮花文鐙瓦をはじめ、多賀城系鐙瓦などが出土している。素弁系鐙瓦には2種（図107-1・2）あり、1種（F004B）は表採資料である。素弁の花弁は端部に鎬を持ち、報告者は大和法輪寺ときわめて酷似するものと指摘している（佐々木 1971）。もう1種（F004A）は扁平な花弁で弁端が丸みを帯びるもので中房は凸帯で区画され蓮子は1+4となる。セットになる宇瓦は出土量より型挽重弧文が考えられている。

　郡山五番遺跡は福島県双葉町大字郡山にあり、五番地区からは掘立柱建物跡、堂の上地区からは有礎基壇建物跡が確認されている（双葉町教育委員会 1978・1979・1980）。遺跡の性格としては標葉郡衙および、それに隣接する寺院跡と考えられている。素弁系鐙瓦は5種確認され、いずれも8葉となる。なかでも素弁系a（図107-3）、bが比較的整う文様構成を持ち、重弧文系宇瓦を伴うものと推定される。

　これらのなかで伏見廃寺跡表採資料は畿内大和法輪寺の共通性が見られ、飛鳥時代にさかのぼる

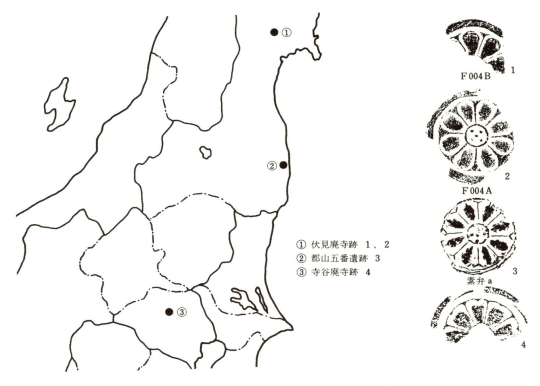

図107 素弁8葉蓮花文鐙瓦とその分布

文様構成をもつものと考えられる。東国でこのような例は埼玉県寺谷廃寺出土の桜花状の切れ込みをもつ素弁8葉蓮花文鐙瓦（図107-4）があり、畿内からの直接的な文様系譜を持つ、きわめて特異な例として捉えることができる。しかし、その後の調査でも発見されず、寺院跡に伴うものとは即断できていない。

2　有稜素弁8葉蓮花文鐙瓦

鐙瓦の特徴は花弁中央に稜、鎬をもつ素弁8葉蓮花文鐙瓦であり、福島県福島市腰浜廃寺、相馬市黒木田遺跡にみられる。腰浜廃寺は1辺約220mの大溝の内側に、東西23m、南北19mの有礎基壇建物跡や掘立柱建物跡が確認されている（福島市教育委員会 1981）。付近には官衙と推定される遺跡があることから、信夫郡衙に隣接する寺院と推定されている。ここからは素弁8葉蓮花文鐙瓦が出土（図108-2・3）し、型挽重弧文とセットになると想定されている。101は彫りの深いもので、花弁、間弁は端部でよく盛り上がり、花弁端部は反転気味となり花弁中央には稜をもつ。中房は高く突出し、1＋8の蓮子を配する。男瓦との接合技法は裏面に一条の溝を掘り、男瓦を接合する印籠継ぎ技法と考えられる。120は瓦当面に布目が認められ、笵との間に布が敷かれる。有稜素弁になるかどうかは不明であるが、前例同様、中房は高い。瓦当裏面には布の絞り目があり、一本造りであることがわかる。

172 第3章 瓦からみる中央集権的国家形成期の陸奥国

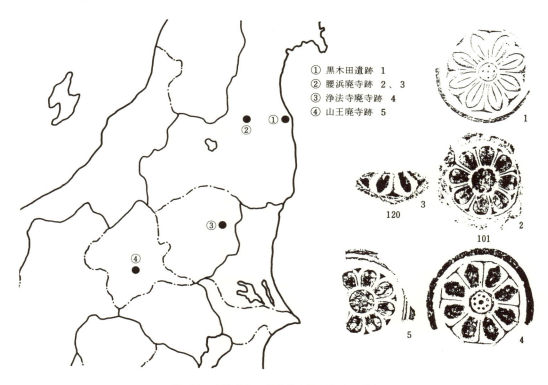

図108 有稜素弁8葉蓮花文鐙瓦とその分布

　黒木田遺跡は、金堂跡と推定される東西18m、南北15mの有礎基壇建物跡の存在から寺院跡と考えられている（橋本 1990）。ここからは尖弁状の花弁中央に凹面を作り、その中に子葉状の稜を持つ素弁8葉蓮花文鐙瓦（図108-1）が出土している。周縁幅は狭く、間弁は端部でよく盛り上がり、広がりも大きい。中房は低く、蓮子は1＋4である。男瓦との接合技法は、印籠継ぎ技法と考えられている。セットとなる瓦群は不明である。

　以上、素弁系鐙瓦の分布は旧陸奥国内でも南部の福島県北部の福島市、相馬市といった地域にあることがわかる。腰浜廃寺の101は伊東信雄の指摘のとおり、いわゆる百済末期様式と捉えられているものである（伊東 1977）。東国で同種のものは、栃木県那須郡那珂川町（旧小川町）の浄法寺廃寺跡（図108-4）、群馬県前橋市山王廃寺跡（図108-5）をあげることができる。浄法寺例は8葉の尖弁状花弁内に細い稜が貫通するものである。男瓦との接合技法は瓦当裏面に円筒男瓦を接着もしくは、はめ込むというきわめて特殊なものである（小川町教育委員会 1985）。山王廃寺例は8葉の素弁端部に鎬を持ち、花弁に輪郭のあるものである。男瓦との接合技法は、半切男瓦をはめ込むものである（前橋文化財研究会 1980）。これらはいずれも、セットとなる宇瓦は型挽重弧文と考えられている。これらの鐙瓦は一見すると文様に差異があるものの、いずれも有稜素弁形式の一群とすることができる。

　有稜素弁系鐙瓦（図109）は、森郁夫が古新羅系の文様構成の特徴の一つとするもので、弁幅や外縁が広く、鎬（稜）が明瞭であることから、先述した腰浜廃寺跡、浄法寺跡のほか備後寺町廃寺跡

第4節 古代陸奥国初期寺院建立の諸段階 173

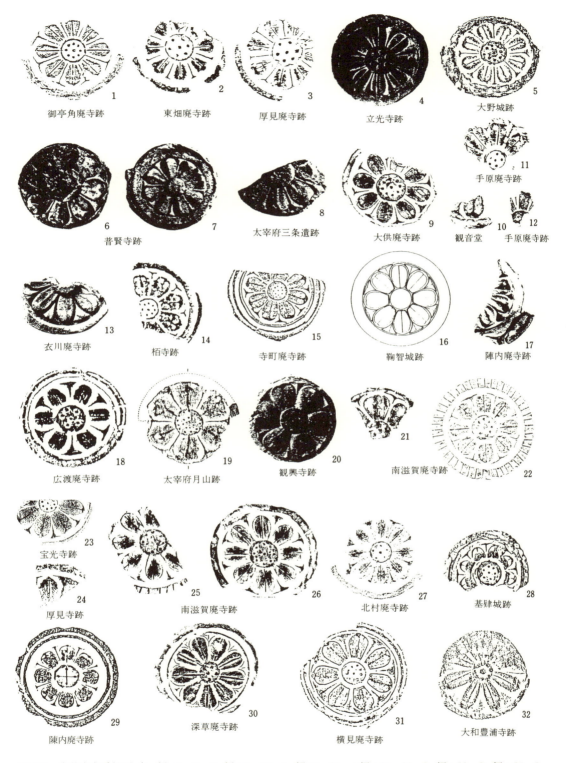

図109 有稜素弁系鐙瓦（1a類：1～8、1b類：9～17、1c類18～20、d類：21、22、2a類：23、2b類：24、3類：25～27）

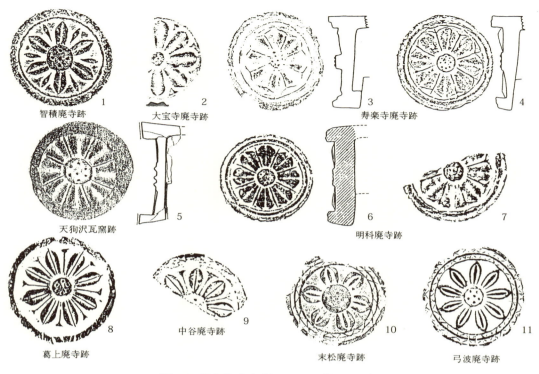

図110　凹弁鐙瓦（1類：1～7、2類：8～11）

などをこのタイプのものとしている（森 1990）。この種は今まで百済系と呼ばれている中にも多くみられた。しかし、分布は広いものの、同種文様は小地域単位でみられる程度で、文様系譜を全国的に追っていくことが難しい。[4]

あえて分類を試みるならば、弁形や稜の特徴などから、1類として舌状もしくは丸みのある花弁内に稜が貫通するもの。2類として尖弁に稜が貫通するもの。3類として丸みを帯びた花弁端に稜を持ち、花弁に輪郭のあるもの。これらはさらに1類は稜の太いa、細いb、6葉のc、大振りで輻線文などもみられるd、2類は弁端の反転するa、反転しないbとすることができる。間弁の形態、周縁施文により、さらに細分が可能で、多種多様な在りかたを見せている。

分布としては、1類aは富山県御亭角廃寺跡、愛知県東畑廃寺跡、岐阜県厚見廃寺跡、徳島県立光寺跡、福岡県大野城、普賢寺跡、太宰府三条遺跡。bは福島県腰浜廃寺跡、滋賀県観音堂、大供、手原、衣川、園城寺、岡山県栢寺、広島県寺町、熊本県鞠智城、陳内廃寺跡。cは兵庫県広渡廃寺跡、福岡県太宰府月山、福岡県観興寺跡。dは大津京と関連の深い南滋賀廃寺跡、穴太廃寺跡。2類aは滋賀県宝光寺廃寺跡、bは栃木県浄法寺廃寺跡、岐阜県厚見廃寺跡、3類は群馬県山王廃寺跡、滋賀県南滋賀廃寺跡、北村廃寺跡などがあげられる。

このほか九州式単弁系鐙瓦の古式のものとされている佐賀県基肄城やその変化とされる熊本県渡鹿廃寺跡、立願寺例や福井県深草廃寺例、広島県横見、岡山県賞田廃寺例などもこの種に含まれ、同種の最古様式としては大和豊浦寺例があげられよう。黒木田例も同様で一見単弁風であるが、花

弁が凹面を作り、その内部にやや太い稜を持つ。文様上からはやはり有稜素弁系に近い特徴を持つことがわかる。花弁に凹面を作るものも、森郁夫は百済、高句麗には見られない古新羅系の文様特徴であるとし、片岡王尼寺資料をその代表としている（森 1990）。凹弁（図110）のものには、このほか三重県智積廃寺跡、滋賀県大宝寺廃寺跡、岐阜県寿楽寺跡、長野県明科廃寺跡、山梨県天狗沢瓦窯跡などの１類。凹弁内に稜（鎬）、もしくは子葉状の稜が置かれる２類は福島県黒木田遺跡をはじめ大阪府葛上廃寺跡、広島県中谷廃寺跡、石川県末松、弓波廃寺跡などに見られる。花弁文様細部では異なるものの、これらの有稜素弁系鐙瓦は文様や周縁施文で相互に共通性がある。特に稜（鎬）、凹弁などの古新羅系にみられる同様な文様要素を持ち、大きいグループの中の一群として捉えることができそうである。分布地域としては畿内をはじめ西海道中央地域、南海道東部、山陽道中部、東海道西部地域、東山道、北陸道地域のほぼ全域に及ぶ。上原真人の指摘のとおり、旧交通路にそって線的に分布を見せている（上原 1992）。

3　有稜素弁系鐙瓦と接合技法

　鐙瓦の瓦当部と男瓦の接合は大きく①接着、②印籠継ぎ、③一本造り、④はめこみ技法の４技法に分類することができる。

　日本最古の寺院である飛鳥寺跡の鐙瓦の接合技法は接着技法であり、やや遅れて印籠継ぎ技法が見られる。一本造り、はめこみ技法はその形状、作法からも今までの接合法とは異なる特殊な技法となる。使用開始時期については、やや不明な部分があるものの、７世紀後半代の天智朝大津京期には見られるようである。これらの技法は、瓦当に接合される男瓦の位置により区別されるもので、基本的には製作手順や形状が類似し、同様の系譜上にある技法と考えられる。７世紀代の一本造りは円筒男瓦、はめ込みは円筒および半切男瓦を使用している。技術系譜としては、はめこみ式の半切男瓦使用が百済（蕭 1978）、一本造りは東周から漢（谷 1984）、高句麗（坪井 1988）の造瓦で、その存在が知られる。このことからこれらの接合法が日本独自のものとは現段階では考えられず、文様とともに技術が伝来している可能性が考えられる。

　白鳳期にこの特殊な技法を用いるものとしては、南滋賀廃寺などでの川原寺系複弁鐙瓦のものが著名である。そのほか素弁系鐙瓦にも数多く使用され、広範囲に分布している（図111）。これらの技法による有稜素弁系鐙瓦としては、九州地方では筑前大野城の素弁８葉、太宰府月山地区の素弁６葉、肥後陳内廃寺跡の素弁８葉のほか、近江大供廃寺跡、美濃寿楽寺廃寺跡、信濃明科廃寺跡、甲斐天狗沢瓦窯、下野浄法寺廃寺跡、上野山王廃寺跡、陸奥腰浜廃寺跡などがある。複弁系以外では有稜素弁系にも多用され、先の分類９種中６種に見られることから、文様とともに技法にも相互の関連が見られる。

　分布地域としては西海道と東山道に沿った地域であり、支配体制の枠組みや展開を現すかのように道単位の技術伝播、瓦作りの影響が見える。また、東山道での影響は、有稜素弁に多種見られ、特殊な技法が用いられる近江地域との関わりがうかがえる。なかでも穴太、南滋賀廃寺跡など大津京期の湖南寺院や、これらと深い関わりをもつ湖西寺院である大供廃寺跡などの影響が考えられる。

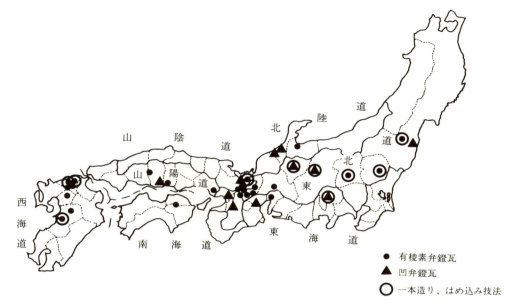

図111　有稜素弁系鐙瓦の分布

　素弁系鐙瓦は、旧来から百済末期的要素や特殊な技法の特徴から、7世紀後半代の年代が与えられている。素弁系という文様や百済技術者による大野城、基肄城という百済支援後に築城されたところから出土することは、その傾向をよくしめしている。また、『日本霊異記』に百済支援から帰還後の造寺が記される三谷寺に比定される備後寺町廃寺跡での出土[9]、さらに、放光寺に比定される群馬県山王廃寺跡が辛巳歳である天武10年（681）に存在することから創建を670年代とすること[10]などからも裏付けることができる。また、技法的にも天智朝大津京期に見られ、年代的に矛盾しないものと思われる。以上のように文様系譜と国内での分布は、百済救援、白村江の戦い、百済などからの渡来人の増加という天智大津京期との関連を読みとれる。それとともに大化以後の諸国評制施行に伴う国造制の廃止による旧来の古墳に代わる新たな象徴として、国家仏教政策としての寺院造営、国家体制強化、なかでも蝦夷、隼人などへの施策に有稜素弁系蓮花文鐙瓦の広がりを考えるものである。

4　山田寺系単弁8葉蓮花文鐙瓦

　陸奥地域の単弁系鐙瓦はいずれも8葉で、宮城県伏見廃寺跡、名生館遺跡（図112-8・9・10）のほか、仙台市大蓮寺瓦窯跡（図112-11）、仙台郡山遺跡（図112-13）、福島県郡山市麓山瓦窯跡（図112-12）から出土している。

　伏見廃寺例は中房蓮子1+5で花弁内に明瞭な子葉をもち、弁端に切り込み状の稜があり、花弁外周に一条の圏線がめぐる。名生館遺跡からは2種類の鐙瓦が出土し、文様は基本的には伏見例と類似するものである。第2類は中房蓮子が1+5となるなど伏見例と酷似し、第1類はやや小振りで

中房蓮子が不明瞭となる。

　大蓮寺瓦窯跡の供給先は不明であるが、瓦陶兼業窯を含む5基の窯跡が発見されている。中房蓮子は1＋6で、明瞭ではないが花弁端には反転状の切れ込みがみられ、圏線も1条めぐる。

　郡山遺跡は7世紀後半代にさかのぼる2時期に及ぶ官衙遺跡であり、瓦はⅡ期官衙に隣接して認められる寺院跡から出土する。鐙瓦は4種類あり、中房蓮子が1＋4となり周縁蓮子が楔形を呈する。尖弁形で内部には花弁と同形の大きな子葉が表現される。外周には圏線が1条めぐる。

　麓山瓦窯跡は、安積郡衙と推定される清水台遺跡の第1期の瓦群を焼成した瓦窯跡である。中房は突出ぎみとなり、蓮子は1＋7である。花弁は平面的で、細い子葉と弁端切り込み状の稜が形骸化しつつもみられる。外周には1条の圏線がめぐる。これらは、いずれも型挽重弧文宇瓦、女瓦粘土板桶巻作りとセットになるもので、進藤秋輝の指摘する、多賀城創建を遡る瓦群である（進藤 1976）。大和山田寺跡からの直接的な系譜をもつものではなく、山田寺系鐙瓦の文様変遷の中で生じたものと考えられる。

　東国での山田寺系鐙瓦の代表としては、上野上植木廃寺跡、下総竜角寺跡などがある。これらの鐙瓦は岡本東三が説くように、地方の拠点的な寺院として、いずれも各地域で文様変遷しつつ分布が認められる（岡本 1993）。鐙瓦の文様変遷を見ると、それぞれの地域での特徴が見られる。上野地域は弁端や圏線、下総地域は花弁にその変化を追うことができる。このことから、陸奥地域の単弁系鐙瓦は東国でも上野地域からの影響があることが推定できる。上野地域のいわゆる山田寺系鐙瓦は、山田寺系の中から除外するという考え方もあるが、圏線、単弁などの文様の特徴は、一連の山田寺系の文様変化の中でのみ捉えられるものと考えられる。単弁8葉蓮花文鐙瓦は、上植木廃寺跡で5種（図112－1～5）、金井廃寺跡で1種（図112－6）、入谷遺跡で1種、新宮遺跡で2種（図112－7）、雷電山瓦窯跡で3種あり、あわせて7種の范種があることがわかっている。分布は、利根川東岸の新田、佐位、勢多郡を中心とした地域となる。

　これらの鐙瓦の中でも中心的な位置を占めるのが上植木廃寺跡の鐙瓦である。陸奥地域の単弁系鐙瓦の中で比較的文様の変化が追えると考えられる径、圏線、弁端、中房蓮子、内区に占める中房径をまとめたものが表8である。文様の特徴から上植木001、002型と003、004、005型とは圏線や弁端の特徴より、やや隔たりが見られる。003、004型が陸奥地域の鐙瓦の祖型となったものと考えられる。文様的には003型の弁端点珠が陸奥の弁端稜、同じく2重圏線が1重圏線プラス周縁というきわめて2重に近いものとなることなどにうかがえる。また、製作技法がいずれも印籠継ぎ技法となることにも共通性が認められる。

　陸奥地域内の単弁系鐙瓦の変化の特徴から、弁端稜が明瞭で面径の小さい伏見廃寺跡、名生館遺跡タイプ、弁端稜が不明瞭で花弁が平面的となる大蓮寺瓦窯、麓山瓦窯跡タイプ、尖弁状の郡山遺跡タイプが認められる。郡山遺跡は中房蓮子楔形の1＋4となるものが、のちの多賀城創建期鐙瓦に直接的な影響を与えている。このことから、文様面にみる3タイプが時間や系譜の差を現していることが予想される。これらの差がどのような影響下で発生したか不明といわざるをえないが、いずれも上野地域からの系譜を考えたい。

　須田茂は上植木廃寺の鐙瓦001から005が、型挽重弧文と組み、文様と出土量から001、002を1

表8 山田寺系単弁8葉蓮花文鐙瓦の諸特徴

種別	上野上植木廃寺					陸奥（1タイプ）			（2タイプ）		（3タイプ）				
	001	002	003	004	005	伏見	名生館1類	名生館2類	大蓮寺	麓山	郡山	多賀城			
												116	112	114	128
径	17cm以下								17cm以上		17cm以下			17cm以上	
圏線	3重		2重						1重+周縁					なし	
弁端	反転		点珠		尖	反転気味			稜		尖		稜		尖
中房蓮子	1+4		1+4			1+5			1+4	1+6	1+7	1+4（くさび）			
		1+8													
内区中房比	1/3以上								1/3以下						
		文様差			文様差			文様差		文様差		文様差			

期、003、004、005を2期として若干の時期差を考え、1期は7世紀中後半、2期を7世紀末から8世紀初頭とする（須田 1985）。森郁夫は680年代に上植木の創建を考えている（森 1991）。また、陸奥地域ではセットとなる宇瓦が型挽重弧文であることから多賀城創建をさかのぼる7世紀末から8世紀第1四半期を中心とした時期と考えられる。

このことから、利根川東岸である上植木廃寺跡を中核として各遺跡へ、7世紀末を前後する時期にもたらされたものと考えたい。また、このような上野地域からの文様の影響は陸奥のほかに北武蔵地域の勝呂廃寺跡（図112-16）などへの影響も見られる（埼玉考古学会 1984）。

このような単弁系鐙瓦のもたらされた背景としては、陸奥国経営に参画した上野地域の豪族の関与が考えられる。のちにふれる複弁系鐙瓦とは異なる利根川東岸を中心とした地域との関連を強く考えることができよう。

第4節　古代陸奥国初期寺院建立の諸段階　179

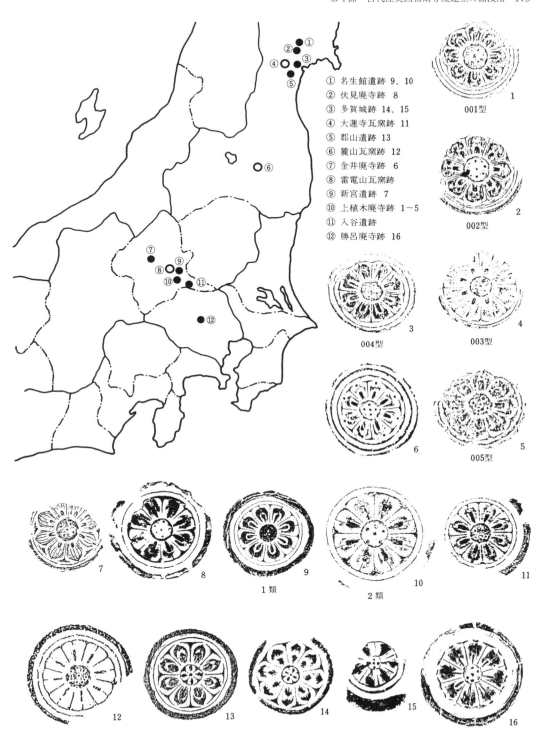

図112　山田寺系単弁8葉蓮花文鐙瓦とその分布

5　山王廃寺系複弁7、8葉蓮花文鐙瓦

　ここでふれる鐙瓦は、上野山王廃寺跡を祖型とする複弁7、8葉蓮花文鐙瓦である。山王廃寺系複弁鐙瓦（図113-1・2）は、群馬県内で4段階以上の変遷が見られる。I段階は複弁7葉で中房蓮子が1＋4＋8と2重にめぐり、周縁には竹管文の施されるものがある。前橋市山王廃寺跡を中心として太田市寺井廃寺跡、太田市（旧新田町）入谷遺跡、東吾妻町（旧吾妻町）金井廃寺跡など上野国内の初期寺院に見られ、供給瓦窯跡は安中市八重巻瓦窯跡と考えられている（大江 1988）。

　陸奥地域を中心に分布する山王系鐙瓦としては、茨城県北茨城市大津廃寺跡、福島県いわき市夏井廃寺跡・根岸遺跡、相馬市黒木田遺跡、相馬市・新地町善光寺遺跡（窯跡）、宮城県白石市兀山遺跡でみられる。

　夏井廃寺跡からは2種の複弁8葉蓮花文鐙瓦（図113-3・4）が確認され、中房蓮子が1＋4＋8と2重になるI類と蓮子が1＋11となり、周縁蓮子が不揃いとなる2類がある。文様も前者がよく盛りあがるものであるのに比べて、後者は平面的であり、両者ともに周縁部分に竹管文の配されるものがある。接合技法は印籠継ぎ技法である。根岸遺跡例は夏井廃寺2類と同種の文様構成を持つと推定されるものであるが接合技法は接着技法による。

　大津廃寺跡の複弁8葉蓮花文鐙瓦（図113-13）は中房が小さく蓮子が1＋6に復元され、花弁文様は平面的で、夏井廃寺2類に類似するものである。

　黒木田、善光寺遺跡からは7種類の鐙瓦（図113-5〜11）がみられる（木本・大越 1989）。複弁7葉はF類のみで中房蓮子が1＋4＋8となる。8葉は子葉端部が珠文状になるというA類型と花弁内に珠文を置くE類がある。A類は中房蓮子が、1＋4＋8となるAa、Ad、Ae類と中房蓮子が1＋8＋8となるAb、Ac類がある。

　兀山遺跡は瓦窯跡であることがわかっている。花弁は幅が狭く蓮弁端部がいくぶん角張り、子葉端部が珠文状となる黒木田遺跡Aa、Ab類にきわめて類似する鐙瓦（図113-12）が出土し、相互の関連が指摘できる。

　これらの遺跡出土の鐙瓦と山王廃寺系I段階の鐙瓦との比較は、夏井廃寺1類では周縁竹管文、黒木田例が7葉であること、また、いずれも1＋4＋8の中房蓮子は山王廃寺系I段階を基本形としていることがわかる。しかし夏井、黒木田双方には共通性がみられず、山王廃寺系I段階からの影響によりそれぞれ独自に文様変遷を遂げている。また、この影響も文様面や接合技法などの相違から、関東地方からの造瓦工人の移動と考えるよりも、寺院造営の中での技術交流（技術取得）が考えられそうである（眞保 1994）。

　時期については、山王廃寺跡が山ノ上碑に見える「放光寺」と推定されることから、天武10（681）年の辛巳歳にはすでに寺が存在し、創建は670年代に遡るとされている。山王廃寺跡ではこの時期に素弁系をあて、次段階に複弁系を位置づけている。また、善光寺遺跡では複弁系のくずれたE類が8世紀第1から第2四半期にかけての須恵器の焼き台として出土すること、黒木田遺跡の山王系鐙瓦が8世紀前半段階で数段階の文様変遷していることから、陸奥地域への影響は7世紀末以降を

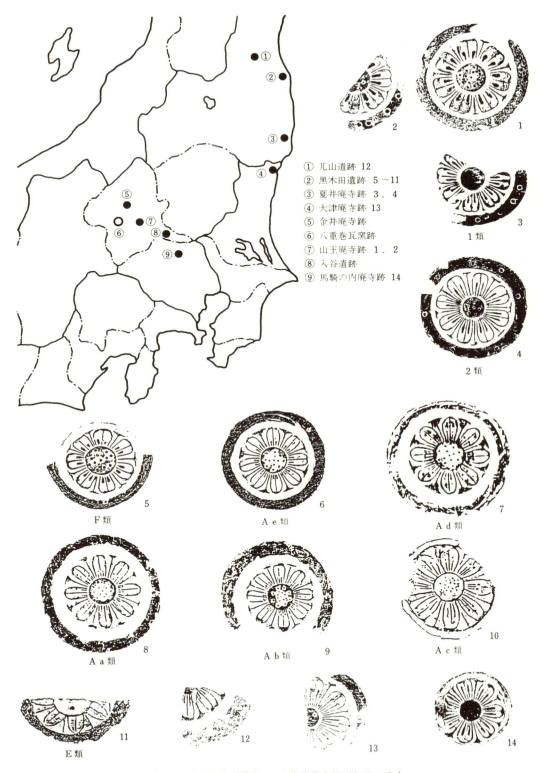

図113 山王廃寺系複弁7、8葉蓮花文鐙瓦とその分布

考えるものである（眞保 1992）。

　背景としては、上野国を代表する上毛野氏の祖先伝承にみる陸奥への関与を考えることができる。そして、8世紀初頭の陸奥国司に上毛野氏の多数輩出、上野国俘囚郷の存在、坂東一括的総称の出現前、陸奥への関与は史実上、上野国が最も多く参加している（前沢 1992）。これらのことは、先述の単弁8葉蓮花文鐙瓦とは異なる利根川西岸地域との関連を強くうかがわせる。また、陸奥地域での分布域は後に上・下毛野氏に改氏姓され、その伴造的立場にある君子部（吉弥侯部）氏とも重複する。さらに、養老2（718）年に陸奥国から分割される石城、石背国地域であり、古墳時代から関東地域との関連が認められる地域でもある（今泉 1992）。

　このほか、北武蔵地域でも馬騎の内廃寺（図113-14）で8世紀代の山王廃寺系鐙瓦と考えられる資料が出土している。

6　川原寺系複弁6葉蓮花文鐙瓦

　川原寺系複弁6葉蓮花文鐙瓦は、栃木県下野薬師寺跡をその祖型とする。この種の鐙瓦は宮城県角田市角田郡山遺跡、品濃遺跡、福島県郡山市清水台遺跡、開成山瓦窯跡、須賀川市上人壇廃寺跡、泉崎村関和久、関和久上町遺跡、白河市借宿廃寺跡、（旧表郷村）大岡瓦窯跡、いわき市夏井廃寺跡、根岸遺跡、茨城県北茨城市大津廃寺跡、常陸太田市（旧金砂郷村）薬谷遺跡から出土する。共通する特徴としては、複弁6葉で周縁には線鋸歯文が単独、または交叉して見られることにある。

　角田郡山遺跡は伊具郡衙推定地で、品濃遺跡はこれに隣接する遺跡である。ここからは中房蓮子が1＋6＋11と中心蓮子の周りに周縁蓮子が2重にめぐり、6葉の複弁には中央に分割線がみられる瓦（図114-3）が出土している。

　清水台遺跡は安積郡衙推定地であり、開成山瓦窯跡はこの供給瓦窯である。鐙瓦（図114-4）は中房蓮子が1＋5＋10と中心蓮子を2重にめぐり、6葉の複弁には中央に分割線をもつ。

　上人壇廃寺跡は、基壇上から須恵質六角瓦塔が出土する郡衙隣接の寺院と推定されている。鐙瓦（図114-8）は中房蓮子が1＋6＋6と2重にめぐるものの蓮弁端部で盛り上がらず、6葉の複弁には分割線がなく、間弁もない。

　関和久・関和久上町遺跡は白河郡衙を構成する遺跡と推定され、借宿廃寺跡はその隣接寺院、大岡瓦窯跡はそれらの供給瓦窯跡と考えられている。鐙瓦（図114-5）は中房蓮子が1＋6で、蓮弁中央には分割が見えない。

　根岸遺跡は石城郡衙、夏井廃寺跡は、その隣接寺院である。瓦（図114-6）は中房蓮子が1＋6で蓮弁中央には分割がない。

　大津廃寺跡は一堂規模の寺院と考えられる。瓦（図114-7）は中房蓮子が1＋6で6葉の蓮弁には分割はない。

　薬谷遺跡は周辺一帯が久慈郡衙に比定されている。鐙瓦（図114-9）は中房1＋6、6葉の花弁には分割がなく、間弁は形骸化し、蓮弁端部と接している。周縁には鋸歯文がみられず、直立素文縁となる。

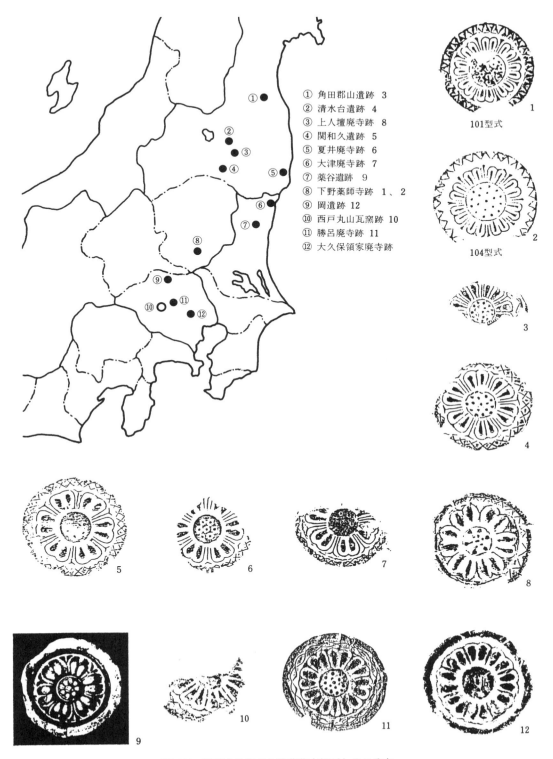

図114 川原寺系複弁6葉蓮花文鐙瓦とその分布

これらの瓦群は6葉ではあるものの、川原寺系の文様系譜下にある。文様構成の中で中房蓮子が2重にめぐり、花弁内に分割線を持つ角田郡山遺跡、清水台遺跡例が古式な特徴をもつ。中房蓮子が1重となる関和久・関和久上町遺跡・借宿廃寺跡・大岡窯跡、根岸遺跡・夏井廃寺跡、大津廃寺跡をその次の段階に、そして間弁の退化を見せる薬谷遺跡、上人壇廃寺跡は最終段階に位置づけることができる。[11]

　東国での川原寺系軒瓦には、群馬県太田市寺井廃寺跡、千葉県木更津市上総大寺廃寺跡、栃木県下野市（旧南河内町）下野薬師寺跡の3寺院がある。なかでも文様変遷、周辺遺跡にも文様面での影響を与えている下野薬師寺跡の複弁8葉蓮花文軒瓦などを陸奥国での祖型と考えたい。[12] また、陸奥国以外に北武蔵地域の埼玉県さいたま市（旧浦和市）大久保領家廃寺跡、比企郡鳩山町小用廃寺跡、西戸丸山窯跡（図114-10）などから出土する複弁八葉蓮花文軒瓦も、やはり下野地域からの影響と考えられる。

　時期的には、最も新しい文様構成をとる上人壇廃寺例のセットとなる宇瓦がヘラ描重弧文の段顎形式であり、多賀城1期の造瓦技法に遡る時期の技法であることから、8世紀初頭頃とすることができる。その他の瓦については、8世紀を前後した時期を与えることができよう。

　背景としては地理的にも陸奥に隣接し、天武から文武朝に活躍する下毛野朝臣古麻呂が薬師寺の造営に深く関与したと推定される。ちょうどこの時期に陸奥地域への文様影響を与えており、後に官寺化、戒壇院設置により坂東10国の僧侶の得度が行われ、東国仏教施設の中心的な役割を占めるようになっている。また、君子部姓の改氏に下毛野姓がみられることなど上野地域ほど明確な形ではないが、これらを軒瓦文様の影響の背景に考えている。

7　瓦採用の諸段階とその分布

　素弁系については、畿内でも大和地方の寺院との影響を考えることができるものであり、文様的には飛鳥様式的なものである。有稜素弁系は全国的に見える古新羅系文様の中でとらえることができ、文様、接合技法面で白村江の乱以後の動きの中での造寺活動と密接な関係があり、その分布域も官道沿いに一直線に北陸、東山道に見られる。また、西海、東山道に同系文様、技法の分布があり、分布も後の一国に一寺的な配置程度に限定され、文様、技法的にも周辺にはあまり影響を与えていかないものである。

　分布域は、素弁系が現在の関東、東北地方といった大地域圏に一寺ずつみられるのに比べ、有稜素弁系は後の官道沿いに律令制下の一国単位に、およそ一寺（遺跡）ずつ分布するというものである。時期的にも素弁系はいわゆる飛鳥様式であり、有稜素弁系を天智朝期以降とした場合、それをさかのぼる時期を想定できるものであろう。また、これらの背景としては、素弁系は評制施行期、古墳時代から引き続く古墳に代わる象徴としての寺院の造営に関与したもの。有稜素弁系は前述したような半島撤退後、国家体制強化の中での辺境地域への干渉が、律令体制前にすでにあった交通路および行政区的な単位による国家的な関与が想定できる。

　単弁系、複弁系2種は祖型を東国でも特に坂東北部に求めることができる。単弁8葉は群馬県上

植木廃寺跡を中心とした利根川東岸地域、複弁7、8葉は群馬県山王廃寺跡を中心とした利根川西岸地域にあり、上野国内を利根川により2分した位置にある。これらの影響の背景としては、陸奥国経営にかかわる氏族の相違などが考えられよう[13]。複弁6葉は栃木県下野薬師寺跡や群馬県寺井廃寺跡に祖型を求められる。時期的にはその影響は7世紀末葉を中心とし、これらの影響下にある鐙瓦の分布は一様に陸奥南部と北武蔵地域[14]にあり、時期、分布とも共通性が見られた。

また、陸奥国内での分布域に注目すると、単弁系は山道沿い、山王廃寺系複弁7、8葉は海道沿い、複弁6葉は陸奥国南部地域の山、海道沿いの阿武隈川流域にみられ、陸奥国一円に偏在性をもって認められる。中央集権化の中で造営される支配施設で採用されるなど大きな画期とすることができる。これらの分布の背景には、氏族などが深く関わっていることが指摘できよう。このことは岡本東三のいう地方拠点寺院を核とした各氏族間での文様系譜を想定することができる（岡本 1996）。特に陸奥国として中央集権的国家の支配施設の設置に伴ない、陸奥国経営に参画した上・下毛野氏の影響を読み取ることができよう。

これら各種の文様構成をもつ瓦群は、時期、分布、その歴史的背景にも明確な違いをもつものと考えられ、それぞれの異なる政治的な背景を読み取ることができそうである。ここに国家の関わり方の相違、諸時期の役割の違い、意識を、造営の諸段階として垣間見ることができるのである。

最後に、設定した諸段階を1～3段階とし、その特徴をまとめておく。

1段階—素弁系鐙瓦

7世紀後半、分布は現在の関東、東北といった大地域圏に一寺程度。背景としては古墳に代わる象徴としての寺院造営、国家仏教としての位置づけからきわめて国家的な関与が考えられる。

2段階—有稜素弁系鐙瓦

天智朝末から天武朝（壬申乱以後）頃、7世紀後半から末葉、分布は後の令制下の道単位に波及し、一国一寺的に分布する。背景としては白村江での大敗による半島からの撤退後の国家体制強化、特に蝦夷、東国陸奥対策、盛んな渡来人の配置と再配置、直接的な国家指導的な政治力による寺院造営が行われたことがうかがえる。1段階から引き続く古墳に代わる象徴としての寺院造営、国家仏教の位置づけが考えられる。

3段階—単弁8葉、複弁6、7、8葉蓮花文鐙瓦

8世紀前後、陸奥、北武蔵に分布、特に陸奥国は各種が重複しつつも、分布に偏在性がありながら、全地域を網羅する。地方支配施設造営に際して採用されるなど、一大画期と考えることができる。坂東北部の地方拠点寺院からの影響の背景としては、中央貴族化する上・下毛野氏に代表されるきわめて私的な同族関係などを媒体としつつも、国家主導による陸奥国における中央集権的国家支配施設設置の一貫として位置づけられる。

註
（1）名生館遺跡は玉造柵跡に比定されていたが、城内地区の掘立柱建物を中心とする一郭が他の郡衙遺跡と共通することから、これを丹取郡衙にあてる見解があり、その性格については諸説ある。

(2) この鐙瓦については飛鳥寺跡、幡枝、隼上り瓦窯跡例や朝鮮半島東南里廃寺の同種文様鐙瓦から飛鳥時代にさかのぼる可能性が指摘されている（埼玉考古学会 1984）。
(3) これらの鐙瓦と男瓦の接合技法については、辻秀人が A、B、C 技法の 3 種に分類し、B 技法を一本造り技法に、C 技法をはめこみ技法としている（辻 1984）。
(4) この種の鐙瓦について上原真人は、畿内以外では一代限りで終わる場合が多く、たとえ二代続いても郡（評）内あるいは隣接する郡間 1～2 カ寺にみえる程度であるとし、山田寺、川原寺、法隆寺式鐙瓦などが地方に伝播定着するのとは明らかに異なる特徴を持つことを指摘している（上原 1992）。
(5) ここでは有稜素弁鐙瓦を森郁夫の指摘に従い、古新羅的な文様構成と呼称する（森 1990）が、これらは高句麗百済系（藤沢 1961）、百済末期様式とも共通する文様をもつものである。
(6) いわゆる一本造り技法を鈴木久男は A～D の 4 技法に分類している（鈴木 1990）。ここでいう一本造りは A 技法、はめ込み技法は C 技法に近い特徴をもつものと考えている。
(7) このほか九州地方では、太宰府三条・普賢寺・観興寺例なども一本造り、はめ込み技法によるものと推定される。
(8) 模骨痕をもつ男瓦も同様の分布を示すようで、技術伝播を考える上で興味深い。
(9) 山崎信二は白村江敗戦により百済からの亡命者は多数にのぼり、備後寺町廃寺や筑前大野城跡などが、これらの人々と深く関わり合う形で造営されたことを指摘している（山崎 1983）。
(10) 森郁夫は飛鳥寺、山田寺などの寺院造営に 7、8 年の歳月が費やされたことから、山王廃寺の創建年代を 670 年代に求めている（森 1991）。
(11) 角田郡山遺跡には、周縁鋸歯文が単独のもののほか、複合して×状となるきわめて清水台遺跡例に類似した文様をもつものがあり、相互の関連が指摘できる。しかし、現在は出土例から交叉状となることがわかっている。
(12) 下野薬師寺跡の川原寺系鐙瓦には 101、102 形式など周縁に面違鋸歯文をもつものや、104 形式のように線鋸歯文が巡るものがあるが、現段階では後者の形式が陸奥地域に影響を与えるものと推定している（眞保 1994）。
(13) 利根川西岸地域としては、すでに指摘されているように上毛野君の存在が考えられ、東岸地域としては上毛野君とも関連の深い檜前部君などの存在が考えられる。
(14) 陸奥地域、特に仙台、大崎地方周辺より出土する関東系土師器が北武蔵地域の特徴をもつものであるという指摘（長谷川 1993）があり、瓦の分布状況とあわせきわめて興味深い。

第5節　出土瓦にみる中央集権的国家形成期の
陸奥国支配体制の画期とその側面

　陸奥国における中央集権化は、南部では、東国とともに国造から評、そして郡へと支配形態を替えつつ拠点となる郡衙、寺院が造営される。宮城県仙台郡山遺跡Ⅰ期官衙を含む北部では、柵戸移配による城柵や郡衙、寺院が設置される。おおよそ多賀城創建期直前には黒川以北十郡まで支配領域が及ぶことになる。これらの支配施設造営に際して採用された軒先瓦は、坂東北部の寺院等に祖型を求めることができる（戸田 1987、辻 1992、眞保 1994）。このことから、陸奥国における中央集権的国家の形成に坂東諸国が重要な役割を果たしたことがうかがえる。しかし、神亀元(724)年、陸奥国府である多賀城造営により、重弁8葉蓮花文鐙瓦とヘラ描重弧文字瓦からなる多賀城創建期瓦群が創出される。これらは多賀城をはじめ中央集権化の及ぶ北限域である黒川以北十郡の城柵、郡衙、寺院でも採用されることになる。坂東北部系瓦群からの変化は、養老4(720)年の蝦夷の乱を契機に、軍事的基盤強化をはかる神亀元年体制という支配体制の転換と深く関わるものと考えられる。これらのことは多賀城および乱の影響を直接被った北部で重点的に進められることから、多賀城以北について論じられることが多く、多賀城以南の地域やそこに分布する多賀城創建期瓦群に系譜をもつ多賀城系瓦群については、今まで取り上げられる機会が少ないのが現状であった。

　そこで本稿では、坂東北部系瓦群から支配体制の転換に伴い採用される多賀城創建期瓦群を祖型とする多賀城系瓦群を検討し、瓦群からみえる陸奥国支配体制の画期とその側面を明らかにするものである。

1　陸奥国における郡衙・寺院の造営と瓦葺

　ここでは、郡衙と寺院の計画的な造営が明らかであり、多賀城創建前後での瓦葺がみられる陸奥国白河、石城、丹取（玉造）各郡の様相と出土瓦群についてみていきたい。

(1)　白河郡衙と寺院（関和久・関和久上町遺跡・借宿廃寺跡）

遺跡の概要

　古代白河郡は陸奥国の最南端に位置し、郡衙である関和久・関和久上町遺跡は福島県泉崎村関和久にある。阿武隈川左岸に関和久・関和久上町遺跡、右岸の白河市に借宿廃寺跡があり（図10-1参照）、両遺跡間の距離は約1.5kmとなる。

　関和久遺跡の調査は、明地地区と中宿・古寺地区で実施された（図10-2参照）。明地地区で確認された正倉院は、東西約260m、南北約170mで大溝により区画されている。Ⅰ期は区画溝内に3棟の総柱による掘立柱建物が造営され、評段階の遺構と考えられている。Ⅱ期は建物方位や構造を踏襲しつつも区画溝SD28に沿って南辺にSB05・06、23・20、11・10・26の3群、東辺にSB01・

188　第3章　瓦からみる中央集権的国家形成期の陸奥国

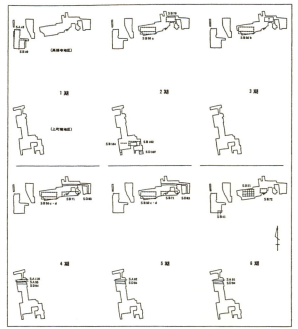

1　関和久上町遺跡高福寺・上町南地区遺構変遷図

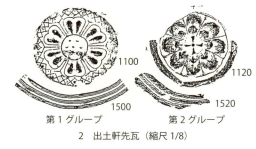

2　出土軒先瓦（縮尺1/8）

軒先瓦 \ 遺跡		関和久遺跡	関和久上町遺跡	借宿廃寺跡	供給瓦窯	グループ	女瓦
複弁6葉蓮花文鐙瓦	1100	○	○	○	大岡瓦窯	第1	第Ⅰ類
	1101	○	○	○			
	1102	○	○				
単弁8葉蓮花文鐙瓦	1120		○	○		第2	第Ⅱ類
	1121		○	○			

3　各遺跡出土軒先瓦の共有関係

図115　関和久・関和久上町遺跡・借宿廃寺の遺構と瓦

　02・03の1群が棟間を揃えるなど同一計画で建て替えられる。Ⅲ、Ⅳ期に造営される礎石建物や掘立柱建物、さらに、この時期廃絶される溝跡から多数の第1グループの瓦が出土する。このことからⅡ期に伴う掘立柱から礎石建物群への大規模整備において瓦葺が採用されたことがわかる。明地地区の北にある中宿・古寺地区は、院を構成する官衙ブロックが認められ、「館院」、「厩」と考えられている（福島県教育委員会 1985）。関和久遺跡の東北東約600mにある関和久上町遺跡の高福寺地区では西よりの柱列内に掘立柱建物があり、関和久遺跡明地地区と同様に評段階に遡る。官衙ブロックの中心建物は、7間×2間の身舎南面に庇をもつ東西棟の掘立柱建物SB50であり、4時期の変遷が認められる。その南の上町南地区では中心建物と同時期に掘立柱建物SB102、溝跡SD107、さら187に8世紀末以降にもSD94などの溝跡や柱列により官衙施設が区画される（図115-1）。報告書では関和久遺跡の墨書土器は「白」「厨」「郡」「舎」など官衙特有だが、関和久上町遺跡では「福」「大」「真」などで、一般集落的な性格が指摘される。さらに、白河軍団が設置される神亀5（728）年頃の遺構が確認されないことから、調査区内での存在は否定的な見解がしめされる（福島県教育委員会 1994）。

　借宿廃寺跡は東北地方唯一の塼仏が出土する寺院として著名である。東西14.4m、南北12.3mの東基壇、一辺9.6mの方形となる西基壇から法隆寺式伽藍であることがわかっている（図10-4参照）。出土瓦には複弁6葉蓮花文鐙瓦と型挽重弧文宇瓦、重弁8葉蓮花文鐙瓦とヘラ描重弧文があり、関和久・関和久上町遺跡第1、2グループ（図115-2）と同笵となるなど瓦群が共通する（図115-3）。供給瓦窯である大岡瓦窯跡は3基からなり、2号窯から蓋、杯が、1、3号窯から鐙瓦1100

などの瓦が出土する。窯跡群全体が関和久・関和久上町遺跡、借宿廃寺跡の成立に伴うものと考えられ、蓋はカエリの消失直後の形態をしめしている。

瓦群について

　第1グループの川原寺系複弁6葉蓮花文鐙瓦は、坂東北部系の瓦群である。面径の違いと中房の周縁蓮子の位置から1100、1101、1102の3種に分かれる。いずれも中房蓮子が1＋6、6葉の花弁は輪郭線で囲まれ、分割線は認められず、外区の傾斜縁には交叉状線鋸歯文がめぐる。これらの瓦群は粗砂粒を多く含み、瓦当面の裏面調整がヘラケズリ、接合する男瓦先端にはヘラ刻みが施される。文様や技法から同じ複弁6葉の1110などに引き継がれる。セットとなる宇瓦は型挽重弧文の3重弧文である1500、4重弧文の1510がある。1500と1510は段顎で、顎面は無文のものが多く、一部に鋸歯文が施されるものがある。男瓦は粘土板巻作り、女瓦粘土板桶巻き作りとなる。第2グループは重弁8葉蓮花文鐙瓦1120、1121とヘラ描重弧文宇瓦1520となる。1120は、突出した中房の周縁蓮子が楔形となり、8葉の花弁には大きめの子葉が重なる。弁中央線および蓮弁突端から左右の間弁を結ぶ微隆起線を持つ。1121は突出しない中房に円形蓮子が1＋4となる。これらの鐙瓦は瓦当裏面上端に男瓦との接合の溝を掘り、男瓦にはキザミを入れずに丁寧な接合となるなど第1グループにはみられない特徴をもつ。1520はヘラ描重弧文で断面三角形の顎端部に2本の沈線と鋸歯文の施文がある。これらの一群は多賀城創建期瓦群の文様や技術系譜をもち、在地で生産されるものと考えられるが生産地は明らかではない。このほか、鐙瓦にみる微隆起線文や宇瓦に伴う女瓦が斜格子タタキによる粘土紐素材の桶巻作りとなる特徴は、第1グループや多賀城創建期瓦群が粘土板素材となるのとは異なる。特に粘土紐素材の女瓦について進藤秋輝は、多賀城系とともに異なる系譜が取り込まれたものと指摘（進藤 1976）し、系譜の違いがうかがえる。関和久遺跡明地地区では第1グループが主体となり、第2グループの瓦は出土しない。しかし、第2グループは中宿・古寺地区、関和久上町遺跡採集資料で10％弱、上町南地区区画施設SD94一括出土遺物で20％弱含まれ（福島県教育委員会 1994）、地区ごとに比率が異なり、建物の時期や性格の違いがうかがえる。

　1100には文様の酷似する破片資料がある。中房、花弁輪郭線、子葉間に多くの范キズが認められるもので、ここでは仮に1100（b）と呼ぶ（図118－1－2）。1100（b）は胎土に砂粒を多く含み、焼成がやや甘く、色調が黒褐色、瓦当裏面の調整も一定方向のヘラケズリ、ナデとなる。これらの特徴は多賀城系となる1120、1121の一部と酷似し、第1グループ中でも異なる様相をもつ（眞保 2012b）。また、1120には外区周縁に交叉状線鋸歯文がめぐり、複弁6葉蓮花文鐙瓦の外区文様を取り込んでいる可能性が高い（図118－1－1）。さらに借宿廃寺出土の型挽重弧文1500の段顎形態の顎部には鋸歯文（白河市教育委員会 2007）や交叉状鋸歯文が施文されるものがある（図118－1－3～5）。1520の鋸歯文となる顎面施文（図118－1－6）と共通する。多賀城系瓦群である第2グループの導入は、従来の坂東北部系瓦群である第1グループからの大きな転換となるが、工人間の交流がうかがえる。

　多賀城の政庁南門と外郭南門を結ぶ道路検出の際に確認された石組み暗渠から出土した木簡の年代は、養老4（720）年の征討軍派遣期間である9月から翌年4月と推定されている。多賀城はその直後の造営と考えられ（平川 1993）、多賀城碑に記載される神亀元（724）年の多賀城造営の信憑性

が確かめられている。1120は多賀城創建期でも初期となる下伊場野瓦窯出土鐙瓦の特徴である凸圏線、周縁蓮子の周囲に間弁状隆帯や隆線区画をもたないことから、創建期でも時期的に降るものと考えられる（眞保 2012b）。

　これらのことから、多賀城創建期瓦群を祖型とする第2グループ、また第2グループとの交流が見える第1グループの1100（b）、型挽重弧文の顎部鋸歯文や交叉状鋸歯文をもつ一群には、神亀元（724）年以降の年代を与えることができる。関和久・関和久上町遺跡、借宿廃寺跡といった郡衙、寺院の一体的な整備に伴う第1グループ採用段階は、それをさかのぼる8世紀初頭を中心とした時期と見るのが妥当である。

(2) 石城郡衙と寺院（根岸遺跡・夏井廃寺跡）

遺跡の概要

　福島県いわき市平にある。北に夏井川、南に滑津川が東流する丘陵東端に郡衙と考えられる根岸遺跡、北側裾に夏井廃寺跡が位置する（図9-2参照）。根岸遺跡は二つの段丘にまたがり、北側の低い段丘の東端に政庁院、西南の正倉院は東から入る沢で北、南群に分かれる。沢は廃棄場とされ、瓦が出土している。政庁院は大きくⅢ期に分けられ、掘立柱塀によって北辺を幅66mで区画する。Ⅰ期正殿は、北辺中央やや南に四面庇付き7間×4間となる第36号掘立柱建物があり、7世紀後半から8世紀初頭とみられる。院外で確認されたⅡ、Ⅲ期と考えられる掘立柱建物は、凸面ヘラケズリによる女瓦を含む第2号整地跡を掘り込んで構築される。このことからⅠ期正殿への瓦葺きが示唆されるものの、明確な痕跡は認められていない。また、正倉群も3期に分かれ、北群では礎石建物が棟を揃えて計画的に配置されるがまとまった状態での瓦は認められない。しかし、廃棄場を含め、遺跡全体で瓦は1412点となり、瓦葺き建物の存在した可能性は高い。出土瓦としては川原寺系複弁6葉蓮花文、山王廃寺系複弁8葉蓮花文第二類がある。女瓦については、粘土板素材の桶巻き作りは凸面ヘラケズリ調整のものが多く、ロクロナデを含む創建瓦が中心となる。

　夏井廃寺跡は塔と金堂が東西に並び、南北棟の金堂北側に講堂が配される。いわゆる観世音寺式に類似する伽藍配置となる。塔基壇内からは、おびただしい量の瓦が出土することから金堂と講堂に遅れて塔が建てられたことがわかる。創建期の瓦群としては複弁6葉蓮花文、複弁8葉蓮花文鐙瓦第一、二類（図116）[8]と型挽重弧文宇瓦（図9-6参照）があり、根岸遺跡と同笵となり瓦群が共通する。

瓦群について

　山王廃寺系複弁8葉蓮花文鐙瓦第一類は、中房が内区の3分の1程で1+4+8と二重に蓮子が巡り、蓮弁も広く、よく盛り上がる。瓦当周縁には、素文のほか祖型である山王廃寺同様に竹管文が施されるものがある。第二類は、中房が内区の4分の1程で中房蓮子は1+11と周縁蓮子が不揃いとなり、蓮弁の表現は平面的で周縁には8から12個の竹管文が施される。第一類から第二類への変遷がわかっているが、根岸遺跡で第一類は認められていない。複弁6葉蓮花文鐙瓦は関和久遺跡第1グループと酷似するもので、中房蓮子が1+6あり、中房の大きさは面径の3分1以下である。花弁は輪郭線で表現され、花弁内に分割線はなく、大きめの子葉を配置する。周縁は傾斜縁で交叉

状の線鋸歯文がある。セットとなる重弧文字瓦には、型挽や笵による重弧文があり、顎部は段顎とやや傾斜気味となるものがある。夏井廃寺跡では、重弧文の弧が太く、弧や瓦当面がゆがむものが多く認められる。供給瓦窯は梅ノ作瓦窯跡であり、女瓦粘土板桶巻き作り分割後の重弧文施文と考えられる（いわき市教育委員会 2004）。型挽重弧文の段顎形態は4タイプあり、1種のみ交叉状の顎面施文をもつものがある（図118-3-1）。その

複弁6葉蓮花文　複弁8葉蓮花文第一類　複弁8葉蓮花文第二類

図116　各遺跡出土鐙瓦の共有関係

他に一枚作りの重弧文にも交叉状鋸歯文をもつものがある（図118-3-2）。借宿廃寺跡での型挽重弧文への顎面施文同様、多賀城系瓦群と考えられる。創建年代については関和久遺跡との共通性から8世紀初頭を中心とした年代が考えられる。

(3) 丹取（玉造）郡衙と寺院（名生館官衙遺跡・伏見廃寺跡）

遺跡の概要

遺跡は宮城県大崎市古川に所在する（図12-2参照）。周辺には東3kmに宮沢遺跡、三輪田・権現山遺跡、北東1kmには小杉、杉の下遺跡と大吉山瓦窯跡、西南3kmには城生柵跡、菜切谷廃寺など城柵や寺院のほか多賀城創建期窯が集中する。遺跡は大崎平野の北西、江合川右岸段丘上に立地する。遺跡範囲は南北1,400m、東西600mある。遺跡中央北部よりの城内地区と南部の小館地区に7世紀中葉から9世紀後半のⅠ～Ⅵ期にかけての掘立柱建物、材木塀、溝が確認される（図12-3参照）。Ⅰ期は7世紀中葉から末葉と考えられ、小館地区を中心に小型掘立柱建物と竪穴住居跡が不規則に認められる。Ⅱ期は7世紀末から8世紀初頭と考えられ、城内・小館地区ともに真北主軸となる材木塀、溝による方形区画内に2間×3間を中心とした側柱建物がみられる。

Ⅲ期は、8世紀初頭から前葉と考えられ、城内地区が政庁に改修される（図12-4参照）。東西52.5m、南北60.6mを掘立柱塀で方形に区画し、塀に取り付く正殿SB01は7間×5間の四面庇付建物となる。これらの遺構は、丹取郡衙と想定されている。正殿の柱抜き取り穴より山田寺系単弁8葉蓮花文鐙瓦、型挽重弧文字瓦、男、女瓦が出土することから正殿が瓦葺であったと考えられる。

小館地区では150m四方で土取工事が行われ、ここからは多賀城130に類似する重弁8葉蓮花文を含む鐙瓦2点、男瓦18点、女瓦66点が採集される（図12-6参照）。構造等は不明なものの、Ⅳ期となる8世紀前葉にこの地区に政庁が移動したものと考えられる（宮城県教育委員会 1983）。同時期の遺構として北250mに東西130mほど平行して伸びる2条の溝が認められ、溝の南には建て替えを含め8基前後の櫓による外郭施設が確認される。同様の溝は西辺にも南北400mにわたって認められる。村田晃一は、櫓を伴う区画施設の存在から郡衙と城柵機能をあわせもった玉造柵兼郡衙と指摘している（村田 2007）。

伏見廃寺跡は大崎市大崎にあり、北1kmに名生館官衙遺跡がある。基壇規模が東西17.6m、南北14.6mに復元され、川原石積基壇による一堂規模の寺院と考えられる（図12-7参照）。創建瓦は単弁8葉蓮花文鐙瓦と型挽重弧文で、名生館官衙遺跡と同笵となり瓦群が共通する。補修期の瓦としては多賀城創建期瓦群の鐙瓦とヘラ描重弧文が出土する（佐々木 1971）。

瓦群について

両遺跡から出土する創建期の瓦群としては、単弁8葉蓮花文鐙瓦3種、宇瓦は型挽4重弧文3種のほか男、女瓦などがある（図12-5参照）。鐙瓦は平板な花弁の弁端に鎬状の凸線をもち、子葉は棒状となる。内区と外区の間には1条の圏線が巡る。中房蓮子が不鮮明となるA類、中房蓮子が1＋5となるB類、中房蓮子が1＋4で花弁と子葉ともに退化傾向をもち、圏線が太くなるC類がある。宇瓦はいずれも段顎となり、顎部が無文となるA類、波文となるB類、格子タタキをもつC類がある。A類はさらに女瓦の凸面が花文タタキの1類、ロクロナデの2類、縄タタキの3類、格子タタキの4類がある。男瓦粘土板巻き作り行基式のロクロナデ、女瓦は粘土板桶巻き作りとなる（佐川ほか 2005）。両遺跡からは鐙瓦A・B、宇瓦A-1、A-2、A-4が出土することから、名生館官衙遺跡Ⅲ期に伴って伏見廃寺跡が建立された可能性が高い。さらにⅣ期政庁と共に伏見廃寺跡補修期に多賀城創建期瓦群が導入されることになる。Ⅲ期の坂東北部系瓦群とⅣ期の多賀城創建期瓦群という異なる系譜の瓦群が、位置を違えた郡衙中枢や近隣で計画的に造営される寺院で採用されることになる。Ⅲ期とⅣ期の転換については神亀元（724）年の多賀城創建に位置づけることができる。

2　陸奥国における坂東北部系瓦群の採用

陸奥国の郡衙、寺院の計画的な造営に際して採用される瓦群は、上・下野など坂東北部地域との関わりがうかがえ、ここではその様相についてみていきたい。

陸奥国における坂東北部系瓦群としては、下野国下野薬師寺跡、上野国寺井廃寺跡に祖型をもつ川原寺系複弁6葉蓮花文鐙瓦、上野国上植木廃寺跡に祖型をもつ山田寺系単弁8葉蓮花文鐙瓦、山王廃寺に祖型をもつ山王廃寺系複弁7、8葉蓮花文鐙瓦等が認められる。

川原寺系複弁6葉蓮花文鐙瓦は、白河郡衙、石城郡衙と寺院のほかに安積郡衙となる郡山市清水台遺跡、石背郡内の寺院となる須賀川市上人壇廃寺跡、伊具郡衙となる角田市郡山遺跡、常陸国多珂郡内の寺院となる北茨城市大津廃寺跡、久慈郡衙とされる常陸太田市薬谷遺跡から出土する。瓦当文様から1段階が福島県郡山市清水台遺跡、宮城県角田市郡山遺跡、2段階が福島県白河市関和久遺跡、いわき市根岸夏井廃寺跡、茨城県北茨城市大津廃寺跡、3段階が福島県須賀川市上人壇廃寺跡、茨城県常陸太田市薬谷遺跡と3段階の文様差をもって展開する。地域としては陸奥国南部に集中した分布をみせる。

山王廃寺系鐙瓦は、山王廃寺跡出土のⅢ式複弁8葉とⅣ式複弁7葉蓮花文鐙瓦を祖型とする。細長い花弁とその内部の子葉、外区周縁に竹管文がみられる。セットの宇瓦は型挽3重弧文となる。顎部下端に凸線を持つ特徴があり、瓦当文様と竹管文が福島県いわき市夏井廃寺跡、瓦当文様と宇瓦の顎部凸線が福島県相馬市黒木田遺跡、さらに宮城県白石市兀山遺跡、大畑遺跡からも出土する

など陸奥国において2系統が展開する。地域としては陸奥国南部の海道沿いから中部にかけて分布する。

山田寺系単弁8葉蓮花文鐙瓦は、丹取（玉造）郡衙と寺院である名生館官衙遺跡と伏見廃寺跡のほかに、陸奥国府となる仙台郡山遺跡Ⅱ期官衙の付属寺院跡、名取郡となる仙台市大蓮寺窯跡、安積郡衙に隣接する郡山市麓山瓦窯跡、柴田郡の兎田瓦窯跡などから出土する。上植木廃寺跡の単弁8葉蓮花文鐙瓦 A03が麓山瓦窯、04、05が大蓮寺窯跡や名生館官衙遺跡の祖型となるなど、一系列の系譜をもつものではないことが指摘されている（出浦 2012）。地域的には陸奥国北部に集中して認められる傾向がある。

これらの坂東北部系瓦群は、それぞれの文様系譜ごとに陸奥国内の郡衙や寺院の整備に伴い、偏在性をもって、黒川以北十郡まで国内一円で採用される（図21参照）。陸奥国各郡における支配施設での採用は、この時期の地方支配と密接に関わる可能性がある。また、瓦葺による建物群以前に評（郡）衙遺構が確認されている。このことから陸奥国での評（郡）衙の成立以後、多賀城創建をさかのぼる8世紀初頭の大規模な瓦葺による整備において坂東北部系瓦群が採用される。また、先述した3遺跡が代表的であるが、郡衙に隣接する寺院の創建に際して、同笵となる共通瓦群が郡衙に採用される特色もうかがうことができる。

3　陸奥国内での多賀城様式瓦群

多賀城碑により神亀元（724）年の造営が記される多賀城は、陸奥国府として新たな政治、軍事拠点とされ、その付属寺院として多賀城廃寺が隣接地に造営される。これらの造営に際して創出されるのが多賀城創建期瓦群であり、以下ふれていきたい。

(1) 多賀城創建期瓦群の成立

宮城県多賀城市市川にある多賀城跡は、不整な方形（東辺1050m、南辺870m、西辺660m、北辺780m）の外郭施設内中央南よりに、東西103m、南北116mの築地塀をめぐらせた政庁がある。創建期は、削り出し基壇により、5間×3間の身舎に南面庇をもつ掘立柱建物の正殿、前面に広場、左右に7間×2間の脇殿をもつ。それまでの国府とされる仙台郡山遺跡Ⅱ期官衙に引き続き造営される。多賀城廃寺跡は東に塔、西に金堂を北の講堂と南の中門を結ぶ築地塀がめぐる観世音寺式伽藍と考えられ、多賀城跡と同笵となる瓦群が採用される。

基本的には圏線のない重弁8葉蓮花文鐙瓦（図117-2）に統一され、宇瓦は従来の型挽重弧文にかわるヘラ描重弧文、顎部鋸歯文（図117-4）、女瓦は凸型台成形となる多賀城創建期瓦群が新たに創出される。仙台郡山遺跡Ⅱ期官衙付属寺院跡や仙台市大蓮寺窯跡での単弁8葉蓮花文鐙瓦などを祖型とする指摘がある。前者が中房形態などの文様から（宮城県教育委員会ほか 1982）、後者は男瓦製作において凸型台使用など技法も含めて祖型と考えられている（宮城県教育委員会 1994）。これら文様や技法それぞれに系譜が認められ、前代において陸奥国北部の支配施設に偏在して採用された各種の坂東北部系単弁8葉蓮花文の継承による統一瓦群の創出と考えることができる。そし

194　第3章　瓦からみる中央集権的国家形成期の陸奥国

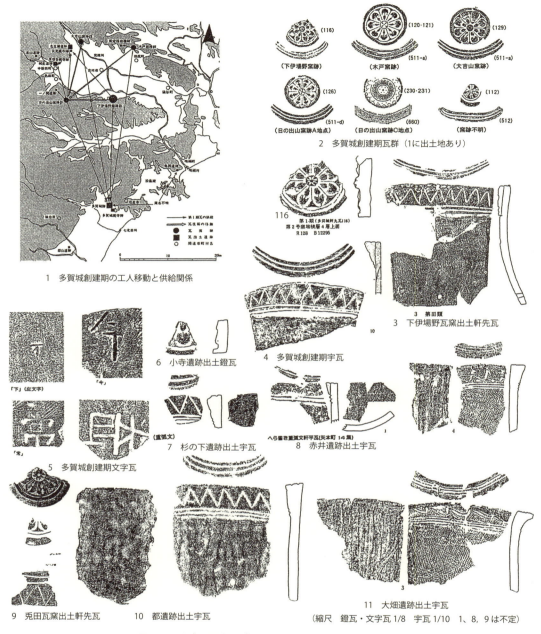

図117　陸奥国北部の多賀城創建期瓦群と多賀城系瓦群

　て、陸奥国による多賀城とともに整備が急がれる城柵への多量、かつ画一的な生産に伴い、新たな技術となるヘラ描重弧文や凸型台成形の採用が図られる。
　鐙瓦は花弁基部に重なる小蓮弁が独立した花弁となることから重弁蓮花文と呼称され、花弁端部は高く反り上がる。中房の周縁蓮子は楔形や楕円形となり蓮子間が間弁状や隆線による区画がみえる。様式的に中房内周縁蓮子間の隆帯や区画線、蓮弁端部の尖り、縦断面の盛り上がりの有無で若

干の時間差をもって移行する。

　宇瓦は3重弧文で顎部断面は三角形や長方形となり、施文は鋸歯文に直線文が1本ないし2本、上下や下のみを画す。軒先瓦は小型鐙瓦2種、重弁蓮花文17種、ヘラ描重弧文4種、均整唐草文1種が認められる（宮城県教育委員会ほか 1982）。

　男瓦は粘土板巻作りの無段式と粘土紐巻作りの有段式、女瓦は桶巻作りにより、分割後に1枚分の凹、凸型台上で調整されるものが主体となる。

　創建期瓦窯である大崎市の下伊場野窯出土瓦群（図117-3）には花弁外周に圏線がめぐる祖型に近い特徴をもつ鐙瓦116が出土し、最古期に位置づけられる。このほか木戸、大吉山、色麻町日の出山窯の3窯があり（図117-1）、これらは多賀城よりも30km以上北に位置し、黒川以北十郡の城柵、郡衙、寺院にも供給される（図12-1参照）。多賀城創建期瓦窯では、工人集団の移動を重弁蓮花文鬼瓦の改笵、女瓦技法の共通性から下伊場野窯跡→木戸窯跡群→日の出山窯跡群→大吉山窯跡群への変遷が考えられている（宮城県教育委員会 1994）。また、日の出山窯跡は笵型が多く、下伊場野窯に続くものの創建期の中でも比較的新しい畿内系となる細弁系鐙瓦と均整唐草文宇瓦が焼成され、継続した操業がうかがえる。

(2) 多賀城創建期瓦群の展開

　多賀城創建期瓦群の展開は、出羽に通じる黒川以北十郡に分布し、対蝦夷政策として多賀城および諸柵一体とした軍事基盤強化のなか、当地域で操業される創建期瓦窯から供給されるものと指摘されている（内藤 1937、工藤 1968、伊東 1970）。城柵遺跡には、大崎市小寺・杉の下遺跡、新田柵推定地、加美町城生柵跡、東山官衙遺跡、東松島市赤井遺跡がある。小寺遺跡は東西800m、南北220mの範囲の中に、築地による3時期の変遷が認められ、築地塀崩落土から創建期瓦群の重弁蓮花文鐙瓦（図117-6）が出土する。隣接する杉の下遺跡は同一遺跡の可能性があり、8世紀後半以降の瓦葺による5間×3間の総柱掘立柱建物がある。近くの瓦溜から創建期瓦群の女瓦が出土する。このほかヘラ描重弧文（図117-7）、均整唐草文宇瓦も出土する。加美町城生柵跡は、8世紀第2四半期に造営され、周囲に大溝を伴う築地により北辺で東西355m、南北は370m以上の規模となる。北辺中央に八脚門をもち、内部区画には掘立柱建物、礎石建物と掘立柱建物が重複し、多くの瓦の出土から瓦葺建物の存在が推定される。創建期瓦群である重弁蓮花文とヘラ描重弧文、細弁や均整唐草文が出土する。赤井遺跡は、前代に引き続き材木列塀、区画溝、竪穴住居、さらに内部区画に大型掘立柱をもつ。遺構外からはヘラ描重弧文宇瓦（図117-8）が出土し、顎部は剥がれるものの端部に2条の太い隆線状の区画をもち、他に斜格子タタキ女瓦が出土することから下伊場野窯跡と関わる可能性がある。

　これらの城柵の特徴からもわかるように、溝跡や築地塀による軍事的な外郭施設をもち、黒川以北十郡一帯で多賀城創建期瓦群が創設期や再整備期の建物に採用されるという共通性がみえる。

　多賀城創建期瓦群には新旧2段階みられる。前者は下伊場野、木戸、日の出山、大吉山窯で生産される重弁蓮花文とヘラ描重弧文、後者は日の出山窯で生産される細弁蓮花文と均整唐草文となる。前者は多賀城創建と一体とした整備、後者は天平9（737）年に計画された陸奥出羽国道路開削を契

機とする施設整備に伴い採用されたものと考えられている(9)。
　このほか創建期瓦群は、先述の伏見廃寺跡をはじめ、色麻町一の関遺跡や加美町菜切谷廃寺跡など、すでに中央集権化の中で造営されていた寺院でも採用される。一の関遺跡では、礎石建物 1 棟、掘立柱建物 3 棟などが発見され、土壇とされた地点からは削平されるものの、川原石敷による東西 14.3 m、南北 11.4 m の基壇が確認されている。周辺からは雷文縁複弁 4 葉蓮花文や多賀城創建期の鐙瓦が出土している。菜切谷廃寺跡は、城生柵跡の東 800 m にあり、東西 12.7 m、南北 10.8 m の川原石積基壇が確認され、雷文縁複弁 4 葉蓮花文や多賀城創建期の鐙瓦が出土している。これら 3 遺跡では川原石積基壇の単堂という共通する構造と瓦群をもち、名生館官衙遺跡と伏見廃寺跡、城生柵跡と菜切谷廃寺跡などと同様に、地理、瓦群も共通するという深い関連を保ちながら一体的整備が行われている。このことについて進藤秋輝は、多賀城創建期瓦群の分布が多賀城、多賀城廃寺を南限として黒川以北十郡に分布し、前代の瓦群が陸奥国全域に分布することと大きく相違するという。しかし、両者の北限が一致することは 8 世紀前後に多賀城創建期と同様の領域が律令体制に組み入れられていたとし、多賀城創建期の領域はそれ以前の領域の継承、諸城柵など設置も 2 次的強化を目指したものと指摘（進藤 1986）し、この地域の動向を的確に捉えている。
　このように、対蝦夷政策の当事地域として軍事施設の造営、整備において重点的に多賀城創建期瓦群が供給され続けている状況が読み取れた。さらに、関連する郡衙、寺院などの整備にも瓦群が採用されることは、陸奥国支配施設の象徴としての継承と各施設間の有機的な関連を表示したものとすることができる。

(3)　多賀城以南での多賀城様式瓦群の様相

　創建期瓦窯から多賀城創建期瓦群が北部地域に供給されるとともに、多賀城以南の地域でも多賀城様式（図 120 参照）が確認されている。

陸奥国中部

　宮城県南部の阿武隈川下流域の柴田町兎田瓦窯跡では、採集品により具体像は不明となるが多量の瓦が出土している。格子系タタキ女瓦と無顎型挽 4 重弧文宇瓦とともに重弁 8 葉蓮花文鐙瓦とヘラ描 3 重弧文の三角形の顎部斜面に鋸歯文をもつ宇瓦（図 117 - 9）が出土する。鐙瓦について渡邉泰伸は、外周圏線をもち、花弁端部が尖り、低い中房に突出気味の中心蓮子に 4 個の周縁蓮子が周囲を掘込みにより表現されることを指摘する（渡邊 1990）。特徴は創建期でも最古期となる下伊場野窯跡出土 116 と類似するなど、宇瓦とともに多賀城創建期瓦群の存在がうかがえる。
　宮城県蔵王町にある都遺跡は、柵木列による塀や溝による区画内に掘立柱建物や竪穴住居がみられ、この地域の拠点的施設と考えられている。昭和 36（1961）年に採集された宇瓦は、ヘラ描きによる重弧文（図 117 - 10）で三角形の顎部には鋸歯文とその下には 2 本の沈線がみられる。接合される女瓦は一枚作りによるもので凸面には細かい木目状のタタキがみえる。一枚作り女瓦によるヘラ描重弧文宇瓦は、均整唐草文宇瓦の採用による技術交流により、日の出山窯跡で認められ(10)、多賀城創建期でも新しい段階となる可能性がある。
　宮城県白石市には苅田郡衙正倉と推定される大畑遺跡があり、計画的に配置された総柱式掘立柱

第5節　出土瓦にみる中央集権的国家形成期の陸奥国支配体制の画期とその側面　197

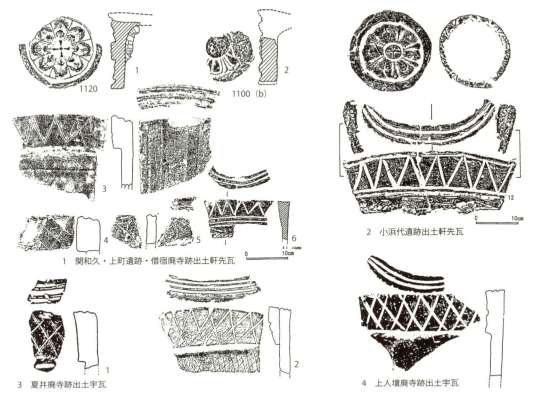

図118　陸奥国南部の多賀城系瓦群

建物跡3棟、礎石建物跡3棟ほか区画溝が確認されている。掘立柱建物から礎石建物への変遷がうかがえ、養老5（721）年に建置される苅田郡衙の倉庫院と考えられている。瓦群は、区画溝を中心として出土する。宇瓦は3から4条の手描重弧文で、顎部がバチ状に開くものや3角形となるものがあり、顎部には波状文が施される（図117-11）。女瓦は桶巻作りで模骨痕がよく残り、成形台の使用は不明である。凸面には0.2から0.4mmの細かな格子タタキがある。顎は短く、低く、波状の顎面施文、細かいタタキは多賀城系瓦群の可能性がある。このほか、型挽4重弧文宇瓦や格子タタキが出土しており、顎部端部が凸線状となることから福島県黒木田遺跡の宇瓦系譜と考えられる。[11]これら宇瓦にみる特徴の異なる瓦群は苅田郡の成立と遺構の変遷とも合致する可能性が高い。

このように中部では、多賀城創建期でも古い段階から新しい段階まで認められるものの、分布や出土量も希薄で、北部のような展開は見ない。これらの遺跡では、斜格子タタキ無顎の型挽4重弧文宇瓦が出土するなど、前代からの継続的な瓦群の存在がうかがえる。

陸奥国南部

白河、石城郡の郡衙や寺院のほか、石城郡衙の北約40kmに位置する福島県富岡町小浜代遺跡から多賀城系瓦群が出土する（図118-2）。遺跡は、1、2期が掘立柱建物跡、3期が東西2基の瓦葺基壇建物、4期が礎石基壇建物からなり、遺跡の性格としては官衙もしくは寺院と考えられている。3期の瓦葺基壇建物2基は、いずれも一辺5.6mの方形となり、8m間隔で造営される。建物痕跡は

不明であるが、周囲の瓦溜の中に焼土、炭化材とともに多賀城系瓦群が含まれる。鐙瓦は重弁の6葉蓮花文鐙瓦で中房蓮子は1+4、中房周囲には沈線がめぐる。円形の中心蓮子と周縁蓮子は細い凸線で結ばれ、楔状に近い文様表現となる。高く直立する外区内面には線鋸歯文がめぐっている。宇瓦はヘラ描3重弧文や波形、山形文、無文があり、顎部の断面形は三角形となる。重弧文の顎面には上下2本の沈線内に山形文や波形文やヘラ描きや指頭による山形文や波形文、縄タタキがみられる。宇瓦の女瓦部分は粘土紐素材の桶巻き作りとなる。男瓦は、有段式を意識した粘土板巻作りの縄タタキとなる。鐙瓦の外区内面の線鋸歯文と凸線で中心蓮子と結ばれる周縁蓮子は楔状を模し、ヘラ描3重弧文と顎面施文、粘土紐素材による桶巻作り女瓦は、直接的には関和久上町遺跡などの第2グループに祖型を求めることができる。このほか、石城郡の北に隣接する標葉郡の郡衙関連遺跡と考えられる郡山五番遺跡でも、重弁蓮花文鐙瓦とヘラ描重弧文宇瓦が出土している。[12]

　白河郡の北、石背郡である福島県須賀川市の上人壇廃寺跡は、石背郡衙とされる栄町遺跡に隣接する。8世紀前半に創建され、築地区画内の南に版築基壇、北に掘込地業建物による伽藍配置をもつ寺院である。鐙瓦は白河郡と同様の複弁6葉蓮花文となるが、宇瓦はヘラ描3重弧文の段顎に交叉状鋸歯文（図118-4）や鋸歯文が施される。同文で一枚作りとなるものも認められる。女瓦は断面形状と方向の異なる二重の布目により、桶巻作り後に凸型台を用いるものがあり、多賀城創建期瓦群の技法に近いものとなる。顎部には区画線がないが、段顎の形状は多賀城系瓦群とみることができ、宇瓦のみにその系譜が認められる。

採用とその系譜

　多賀城系瓦群は、創建期瓦群の文様、技術の模倣が明瞭であり、肥大、肥厚、強調化が顕著で、しばしば在地技術者との交流を示した痕跡がみえる。関和久上町遺跡などの第2グループから小浜代遺跡への文様、技術面での系譜を除けば、各遺跡の多賀城系瓦群は、それぞれ異なる特徴があり、創建期瓦群から各瓦群への系譜をうかがうことができる。このような状況は、創建期瓦群生産の場で各地から派遣された工人が技術的な継承を受け、各地で生産に携わったものや、創建期瓦群生産に従事した複数の工人が、各地の生産の場で各地工人へ技術継承を行ったなどの可能性をあげることができる。[13]

　岡田茂弘も、多賀城創建に際して重弁8葉蓮花文鐙瓦が陸奥国府系統の瓦として統一的に生産され、国府が造営に直接関与したと考えられる官衙寺院に多く採用される、そして、陸奥国庁系瓦として官窯工人によって継承されると同時に各地の工人によっても同じ文様の瓦が模作される（岡田1975）と、ほぼ同様の見解を導いている。

　多賀城以南でも多賀城様式の出土が見え、国内においても異なる様相が明らかとなった。陸奥国北部では創建期窯から直接的に瓦群が供給され、中部地域でも限定的ながら創建期瓦群が認められる。しかし、南部では創建期瓦窯からの距離的な違いからも、創建期瓦群生産に関与した工人層の技術的継承による各地での造瓦となり、これら多賀城様式の瓦は異なる方式で国内の拠点地域へ展開したことがうかがえる。

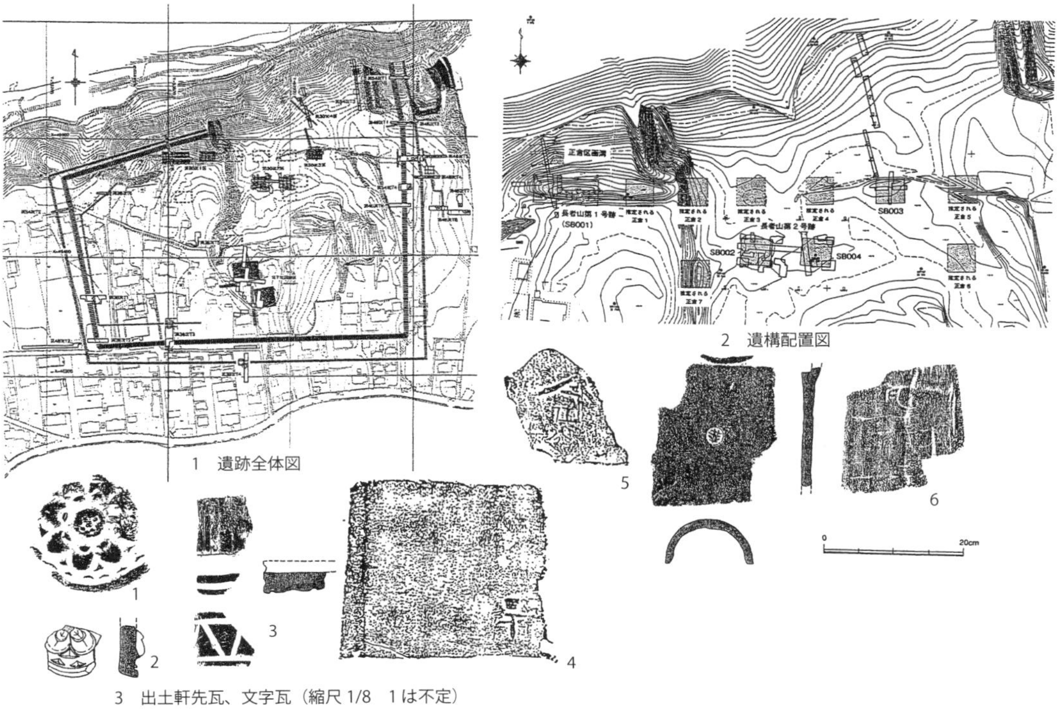

図119 台渡廃寺長者山地区

4 常陸国の多賀城系瓦群——那賀郡衙（台渡里廃寺跡長者山地区）について——

　常陸国の那賀郡衙である台渡里廃寺長者山地区では、礎石建物とともに多賀城系重弁8葉蓮花文鐙瓦、ヘラ描重弧文宇瓦、文字瓦が多数出土している。

遺跡の概要

　那賀郡衙である台渡里廃寺跡は水戸市渡里町に所在し、寺院跡の観音堂山地区・南方地区、郡衙正倉院の長者山地区からなる。遺跡は北に那珂川、南を桜川に挟まれた台地上に位置し、南北に流れる那珂川は、台地にぶつかり緩やかに東へ蛇行する。調査によって東西約300ｍ、南北約270ｍの範囲に大小二重の区画溝がめぐることがわかっている（図119-1）。内部には16以上の礎石建物が確認される（図119-2）。SB001は壺地業から布地業、総地業の3時期変遷がみえ、最終的に7間×3間の東西24ｍ、南北9.6ｍの特別長大な礎石建物となる。瓦は布地業以降での採用が考えられている。3117型式鐙瓦のほかヘラ描重弧文が多賀城系とされる。凸面糸切り、ヘラケズリ女瓦、有段式男瓦などの瓦群とともにヘラ書きによる文字瓦が430点以上出土する。SB002は総地業、SB004は、いくぶん主軸をずらし、4列の布地業は3間×3間となり、2棟は10ｍ隔てて造営される。特にSB002は炭化米や焼土から火災を受け、ヘラ描重弧文のほか、有段式男瓦などが大量に出土する。SB003も3間×3間の建物であり、2点の隅切女瓦には朱線の痕跡がみられ、丹塗建物で

あったと考えられている。これらの建物は、いずれも総瓦葺建物と考えられるが、瓦群が異なり時期差をもつものと考えられる。

観音堂山地区では、東西126m、南北156mの区画溝内に西側に講堂、その北東に並ぶ金堂と塔、東が中門と推定される東西主軸をもつ寺院跡と考えられる。刻書土器の「仲寺」「徳輪寺」に寺院名がうかがえる。創建は7世紀後半から末頃、8世紀後半に伽藍が整備され、9世紀後半には火災で廃絶される。約100m南の南方地区に基壇上面が削平を受けた金堂基壇と塔基壇上に礎石が残り、寺院の再建を試みているが途中で中止した可能性がある。寺院跡からは長者山地区の多賀城系3117型式をはじめ、正倉院出土瓦は認められず、瓦群は共通しない。(14)

このほか長者山地区SB001と共通する瓦群が、那珂川北岸にあり、礎石建物の存在から河内駅家と考えられる田谷廃寺跡、総柱式掘立柱による正倉3棟が区画溝内に確認され郡内正倉別院と考えられる大串遺跡第7地点などからも出土し

図120　多賀城以南の多賀城様式瓦群分布図

ている。

瓦群について

長者山地区SB001、004から出土する3117型式は重弁8葉蓮花文鐙瓦（図119-3-1・2）であり、不整形の中房は突出し、中心蓮子がなく、不揃いな四つの円形に近い周縁蓮子が配される。8葉の蓮弁は中房に連結せず、花弁端部は丸く、よく盛り上がる。花弁内に円形となる子葉をもち、蓮弁、子葉ともに中央に凸線があり、間弁は三角形となる。内区外縁には鋸歯文をあらわすとみられる三角文が20程度みられ、外区は花弁より低い。ヘラ描重弧文宇瓦は3重弧文であり、女瓦は桶巻作りとなる。顎部は粘土板貼付けによる段顎で、顎の深さが深い・中間・浅いという3種あり、顎面には鋸歯文と上下を画す直線文がある（図119-3-3）。男瓦は有段式で粘土紐巻作りが大半を占め、ロクロナデによるものである。女瓦は縄タタキや格子タタキによるものとヘラケズリやナデ調整のものがある。粘土紐巻作りによる有段式男瓦（図119-3-6）は、凸面がロクロナデにより凹面の段が曲線的となる。さらに女瓦も凹面の布目痕が乱れることから多賀城創建期と同じ凸形台の使用が考

えられる。これらの軒先瓦や有段式男瓦の特徴から、須田勉は多賀城創建に伴い下伊場野窯での2種の鐙瓦のうち、多賀城で主流となる圏線のない一群の祖型を長者山地区の系譜とする（須田2005）。このほか「阿波郷大田里」「小河里戸主」「先妻里城米」などのヘラ書き文字瓦は、正倉院造営に携わった郡内郷里名や人名と考えられる。また、成形台文字瓦には「日下」「全隈」など那賀郡内の郷名が陽出されるものが出土している（図119－3・4・5）。山路は鐙瓦の文様変化から郡山遺跡、多賀城、長者山地区の変遷を想定する。このことから文字瓦は生産経費を負担させ、瓦屋では重複する発注に対して仕分け・識別のため発注者名を記名するという多賀城創建期の造瓦システム（図117－5参照）を採用したと指摘する（山路 2005b）。川口も 3117 型式や成型台文字瓦が少量であることから補修瓦と考え、主体的でない搬入的なものと指摘している（川口 2012a）。3117 型式の文様は、中心蓮子消失と花弁の肥厚化に、多賀城創建期瓦群の形骸化がみえ、陸奥国南部同様、これらの一群を多賀城系瓦群ととらえたい。

　那珂郡衙正倉と陸奥国内での多賀城系瓦群の文様、技術系譜に関連は認められない。しかしながら、多賀城系瓦群の代表的存在である関和久上町遺跡などの第2グループでは、鐙瓦、宇瓦がセットで認められる。また、多賀城創建期窯生産に従事した工人が得た技術的情報を継承して、生産の場から各地の工人へと継承したことが指摘できる。これらからは、きわめて類似した展開状況を読み取れる。

　多賀城系瓦群が葺かれる総瓦葺建物群の造営時期については、多賀城創建の前後かは今のところ不明であり、今後の大きな課題となる。しかし、瓦生産の時期は郷里制表記の文字瓦の存在から神霊亀元（715）年から天平12（740）年の間とすることができる。また、国を越えた多賀城系瓦群の存在や複数の総瓦葺正倉への採用、生産経費の負担を示す記名造瓦システムの導入は、単に工人層のみで成立するものとは考えられず、国家的な施策と関わるものと指摘できる。このことからも、陸奥国における蝦夷に対する新たな体制下で採用された可能性を考えることができる。

5　歴史的位置づけとその背景

　ここでは、先述の考古学的成果に基づき坂東北部系瓦群や多賀城系瓦群ついて歴史的な位置づけとその背景についてみていきたい。

(1)　郡衙・寺院への瓦葺と坂東北部系瓦群の採用

　評（郡）衙の成立期に郡内の寺院が造営されることは、『扶桑略記』により持統朝の全国寺院数が545寺に及ぶことからもわかる。また、陸奥国においては、『日本書紀』持統3（689）年正月に陸奥国優耆曇郡の城養の蝦夷脂利古の子、麻呂と鏃折が沙門（僧）への申請を許されるなど、仏教による教化が行われ始めていることがわかる。この時期に福島県腰浜廃寺跡や相馬市黒木田遺跡で初期寺院の造営が図られている。

　地方寺院として、郡ごとに「官寺」が設置されたことを示す制度はみられない。しかし、郡衙隣接地に占地し、造営資材や労働力編成に非公式ながら行政組織を通じ調達、徴発が行われる可能性

はある。ここに寺院が公的、官寺的機能を備え、郡衙とともに郡内支配の拠点となっている実態がみえる。このことから寺院の屋瓦を郡衙政庁や正倉に採用することは、それほど困難なものとは考えられない。

　小笠原好彦は、特定有力氏族の本拠地となる郡衙への瓦葺が、広い郡域内での固定化となり、郡司任用に多くの課題があったことを推定し、移転を前提として殿舎、倉庫への葺瓦が規制された可能性を指摘している（小笠原 2009）。このことは志賀崇が指摘する地方官衙への瓦葺が出羽・陸奥・常陸・下野・上野・武蔵・下総など東国7カ国で全体の約4割を占めること、また、山陽道沿いの播磨・備前・備中・備後・安芸や西海道諸国でやや集中するものの、他の地域では国府を除くとほとんど確認されない（志賀 2003）という傾向からもうかがえる。このことからも陸奥国内における郡衙への瓦葺、郡衙とともに計画的に造営される寺院に同笵などの共通瓦群が採用されることは、全国的にも特徴的な事例とすることができる。

　多賀城創建前の陸奥国府と考えられている仙台郡山遺跡Ⅱ期官衙と一体的に造営された付属寺院(15)では、出土木簡から蝦夷の学生や優婆塞らに対する教化実践の場として公的な機能が知られる（山中 2005）。しかし、寺院に瓦葺がみられるものの国府域での瓦葺は認められず、国府への瓦葺と寺院への同笵となる共通瓦群の採用は、多賀城と付属寺院である多賀城廃寺跡を待たなければならない。

　このような陸奥国での国府に先行して採用される地方末端施設である郡衙、寺院への瓦葺は、蝦夷対策(16)を含む陸奥国の支配と教化が郡を単位とする地域内で重点的に推進されたことに結びつくものと考えることができる。

　また、東国は古墳時代以来、ヤマト王権の陸奥国支援基盤としての役割を担い、坂東でも北部地域に地理的にも強い影響が読み取れる。

表9　『続日本紀』、『日本後紀』、『続日本後紀』等にみえる陸奥国内の上・下毛野氏

郡名	年月日	区分	位階官職等	豪族名	内容
宇多郡	神護景雲元（767）年7月丙寅（19日）	賜姓	外正六位上勲十等	吉弥侯部石麻呂	上毛野陸奥公
宇多郡	神護景雲3（769）年3月辛巳（13日）	賜姓	外正六位下	吉弥侯部文知	上毛野陸奥公
名取郡	神護景雲3（769）年3月辛巳（13日）	賜姓	外正七位下	吉弥侯部老人	上毛野名取朝臣
賀美郡	神護景雲3（769）年3月辛巳（13日）	賜姓	外正七位下	吉弥侯部大成ら9人	上毛野名取朝臣
信夫郡	神護景雲3（769）年3月辛巳（13日）	賜姓	外従八位下	吉弥侯部足山守ら7人	上毛野鍬山公
新田郡	神護景雲3（769）年3月辛巳（13日）	賜姓	外大初位上	吉弥侯部豊庭	上毛野中村公
信夫郡	神護景雲3（769）年3月辛巳（13日）	賜姓	外少初位上	吉弥侯部広国	下毛野静戸公
玉造郡	神護景雲3（769）年3月辛巳（13日）	賜姓	外正七位上	吉弥侯部念丸ら7人	下毛野俯見公
行方郡	神護景雲3（769）年4月甲辰（6日）	賜姓	外正七位下	下毛野公田主ら4人	姓、朝臣（下毛野朝臣）賜う
行方郡	宝亀11（780）年9月2□日	漆紙文書	行方団□毅	上毛野朝□	※多賀城跡出土
郡不明	延暦15（796）年12月丙戌（29日）	賜姓	外少初位下	吉弥侯部善麻呂ら12人	
賀美郡	天長3（826）年正月庚寅（23日）	授位	外従五位下	上毛野賀茂(美)公宗継	外従五位下から
郡不明	天長3（826）年正月庚寅（23日）	授位	外従五位下	上毛野陸奥公吉身	外正六位上から
賀美郡	天長9（832）年4月癸未（21日）	授位	従五位下	上毛野賀美公宗継	外従（正）五位下から
琊磨郡	承和7（840）年3月庚辰（4日）	賜姓	大領外正八位上勲八等	丈部人麿の戸1烟	上毛野陸奥公
郡不明	承和7（840）年2月癸亥（16日）	賜姓	陸奥国人	丈部継成ら36人	下毛野陸奥公
江刺郡	承和8（841）年3月癸酉（2日）	授位	借外従五位下	上毛野胆沢公毛人	擬大領外従八位下勲八等から

和銅元（708）年3月丙午（13日）には従四位下の上毛野朝臣小足、和銅2（709）年7月乙卯（1日）には従五位上の上毛野朝臣安麻呂がつづけて陸奥国司に任命され、養老4（720）年9月丁丑（28日）に蝦夷の乱により殺害された按察使正五位下の上毛野朝臣広人も国司の可能性がある。また、その翌日に従五位下の下毛野朝臣石代は征夷副将軍に、神護景雲元（767）年10月辛卯（15日）に伊治城完成の功により従五位下から従五位上となる上毛野朝臣稲人は、宝亀5（774）年3月甲辰（5日）、陸奥国介に任じられる。従五位下の上毛野朝臣馬長は天平宝字8（764）年正月己未（21日）出羽介、宝亀7（776）年7月丙午（21日）に出羽守となる。さらに、宝亀5（774）年3月甲辰（5日）には外従五位下の下毛野朝臣根麻呂が出羽介となるなど上・下毛野氏の陸奥、出羽国司等への任命がうかがえる。特に8世紀初めと宝亀年間を中心に、中央集権化とそれに伴う蝦夷との軋轢が激しくなる時期での任命からは、前代からの強い影響力を期待したことをうかがうことができる。

　陸奥国内において上毛野、下毛野氏への改氏姓には、吉弥侯部氏を中心に丈部氏からの一定の対応関係があり、多くの授位者の中にも見える。このような有力氏族名を冠することは、同族、同一系譜を示す意味がうかがえる。また、複姓に本拠地に由来する郷名が採用、付与され、在地有力豪族として公的に認知されたことを表示するという一定の政治的意味もうかがえることが指摘されている（熊谷 1992）。いずれにしても前代を含め陸奥国と上毛野、下毛野氏との結び付きを物語る。このような関わりの中で陸奥国での中央集権化が図られるとともに、坂東北部系瓦群が採用される要因と考えることができる。

(2)　多賀城系瓦群採用とその背景

　内藤政恒は関和久遺跡の重弁鐙瓦が多賀城跡のものを模倣して製作され、この種の瓦が陸奥国支配と軍事の中心となる多賀城創建に端を発して各地に展開することを指摘する（内藤 1938）。このことから多賀城系瓦群の展開も、創建期瓦群同様、当時の情勢と深く結びつけて考えられてきている。多賀城系瓦群が採用される遺跡の性格をうかがえるものに、関和久上町遺跡高福寺地区があげられる。確認された中心建物SB50は8尺等間で7間×2間の身舎に南面廂をもち、同位置、同規模で4時期の建て替えがみえる（図115-1参照）。SB50の3、4時期目の柱掘方内から8世紀末から9世紀中頃の土師器が出土し、建物が連続して営まれていたとすれば、創建を8世紀前葉から後葉頃と考えることも可能である。また南で塀、溝跡など外郭施設がめぐり、建物規模とともに外郭施設から、この施設を郡衙政庁など官衙中枢施設とする考え方には一定の理解ができる。さらに第2グループの出土比率が高くなることは、多賀城系瓦群の採用と関和久上町遺跡高福寺地区の中核施設の整備との関わりをよくしめしている。また、同地区では、第1グループも一定量出土することから、多賀城系瓦群となる第2グループは、再整備に伴うものと考えることができる。

　養老4（720）年の乱後の軍事基盤の強化により、『続日本紀』には神亀5（728）年4月、陸奥国で新たに白河軍団を置き、また丹取の軍団を改めて玉作（造）とするなどの整備が行われたことがみえる。軍団は、『出雲国風土記』巻末記軍団条の「意宇軍団は即ち郡家に属けり」、「熊谷軍団は、飯石郡家東北廿九里一百八十歩にあり」、「神門軍団は郡家の正東七里にあり」という3軍団のあり方から、郡家に属すか、さほど遠くない所での設置が考えられる。さらに遠江国敷智郡衙関連遺跡で

ある伊場遺跡群での「竹田二百長」、「少毅殿」など軍団兵士に関わる墨書土器から、郡衙に軍団が含まれるとの指摘（八木1985）や、郡衙での行事や政務などに参加した軍毅に対して給食が行われた可能性が指摘されている（山中2004）。これらのことから郡衙の近接地での軍団所在、行事や政務での関連が深かったことは疑いない。(17)

　陸奥国最南部の白河郡には、下野国との境に白河関、同じく石城郡には常陸国との境に菊多関が設置される。国境の関は国境をはさんで都から、より遠い国に属するという原則（舘野1998）が適用される。陸奥国では度重なる蝦夷の乱に備えて軍団兵士制維持のため人口増加策が採られ、石城石背2国の陸奥国再編措置もこのためと考えられる。関は、陸奥国府が直接的に関与する施設として、大宝元（701）年までには置かれ、白河軍団の設置は、白河関の存在も一つの理由に考えられる。(18)このような白河郡での軍団設置に伴い、白河郡衙や官衙中枢施設と隣接する借宿廃寺跡においての整備に多賀城系瓦群が採用される背景を指摘できる。(19)

　辻秀人は、陸奥国南部における多賀城系瓦群は多様な瓦群の一つに過ぎず、北部地域との好対照なあり方を指摘（辻1992）する。そのことは南部の多賀城系瓦群の多くが鐙瓦や宇瓦など、どちらか一方で認められることが多く、出土遺跡も限定的であることからもうかがうことができる。

　白河郡衙である関和久・関和久上町遺跡では、軍事的外郭施設や明確な第2グループの採用された建物は認められていない。しかしながら、軒先瓦がセットで採用され、小浜代遺跡のように他郡への系譜もみえる。さらに白河郡衙の周辺施設、隣接寺院において同笵となる坂東北部系瓦群とともに多賀城系瓦群が認められる。これらの様相は、南部の中でも白河郡衙でのあり方が、他の多賀城系瓦群とは異なることをしめしている。

　以上のことは名生館官衙遺跡のⅢ、Ⅳ期と伏見廃寺などでの同笵となる共通瓦群とも一致するものである。陸奥国の南と北において、坂東北部系瓦群に替わる多賀城系瓦群と創建期瓦群が軍事基盤の強化整備の中で、軍団設置や関連する郡衙、寺院で採用された可能性を指摘できる。このことは多賀城系瓦群が単なる創建期瓦群の技術的継承により採用されることのみならず、この時期軍団が設置される白河郡などにおいては、陸奥国による新たな軍事的基盤整備など、同様な施策による展開がうかがえることになる。このように多賀城造営により成立する重弁蓮花文鐙瓦とヘラ描重弧文宇瓦を祖型とする多賀城系瓦群の性格の一端をうかがうことができる。

　さらに、同一もしくは隣接地域で、前代の坂東北部系瓦群と多賀城様式瓦群が重複して認められる場合が多い。陸奥国南部では川原寺系複弁6葉蓮花文鐙瓦、中部では無顎の型挽4重弧文を共有するなど前代からの関連の中で認められる。これらの地域的なまとまりが多賀城様式を受け入れる地域的基盤となっている可能性がうかがえる。

(3) 常陸国での多賀城系瓦群採用とその背景

　『続日本紀』養老7（723）年2月に、常陸国那賀郡の大領外正七位上宇治部直荒山が私穀三千斛を陸奥国の鎮所に献じ、外従五位下を授けられる。陸奥国鎮所への私穀献納による授位の最初の例となるもので、その後も天応元（781）年正月に那賀郡の大領外正七位下の宇治部全成が軍糧を進め、外従五位下を授けられるなど、常陸国那賀郡大領宇治部氏と陸奥国との深いつながりが指摘されて

きている（高井 1964）。

　さらに須田勉は、常陸国新治郡の新治廃寺跡や下総国結城郡の結城廃寺での造瓦技法である「かきベラ」によるヘラ描重弧文、瓦当裏面への、男瓦接合後に瓦当周縁全体に平行タタキを施す鐙瓦などが多賀城創建最古の下伊場野窯の瓦群と近似することから、常陸国南部にその祖型を結びつける（須田 2005）。このほか高野芳宏は、下伊場野窯跡での文字瓦の検討により、凸型台陽刻文字（図117-5参照）とヘラ書き文字の2種に時間差があり、古い段階の凸型台には坂東でも東海道諸国となる相模、上総、下総、常陸国、新しい段階のヘラ書きには、東山道である上・下野国の加わりを指摘する（高野 2000）。これら多賀城創建に際して常陸国内における瓦生産技術の移転と生産瓦の経費負担は、多賀城系瓦群採用の前提をしめしている。さらに、採用にあたっての陸奥国南部の白河郡での軒先瓦のセット、瓦群が技術系譜としてもたらされるなど同様の展開をしめすことは注目できる。

　『常陸国風土記』には、白雉4（653）年、多珂国造を多珂と石城の二評に分割申請する多珂国造石城直美夜部と石城評造部志許赤の名が見える。常陸国は隣接する陸奥国との関わりが強く、陸奥国石城郡との境には菊多関がおかれる。『続日本紀』養老3（719）年閏7月には、前年の石城国設置に伴い海道に駅家10カ所が設置され、石城国府と常陸・陸奥両国府との連絡が図られることになる。その際に常陸国那賀郡河内駅家などの整備が考えられる。『常陸国風土記』の那賀郡条には「郡より東北、粟河を渡りて、駅家を置く」とあり、那珂川を挟んで南岸の長者山地区が那賀郡衙、北岸の田谷廃寺が河内駅家と考えられる。弘仁2（811）年4月の海道10駅廃止は、常陸国内の安侯、河内、石橋、助川、藻島、棚島の6駅を廃止し、小田、雄薩、田後の3駅が新たに置かれている。この陸奥国を含む海道廃止に伴い、『延喜式』には榛谷、安侯、曾禰、河内、田後、山田、雄薩の7駅が記載され、那賀郡の河内駅家から久慈川に沿って陸奥国白河関を経由することになる。このように陸奥国経営において常陸国、特に河内郡は常に東海道や那珂川などの交通の要所として重要な位置にあることがわかる。

　このような複合する要因により、常陸国那賀郡正倉への多賀城系瓦群の採用を考えることができる。

6　瓦から読む「坂東」と陸奥国

　陸奥国での中央集権的国家の形成期となる8世紀初め、支配拠点となる郡衙、寺院では大規模な整備が行われた。官衙への瓦葺が全国的に稀な中、寺院の造営に伴い計画的に整備される郡衙に同笵などの共通瓦群が採用された。陸奥国府での瓦葺に先行して国内一円となる採用は、蝦夷対策を含む陸奥国の中央集権化による支配と教化が郡段階で重要視されたものと考えられる。これらが坂東北部系瓦群となることは、前代からの関わりを読み取ることができた。

　中央集権化は石城石背2国の分置など順調に進められた。しかし、養老4（720）年の蝦夷の乱以後、軍事的基盤強化が図られる神亀元年体制により国府として造営される多賀城では、陸奥国北部に偏在的に採用される坂東北部系単弁8葉蓮花文を祖型として重弁8葉蓮花文となる多賀城創建期

瓦群が創出された。陸奥国北部では多賀城とともに乱の影響を直接被った地域で城柵の整備が進められ、周辺で関連する郡衙、寺院とともに創建期窯から直接的に瓦群が供給される。これに対して南部では、創建期瓦窯での生産に関与した工人によって得た技術を継承した多賀城系瓦群が展開する。

特に多賀城系瓦群が採用される白河郡衙に関連する関和久上町遺跡では、前代からの瓦群が認められるとともに、瓦群転換後も郡衙とともに隣接寺院である借宿廃寺跡で共通瓦群が採用され、陸奥国における支配施設の象徴的な存在として継承されたことを読み取れる。さらに神亀5（728）年、白河と丹取改め玉作（造）の軍団設置、再編される地域で、これら異なる方式によって両瓦群が同じ施策により展開した可能性が認められた。

また、陸奥国と常陸国の歴史、地理的な関連により、多賀城系瓦群が常陸国那賀郡正倉にも採用されることになる。これらは陸奥国での状況と同じく創建期瓦窯での生産に関与した工人によって得た技術の継承によりもたらされ、陸奥国南部でのあり方と共通性が認められる。さらに国を越える多賀城系瓦群の存在、複数正倉への総瓦葺、丹塗建物ほか、郡内の支配施設にも広く瓦葺を採用、生産経費の負担を示す記名造瓦システムの導入は、陸奥国支配施設の象徴的存在である瓦葺をより充実させた様相をもち、国家的な施策とも関わる可能性を読み取ることができた。

坂東北部では、この時期に郡衙正倉への瓦葺が下野国の那須郡衙とされる那須官衙遺跡TG161、河内郡衙とされる上神主茂原官衙遺跡SB01など6遺跡や常陸国3遺跡で確認されている（大橋1999）。これらは国分寺創建段階に造営されるもので正倉内に大規模な総柱高床倉庫が一棟ないし数棟認められる。瓦葺礎石建物で、その多くが丹塗となり、文献史料にみえる一際大きな倉である「法倉」と考えられるものである。

大橋泰夫は、「陸奥国に接する下野国や常陸国における地方官衙の配置やクラの数の多さ、威容を瓦葺建物で示すあり方は、それぞれの国や郡内統治を要因とするだけではなく、国家の対蝦夷政策のなかでの必要性があったことにも要因を求めるべき」と指摘する（大橋 2012）。この視点は坂東における正倉への瓦葺と陸奥国での軍事基盤強化を結びつけるものとして重要である。征夷に連動し、兵站拠点として神亀元（724）年に初見する「坂東」という地域概念の創出は、乱後の新たな体制による陸奥国の軍事、支配施設の中核となる多賀城の成立と表裏の関係となるからである。このことからも、多賀城系瓦群の採用に伴う支配施設の瓦葺は陸奥国のみならず、新たに設置される「坂東」を含めて展開する可能性が指摘できるのである。

本稿で特に検討してきた陸奥国南部、常陸国の多賀城系瓦群の展開は、坂東北部での郡衙正倉への瓦葺を時期的にさかのぼり、これらの成立状況を読み解く「鍵」となる。このような視点に立ち、今後も検討を加えていきたい。

註
（1）黒川以北十郡とは大崎地方から牡鹿地方にかけての蝦夷居住地に近接して置かれた牡鹿・小田・新田・長岡・志太・玉造・富田・色麻・賀美・黒川郡をさす名称である。軍事的脅威にさらされているという特殊な状況から一括して取り扱われることが多かった。神亀元（724）年前の多賀城創建を中心として整備され

る諸城柵と一体に成立し、各郡いずれも2～5郷の小規模となる特徴がある。
（2）坂東とは、防人徴発範囲である遠江信濃以東を指す東国の中でも、現在の関東地方に限定した地域を指す場合に用いる。また、その国々を指す場合には坂東諸国を用いる。神亀元（724）年の陸奥国多賀城などの設置に伴って蝦夷に対する長期戦略に基づく兵站拠点として関東地方に設置された「坂東」を用いる際は括弧書きとする。
（3）瓦の用語について、本稿では歴史用語を基本とする軒先瓦、鐙瓦、宇瓦、男瓦、女瓦の用語を使用する。重弧文宇瓦について東北地方はロクロ挽、手描の語が用いられるが、ここでは型挽、ヘラ描重弧文とする。また、瓦の分類番号については、各遺跡の分類による。
（4）養老4（720）年の蝦夷の乱以後、石城石背2国を陸奥国に再編して広域陸奥国を復活させるとともに、前線にあたる辺郡地域に坂東諸国などから物資や人員を組織的に導入し、城柵官衙などの支配機構を大幅に整備した。一方で、調庸制の停廃、勧農、軍事教練、舎人や衛士仕丁などの本国帰還を組織的に実施し、広域陸奥国一国で平時の蝦夷支配を安定的に行える体制を創設する。さらに鎮守府・鎮兵制が創設され、坂東を含めて征夷の兵士が徴発される動きが読み取れる。多賀城が成立する神亀元年前後に、この体制が一応の完成をみることから神亀元年体制と呼ばれる（熊谷 2000）。
（5）この用語は、すでに須田（2005）により提示されており、このうち多賀城創建期瓦窯により生産された瓦群を多賀城創建期瓦群、多賀城創建期瓦群に系譜をもつ瓦群を多賀城系瓦群、両者をあわせて多賀城様式として用いる。
（6）ここで使われている第1・第2グループなどの瓦の分類番号は、報告書の分類を用いたものである（福島県教育委員会 1985）。
（7）出土瓦の数量からすべての建物が総瓦葺であることには疑問が提示され（上原 1988）、隅切瓦の存在と瓦の量比、出土量から1棟ないし2棟程度の総瓦葺建物の存在が指摘される（大橋・藤木 2012）。
（8）ここで使われている第一類・第二類など瓦の分類番号は、報告書の分類を用いたものである（いわき市教育委員会 2004）。
（9）この種の畿内系軒先瓦については、天平9（737）年に計画された陸奥出羽国道路開削を契機とする施設建設に伴い、畿内からの瓦工派遣が指摘されている（菅原 1996）。さらに、この時期に持節大使として多賀城に派遣される藤原麻呂の邸内で葺かれていた平城宮6282-6721を祖型とする考え方が提示されている（佐川 2000）。
（10）このことについて菅原は細弁系230、231、均整唐草文660の生産に招来した瓦工が、在地系の瓦工に対して新しい造瓦技術である一枚作り女瓦と半地下式構造を含めた技術体系の定着にまで及んだことを指摘している（菅原 1996）。また、日の出山窯跡出土瓦群については、大河原基典氏に多くのご教示を受けた。
（11）陸奥国行方郡衙と考えられる南相馬市泉廃寺跡での発掘調査によって、多賀城系譜とみられる重弁8葉蓮花文鐙瓦と酷似する鐙瓦が出土している。藤木海は花弁の形態から多賀城創建以前の特徴があり、仙台郡山遺跡II期官衙付属寺院跡で採用される瓦当文様に近いものと考えている（藤木 2009）。重要な指摘であり、今後検討していきたい。
（12）郡山五番遺跡では重弁系鐙瓦のほかに細弁系鐙瓦と釣針文宇瓦が出土し、同様の瓦群が行方郡衙とされる泉廃寺でもみられ、これらは多賀城創建期の畿内系譜の軒先瓦を主たるモデルとしていたことが指摘されている（佐川 2000）。陸奥国南部においても北、中部と同様に数次にわたる多賀城系瓦群の採用が考えられ、今後検討を加えていきたい。
（13）ここでいう技術には、文様、技術面の双方が含まれるものとして使用する。
（14）長者山地区で採用される3117型式鐙瓦ほか多賀城系瓦群が台渡里廃寺から出土しないことは、造営期、造瓦組織の違いや多賀城系瓦群採用における特別な意味なども考えることができる。ここに陸奥国との大きな違いが認められる。
（15）陸奥国内では、官衙に隣接して計画的に造営される寺院を付属寺院と位置づける。国府では仙台郡山遺

跡Ⅱ期官衙と付属寺院、多賀城跡と多賀城廃寺跡、城柵や郡衙などでは城生柵跡と菜切谷廃寺跡、名生館官衙遺跡と伏見廃寺跡がその典型的なものと考えられている。

(16) 国家による陸奥国、そして蝦夷への意識は、大化元(645)年8月の詔で、「倭国六縣」とともにいち早く中央集権化を図るため国司が派遣される東国での武器収公の中にも見える。蝦夷と境を接する地域では武器把握後、所有者に返還するなど特別な措置をとっている。さらに陸奥が出羽などとともに一般国司職務のほかに「饗給・征討・斥候」という蝦夷対策を負わされることにも高い意識がみえる。

(17) 古代の兵制は大化2年の大化改新詔にみえるが、軍団制の企図は天武末年にみえ始める。持統4(690)年の庚寅年籍の作成によって、直接国家による徴兵が可能となることから、それ以後の成立が考えられる。多数の兵力を動員する際に必要とされる兵器は、すべて郡(評)衙に収められることになっているが、律令制下は軍団がこれらを管理することになる。これらのことから天武期以後、独立組織として軍団は認められないものの、律令制により評(郡)単位の兵制が軍団として継承される可能性がある。以後、郡司と異なる命令系統に属することになるが、文献史料や考古資料からも不可分の関係がみえ、郡衙と軍団は至近の位置、施設と推定することができる。

(18) 関の設置は大化2(646)年正月一日の4ヶ条からなる改新詔第2条に郡司とともに関塞を置く記事にみえるが、白河関は『類聚三代格』巻18、關并烽候事の承和2(835)年12月3日の太政官符に陸奥国解を得て「旧記を検するに剗を置きて以来、今に400余歳なり」と白河菊多両関の設置が5世紀代にさかのぼることを記す。しかし、実際の初見としては、南北朝期に四辻善成が記した『源氏物語』の注釈書である『河海抄』の「くきだの関」注釈に『弘仁格抄』上・格巻三の延暦18(799)年12月10日の太政官符の引用の中にみえる。そこには白河・菊多関に位のみあって官職のない陸奥国外散位60人がいたことが記されるなど、国府による管理もうかがえる。

(19) これらの考え方については、鈴木(2004)に多くの触発を受けている。

終　章
坂東と陸奥国の在地社会からみる古代国家形成期の視座

　隋唐による統一国家の誕生は、周辺諸国においても国家基盤の強化を急速に推し進めることにつながった。わが国における中央集権的国家体制の構築は大化改新が起点とされ、大化2（646）年正月甲子（1日）に示された4ヶ条の「改新の詔」からは従来の国造にかえて、いわゆる公地公民や地方支配など郡（評）を設置し、民衆を把握することに主たる目的が置かれたことがわかる。中央集権的国家支配の基本法典となる律令は、中国での1000年に及ぶ人民支配の経験から生み出された統治技術であり、制度の継受を積極的に進め大宝年間にようやく完成をみることになる。条文には、唐令の篇目順を入替え、戸令の次に田令、賦役令を引き上げる等、民衆把握と租税が国制の基本として引き継がれたことがうかがえる（大津 2013）。特に地方支配の基盤となる評督（郡司）の任命には、固有の伝統に基づく氏族世襲など身分的特性が目立ち、地方豪族の持つ直接的な支配権を行政的、制度的に継承することに大きな力が注がれている。中央集権化は非律令的な部分をもつことが早くから指摘され（坂本 1964）、国際的な動きにいち早く対応するため、ヤマト王権から引き続く諸制度を包摂しながら新たな中央集権化を図ることが最も現実的かつ確実であると認識されたものと考えられている。ここに、わが国古代国家における地方支配制度の大きな特色を読み取ることができるのである。

　これらのことを裏付けるために欠くことができないのが、国造から評督、そして郡司へと時代の変化に伴う豪族勢力や伝統地域の推移、在地支配施設となる豪族居館から官衙、権力表示や一族の紐帯を示す構築物である前方後円墳などの首長墓から寺院への変遷、石碑や瓦等の考古学資料の検討である。そして古墳時代から王権との結び付きを有し、国家体制の構築が急速に進められた7世紀後半以降、国司の派遣される東国でも地理的、歴史的に関わりが深い坂東および蝦夷の居住地を含む陸奥国は調査事例も多く、恰好の対象地域となる。ここでは、大王（天皇）やヤマト（畿内）王権との結びつきや在地社会の意識や交流の実態を明らかにし、わが国古代国家形成期にみる特色を在地社会から読み取るものである。

1　伝統的地域の継承と中央集権的地方支配の展開

　最有力層の古墳群の近隣に評（郡）衙や寺院が造営される地域としては、上毛野国での総社古墳群と山王廃寺跡、下層評衙遺構、下総国での岩屋古墳群と龍角寺や大畑Ⅰ遺跡、武蔵国での馬絹古墳と影向寺、千年伊勢山台遺跡、陸奥国での下総塚古墳と借宿廃寺跡、関和久遺跡と野地久保古墳をその代表とすることができる。

上毛野国での前方後円墳消滅後の大型墳への転換は、7世紀前半から7世紀第4四半期に位置づけられる総社古墳群のみで認められ、方墳である愛宕山古墳、宝塔山古墳、蛇穴山古墳が継続して造営される。南西約800mには山ノ上碑文の放光寺に比定される山王廃寺跡がある。塔心礎根巻石や石製鴟尾は、輝石、角閃石安山岩という固い石材で作られ、加工技術から宝塔山、蛇穴山古墳と時期的、技術的にも密接な関連が指摘されている（津金澤 1983）。法起寺式伽藍配置をもつ寺院の下層では主軸が西偏する重複建物群があり、総柱建物 SB3・16 は柱掘方内に礎板として女瓦、基壇建物跡 SB19・20 の版築土には多量の瓦が突き込まれる。山王廃寺跡創建期となるⅠ、Ⅱ式の素弁8葉蓮花文軒丸瓦と胎土焼成が一致し、創建期瓦群は中房花弁を囲む輪郭線、三角形の間弁、直立高縁、男瓦の凹面側に接着粘土を用いないなど、大和山田寺式との類似性から7世紀第3四半期に位置づけられる（栗原 2010）。このことから山王廃寺跡と重複して瓦葺前身寺院、北部に前期評衙となる郡馬評の実務官衙と倉庫群の構成が考えられ、評衙移転後、隣接地にあった寺院を新たに山王廃寺跡として造営したものと考えられている（須田 2013）。

　下総国の龍角寺古墳群は、龍角寺の南約1kmに分布し、5世紀から7世紀代に継続して造営される。首長墓としては7世紀第1四半期から第2四半期と考えられる浅間山古墳（前方後円・78m）に続き、東西2基の凝灰質砂岩の両袖型切石積横穴式石室が開口する7世紀前半代の岩屋古墳（方・80m）、その後みそ岩屋古墳（方・35m）が継続して造営される。付近の尾上遺跡では東西22～25m、南北35～37mの溝と土塁による区画内に木室墓と考えられる墓壙が確認されている。竪穴住居内出土土器から7世紀第3四半期に位置づけられ、隣接する龍角寺造営に関わった被葬者がうかがえる。埴生評（郡）衙と考えられる大畑遺跡群は、7世紀第4四半期から8世紀後半にかけ、大きく5時期に分かれる。Ⅰ期は主軸が北から45°ふれる3間規模が大部分であったものが、8世紀第1四半期のⅡ期になると北主軸となるなど規格化と大規模化が図られる。龍角寺は、本尊の薬師如来が現存し、白鳳仏として注目される。講堂の存在は明らかでないが、直線に並ぶ南門と金堂、東に塔をもつ変則的な法起寺式伽藍となる。出土する軒丸瓦は3重圏文縁単弁8葉蓮花文軒丸瓦で、中房蓮子が1+5で中心蓮子が小さいもの、同様で中心蓮子が大きいもの、中心蓮子が1+10の順に追刻される。軒丸瓦は大和山田寺式に属し、山田寺式軒丸瓦は間弁が中房に達しないA系統と達するB系統に分かれ、龍角寺式は新しいB系統であることから、瓦の年代については山田寺創建以降の7世紀第3四半期と考えられている（岡本 1996）。

　武蔵国橘樹評（郡）では、7世紀第3四半期の切石積横穴式石室をもつ馬絹古墳など終末期古墳群と同一低丘陵に7世紀末から8世紀初めに造営される影向寺と、その下層にも広がる7世紀第3四半期以降の斜方位主軸を含む重複建物群からなる橘樹評（郡）衙の千年伊勢山台遺跡がある。

　陸奥国白河評（郡）衙は、7世紀第4四半期以後の関和久遺跡周辺で7世紀後半の上円下方墳と考えられる野地久保古墳に畿内系横口式石槨が採用され、8世紀初めに造営される借宿廃寺跡周辺では6世紀後半から7世紀前半の豪族居館である舟田中道遺跡と6世紀末頃となる前方後円墳である下総塚古墳がある。これらの遺跡からは、古墳時代の地方豪族層の伝統的地域に地方支配施設である評（郡）衙や寺院が造営されるなど地域的、時間的にも近接し、権力の継承がうかがえる典型的な例とすることができる。

上総国武射郡衙の嶋戸東遺跡や下野国の河内郡衙の上神主茂原官衙遺跡では中小古墳を評（郡）衙の祭祀や遮蔽施設として取り込む例もみられる。これらは伝統的地域継承の上で象徴的な存在となる古墳への強い意識を読み取ることができる。また、官衙施設の内部には竪穴住居跡が多数配置される例が見え、中心施設を構成するものが下野国河内評（郡）衙とされる西下谷田遺跡で認められる。さらに陸奥国における初期官衙と考えられる仙台郡山遺跡Ⅰ期官衙では、7世紀後半に掘立柱建物と工房、嶋戸東遺跡では8世紀前後の中央官衙内に西にふれる鍛冶工房、陸奥国石城評（郡）衙である根岸遺跡では、政庁や正倉群に隣接して竪穴住居跡と掘立柱建物による豪族居館跡が7世紀初頭から8世紀前半代まで認められる。官衙中枢での竪穴住居群や鍛冶工房の存在、古墳時代からの豪族居館の併存は、前代との未区分の性格を有するものと考えることができる。官衙の造営地が、郡域における5～7世紀頃の古墳や豪族居館跡、拠点的集落、7、8世紀創建の寺院跡との位置関係から、在地有力氏族の本拠地に営まれたものを本拠地型評（郡）衙遺跡と指摘（山中 1994）し、前述の遺跡からは地域的、時間的な権力構造の継承がよく捉えられる。

　評（郡）衙を構成する建物群には、地形、河川、道路など地域において独自な基準となる主軸がみられる。嶋戸東遺跡ではⅠ期となる7世紀第4四半期で西に33.5°、Ⅱ期の7世紀第4四半期から8世紀初頭で西に16～20°傾く。千年伊勢山台遺跡でもⅠ期の西30°、東60°の建物群が影向寺下層建物でも認められる。常陸国那賀評（郡）衙の台渡里官衙遺跡南前原地区では長者山地区正倉群に先行する7世紀末段階の溝跡が東に約40°偏し、近接する東海道の傾きに近似する。武蔵国豊島評（郡）衙である御殿前遺跡では北主軸の大型東西棟建物と東にふれる正倉群があり、8世紀前半の大規模郡衙施設以前に同一地に異なる時期の重複が認められる。しかし、8世紀前後に北方位へと主軸が統一される傾向があり、大きな変化がうかがえる。

　また、上野国新田評（郡）衙の政庁や正倉となる太田市天良七堂遺跡のほか、入谷遺跡周辺は、前代となる7世紀代に首長墓が認められない地域で、東山道沿いに正倉別院として倉が立ち並ぶ状況が見える。官道設置など新たな地方支配の展開との関わりの中で郡内に複数の官衙が造営される可能性がある。さらに、入谷遺跡などでは川原寺系複弁8葉蓮花文鐙瓦が葺かれることから7世紀末段階での正倉と考えられ、官衙への瓦葺の採用として坂東において最も古い事例となる。下野国河内評（郡）内でも正倉別院などの複数官衙の造営が東山道沿いに認められる。多功遺跡と下石橋愛宕塚古墳、上神主茂原官衙遺跡と神主古墳群、薬師寺跡と御鷲山古墳など複数の伝統的な地域での官衙施設や寺院の造営は、中央集権的国家の展開に伴い、各地で官道が整備されるとともに、郡内における支配強化や多くの豪族層が中央集権化に取り込まれる姿を映し出している可能性がある。『常陸国風土記』では常陸で6国造の領域を大化5（649）年に7評、白雉4（653）年に12評、大宝元（701）年に11郡という地域支配の変遷をもつことがわかる。遠江・信濃以東で陸奥を含めない国造数は、東山道域で6、東海道域で22、計28であったものが、『倭名類聚抄』による郡数はそれぞれ44、59の計103と3倍以上に増加する。このことから国造層をはじめ、新たに王権と結びつき郡領層となる地方豪族の姿がうかがえる。

　郡衙成立前の地方支配について山中敏史は、7世紀中葉から7世紀第3四半期に新たな地方支配が一部において創設される前期評衙、7世紀第4四半期前後に、それ以前との断続、構造変化に質的

な違いが見え、飛鳥浄御原令施行や都城の成立と合致し、より多くの郡衙遺跡への過渡的な官衙施設が創設される後期評衙の二つの画期を位置づける。そして全国的に成立した地域支配施設を踏襲し、郡制施行によって最終的に郡衙として整備、確立を迎えたことを指摘（山中 2001）する。このような評（郡）衙の数時期に及ぶ遺構の重複と構造変化は、国造、評制の施行と分割、再編、そして郡制確立へ、ヤマト王権支配から継続し、天皇を頂点とする律令国家の支配機構が地方において成立していく過程を示すものであり、全国的な人民の編成組織や国家的支配機構の確立など地方支配の発展段階を示すものと考えられる。

　このほかにも、前代からの地域間の結び付きや領域的変遷について、考古学資料である瓦の分布からうかがえる。下総国埴生郡では、龍角寺跡の供給瓦窯である龍角寺瓦窯と五斗蒔瓦窯出土瓦の製作技法と記名される地名から、創建期前半と後半に分けられる。前半はミヤケ支配と結び付く印旛国造による広範な支配の中心地域であったものが印旛、埴生、香取に分立される範囲、後半は埴生評域に限定され、一円的な領域支配を伴う後期評などへの移行段階を示すものと考えられている。また、各地で採用された瓦を祖型として、国や郡域を越えて系譜をもつものがみえる。代表的なものとしては、龍角寺式鐙瓦の分布がある。下総国龍角寺跡を祖型として木下別所廃寺跡、八日市場大寺廃寺跡、龍正院廃寺跡、名木廃寺跡、木内廃寺跡、長熊廃寺跡、上総国今富廃寺跡、二日市場廃寺跡、岩熊廃寺跡などで採用される。国を越えた分布をもつ龍角寺式は、前代の広範囲な結び付きを示している。

　さらに陸奥国を中心とした官衙、寺院の整備に伴い、下野国下野薬師寺跡や上野国寺井廃寺跡に祖型をもつ川原寺系複弁 6 葉蓮花文鐙瓦、上野国上植木廃寺跡に祖型をもつ山田寺系単弁 8 葉蓮花文鐙瓦、山王廃寺跡に祖型をもつ山王廃寺系複弁 7、8 葉蓮花文鐙瓦が採用される。川原寺系複弁 6 葉蓮花文鐙瓦は、白河評（郡）衙である泉崎村関和久遺跡、関和久上町遺跡、隣接する白河市借宿廃寺、石背郡の上人壇廃寺、石城評（郡）衙であるいわき市根岸遺跡と隣接する夏井廃寺、安積評（郡）衙である郡山市清水台遺跡、伊具評（郡）衙となる角田市郡山遺跡、常陸国内では多珂（評）郡の北茨城市大津廃寺、久慈評（郡）衙とされる常陸太田市薬谷遺跡から出土する。瓦当文様から 1 段階が安積評（郡）衙の清水台遺跡、伊具評（郡）衙の角田郡山遺跡、2 段階が白河評（郡）衙である泉崎村関和久遺跡、関和久上町遺跡、隣接する白河市借宿廃寺、石城評（郡）衙であるいわき市根岸遺跡と隣接する夏井廃寺、常陸国内では多珂（評）郡の北茨城市大津廃寺、3 段階が石背郡の上人壇廃寺、久慈評（郡）衙の薬谷遺跡など文様（時間）差から周辺地域へ展開し、陸奥国南部に集中する。山王廃寺系鐙瓦は、山王廃寺のⅢ式複弁 8 葉とⅣ式複弁 7 葉蓮花文を祖型とし、周縁に竹管文をもつものがある。宇瓦は型挽 3 重弧文で顎部下端に凸線を持つ特徴がある。複弁 8 葉と周縁竹管文が石城評（郡）衙と寺院、複弁 7、8 葉と宇瓦顎部下端に凸線をもつものが宇多評（郡）の寺院である黒木田遺跡、さらに宇瓦顎部下端凸線をもつものが苅田郡衙である大畑遺跡、複弁 8 葉と宇瓦顎部下端凸線をもつものが白石市兀山遺跡などの窯跡から出土する。石城と宇多、苅田と異なる 2 系統の展開をみせ、陸奥国南部でも石城国が設置される海道沿いから、阿武隈川北岸の陸奥国中部にかけて分布する。山田寺系単弁 8 葉蓮花文鐙瓦は、丹取（玉造）郡衙である名生館官衙遺跡と隣接寺院である伏見廃寺のほかに陸奥国府となる仙台郡山遺跡Ⅱ期官衙付属寺院、名取郡内と

なる大蓮寺窯跡、安積評（郡）衙の供給瓦窯である麓山瓦窯跡、柴田郡内の瓦窯である兎田瓦窯跡などから出土する。陸奥国では東山道に沿った北部を中心に採用される。上植木廃寺跡の単弁8葉蓮花文鐙瓦A03が麓山瓦窯、04、05が名生館遺跡や伏見廃寺、大蓮寺窯の祖型となるなど、一系列の系譜をもつものでないことが指摘されている（出浦 2012）。これら3種の瓦群はいずれも坂東北部系となるもので、偏在性をもちつつも陸奥国一円に分布を見せ、陸奥国の地方支配と結びつくことがうかがえる。そして後に上・下毛野に改氏姓される吉弥侯部（君子部）氏の分布域と重複するなど古墳時代から坂東北部との結びつきを基盤として採用される特徴がある。

　国境を越える瓦については、律令制が確立する以前の文化、経済圏や文化伝播メカニズムを知る鍵があるとの指摘（上原 1997）があり、地域における国造、評、そして郡となる地域の分割、再編などの変遷や旧国造支配領域、伝統的な地域間における人的、歴史的、地理的な関わりや交流関係、そして在地社会の実態を示している可能性がある。また、政治性の強い地方支配施設に採用され、象徴的な存在であると同時に、地域性を強く示すものであることがよくうかがえる。

2　在地社会にみる譜第意識とその表示

　東国における中央集権的国家形成への新たな動きに天武、持統朝に数多くみられる渡来人配置があげられる。集団配置の人員構成に僧や官人が含まれることから、在地豪族と結びつき文化的、技術的基盤として中央集権化の拠点となったことがわかる。従来、閑地、寛地への開拓的な配置と考えられていたが、上野三碑周辺では5世紀代にさかのぼる渡来系文物がみえ、仁徳天皇53年5月条の新羅からの捕虜連れ帰りと関わる可能性から、王権の軍事、外交を司る上毛野君の存在がうかがえる。その後、国造支配領域内に王権の直轄領としてミヤケが設置され、馬、鉄、土器、織物などの高度な技術の導入や文化の継承に渡来人の関与が考えられる。山ノ上、金井沢碑文には、すでに廃止されたヤマト王権の直轄地となるミヤケに関わる記事が認められ、ここに王権との結び付きの表示が見える。また、山ノ上碑文の「集」「孫」「児」の隷書体の書風は石上神宮の七支刀、江田船山古墳の大刀、稲荷山古墳の鉄剣など4、5世紀代に見えるが、7世紀後半の畿内の金石文には認められないことから、伝統的な地域圏において渡来人と結び付いた高度な文化、知識の保持、文化的継承が図られたことが指摘されている（東野 2004）。

　那須では、国造から評督となった那須直韋提を顕彰するため意斯麻呂らにより造営された那須国造碑が、古墳時代前期の前方後方墳である下侍塚古墳の北700mで認められる。碑の造営には侍塚古墳群と同一墓域を構成し、視覚的、地理的にも国造系譜を連ねる意識が見える。周辺の後期古墳群からは、伝統的な地域が3地区認められる。それぞれ均衡した勢力による競合関係がうかがえ、那須郡衙と考えられる那須官衙遺跡は、那須国造碑とは箒川を挟んだ地域での造営となる。7世紀末から8世紀初めの地方支配の成立期、在地豪族間の地位獲得、譜第の表明が必要な時期、渡来人のもつ高度な技術と知識の結晶である那須国造碑により、付近を通過する東山道を意識しての不特定多数への表示は、建立者の明確な意思がうかがえる（眞保 2008）。

　大化改新以降、中央集権的国家体制の着実な進展の中で東国の在地社会における意識を最もよく

示しているものが、これらの地域における石碑である。そこには在地勢力が王権と結び付き、その表示を読み取ることができるのである。上野三碑では、山ノ上碑の「佐野三家」や金井沢碑の「三家」に、文献には見えないものの周辺にヤマト王権によって設置され、すでに廃止されたミヤケの存在がうかがえる。その後も連なる意識が継承され、碑文への使用に先祖以来の王権との結び付きや譜第系譜を認めることができる。那須国造碑においても国造、そして後に評督となる那須直韋提の業績とともに氏族系譜などに正当性の主張とその表示がある。わが国における古代の石碑は、現存16基のうち、東国でも坂東と陸奥国では6基となり、畿内の6基に匹敵し、内容的に在地豪族に関わるものが主となる。重点的な渡来人配置といった高い文化の保有や蝦夷対策を含む陸奥国の支援地域として東国が拠点となっていることはもちろん、不特定多数に向けての石碑設置、碑文掲示などの主張が必要となる時代での在地社会や豪族の実態をうかがうことができる。

　このような坂東の西と東となる上野国、下野国での同様の主張と表示が見える石碑の存在に、在地社会での豪族層に堅持された強い譜第性、正当性と国家との結び付きの意識を認めることができる。陸奥国では、地方支配施設への坂東北部系瓦群の採用と一部重複して、陸奥国府である多賀城造営に伴い北部域の坂東北部系瓦群を祖型として新たに創出された多賀城様式が陸奥国内で分布し続ける。これらは坂東北部となる上・下毛野の氏族や地域との政治的、文化的、さらに蝦夷対策などと軍事的に結び付き、陸奥国のみならず国家においても譜第性、正当性の強い意識と、その表示が結びついたものと理解することができる。在地における譜第意識の高まりは8世紀後半以降に上・下毛野氏の伴造的立場にあり、後に上・下毛野氏に改氏姓される複数の吉弥侯部（君子部）氏などの分布からも読み取れる。

　このような在地意識と国家体制構築による地方支配の施策こそが、わが国の特色である固有の伝統に基づく氏族世襲など譜第主義採用へ結びつける一因とすることができる。ここに在地社会の視点から新たな中央集権的な国家構築におけるわが国の独自性を読み取ることができるのである。

3　坂東と陸奥国にみる地域間の歴史的特性

　下野、常陸、陸奥三国の接する地域は、地理的、歴史的にも周辺地域と一続きの文化圏が形成されていた。しかし、陸奥国の初見となる斉明5（659）年3月是月条の「道奥国」の名称から東山道、東海道と結び付き、中央集権的国家が展開していく主要経路となっていくことがわかる。陸奥国白河では終末期古墳である前方後円墳の下総塚古墳には基壇を有するなど那須や下毛野と関わりがあり、嘉祥元（848）年5月辛未（13日）、白河郡大領外正七位上奈須直赤龍に阿倍陸奥臣を賜う記事や陸奥国府である多賀城出土木簡から天平神護年間に白河郡の郡領層と考えられる奈須直廣成など奈（那）須氏の存在がうかがえる。これに対し、東海道域では『常陸国風土記』での多珂国造の領域が、久慈の堺の助河を以て道前とし、石城郡の苦麻村を道後とするなど後の常陸国と陸奥国にまたがる範囲となっている。広大な領域支配において多珂国造石城直美夜部、石城評造部志許赤らが遠隔で往来不便とのことから、多珂、石城二郡の分置を申請するという建評（郡）記事がみえる。申請者二人が石城と関わること、首長墳の分布や官衙、寺院の存在など多珂国造領域においての中

核が石城にあること、多珂郡内寺院への瓦群の系譜が石城など陸奥国となることから多珂郡域への影響がうかがえる。このように陸奥国白河における下野国那須、常陸国多珂における陸奥国石城などから、古墳時代から引き続く勢力圏や交流の延長上に中央集権的国家の形成が図られ、坂東から陸奥国への中央集権化の拡充は、南から北へ一様にもたらされたものでないことが明らかである。

東国と陸奥国域との関わりを考える上で、陸奥国北部における終末期小円墳の副葬品にみる変化は興味深い。7～8世紀前半の7世紀型副葬品には金銅製馬具や大刀、鉄鏃、須恵器瓶類などがあり、6世紀後半から7世紀前半の中部関東地方の古墳に由来することから、古墳時代以来の氏族間のネットワークによって流通し、南の古墳文化社会、特に東国との結びつきが強い。その後8世紀前半以降の8世紀型副葬品には馬具が姿を消し、蕨手刀、銙帯、和同開珎など構成に大きな転換が見られ、東国からの柵戸、征夷兵士といった律令国家施策や朝貢を含めた饗給など、一定の政治的関係が強まったことを示すものとしている（八木 2010）。このような動きからも、前代から引き続く交流を下敷きとして中央集権化が展開していく状況をうかがうことができる。

古墳時代以降、土師器や須恵器は、北海道南部まで広く分布をする。しかし、古墳文化の中心的な要素となる前方後円墳など階層性をしめす首長墓が継続的に造営される地域は大崎平野を北限とし、きわめて例外的な前方後円墳である角塚古墳は、さらにその北となる岩手県奥州市に及んでいる。中央集権化の中で造営される城柵、官衙、寺院についても、8世紀後半までは大崎平野とその北部、9世紀前半においても岩手県南部までしか及ばない。権力範囲と構成要素である土器など交易、流通による分布範囲とは大きな違いが認められるのである。さらに宮城県北部を中心に出土する関東系土器は交易や交流を基礎とした分布とは考えられず、従来坂東からの柵戸との関わりが指摘されてきた。しかし、柵戸移配以前に出現し、8世紀中葉で消滅することから、城柵やそれに関わる移民政策とは同一視できなくなっている。仙台市郡山遺跡や東松島市の赤井遺跡などの城柵官衙遺跡では、前段階に周囲に区画施設を伴い、関東系土器が出土する集落が認められ、中央集権的国家の拡充にみる城柵や柵戸以前の関東や東北南部からの移住者が主体となる「官衙造営環濠集落」と呼ばれている（村田 2000）。このことについては、敏達10年（581）閏2月、数千の蝦夷が抜き、首領魁師綾糟が忠誠を誓い、皇極元（642）10月甲午（12日）に蝦夷を朝に饗るとある。さらに斉明元（655）年7月己卯（11日）にも津軽など遠方の蝦夷を饗る記事が見え、蝦夷が華夷思想の影響のもと非支配民としての観念が成立し、王権の権威を高めるための徳化の対象と位置づけられたことがわかる。これらの記事が大化以前に遡ることから、征討を含む政治的進出と反発の存在としての集落防御と集団移住との関連が指摘されている（熊谷 2004）。これらは、陸奥国での中央集権化による地方支配施設である官衙、寺院の一体的な整備に伴う坂東北部系瓦群採用の前段となる、きわめて政治性の強い考古学的資料の分布とその性格を示すものであり、その後の地方支配の拡充による城柵官衙や寺院の整備へとつながることになる。

古墳時代以来、上毛野地域や上毛野君が陸奥国支配や蝦夷征討に中心的役割を果たしてきた。しかし、中央集権化の形成期前後には東山道で直接結び付いた那須と下毛野を合わせた下毛野（下野）国もその役割を担うことになる。さらに、養老4（720）年の蝦夷の乱により、神亀元（724）年の陸奥国多賀城の設置にみる長期的戦略に基づく兵站拠点として、より軍事的な役割が加わり「坂

東」という広範な陸奥国支援地域への変遷が考えられる。このようにヤマト王権に引き続き、中央集権的国家は陸奥国支配や蝦夷対策を重要視したことがうかがえ、特殊な課題を抱える陸奥国から人や物の自由な移動を防ぐ施設として、下野国、常陸国の境界にそれぞれ白河関、菊多（勿来）関が設置されることになる。ここに陸奥国とその支援地域としての「坂東」の境界が厳格化され、今日の関東、東北地方の行政や文化の境界の創始が見えるのである。

4　陸奥国の地方支配施設からみる中央集権的国家形成期の特性

　陸奥国南部では、東国と同様、国造、評そして郡が設置される。北部では国造が設置されず、東国由来の郡郷名の採用により郡が設置されるなど様相が異なるものの、8世紀初めには地方支配施設である城柵、郡衙と仏教普及のための寺院造営が黒川以北十郡へと至る。寺院が郡ごとに「官寺」として造営される制度はない。しかし、中央集権化において「寺院と評衙・郡衙とが近接した場所に相前後して造営されている事実は、旧来の族制的祭祀や呪術の枠を越えた宗教的思想である仏教が、新たな民衆支配の樹立にあたって、精神的支柱としても重要な役割を果たすべきものとして導入されたことを示唆するものである」とし、官衙と寺院が両輪となって民衆支配が達成されたことが指摘されている（山中 1994）。『扶桑略記』にみる持統朝の寺数は545寺に及んでいることからも全国的に広まったことを物語っている。持統3（689）年に陸奥国優耆曇郡の城養の蝦夷脂利古の子、麻呂と鑷折が沙門への申請を許されるなど、中央集権化の進展に伴い、陸奥国でも寺院が造営されることになる。

　陸奥国における多賀城創建以前の寺院と評（郡）衙、供給窯跡出土の素弁・単弁・複弁系鐙瓦の時期と分布の違いから、1段階（7世紀後半）の素弁8葉蓮花文鐙瓦は国やそれを越えるような大地域圏の寺院に、2段階（7世紀後半から末葉）の有稜素弁8葉蓮花文鐙瓦は、東国では東山道に沿って一国に一寺的な分布となる。それに比べ3段階（8世紀前後）の複弁6、7、8葉蓮花文鐙瓦は、陸奥国の評（郡）衙、寺院の計画的な造営に採用される（眞保 1995）。寺院とともに評（郡）衙などの建物群にみられ、8世紀前半の陸奥国府である多賀城創建を遡る時期での瓦葺による整備が進められる。これらは文様系譜ごとに偏在性をもって、8世紀初めには中央集権的国家の最前線地域となる黒川以北十郡から一部常陸国まで分布するもので、蝦夷対策を含む陸奥国の評（郡）衙、寺院により地域支配と仏教教化が地域内で計画的に推進された一大画期と位置づけることができる。

　瓦群は畿内に祖型をもつ山田寺系単弁8葉蓮花文と川原寺系複弁8葉蓮花文鐙瓦、山王廃寺系7、8葉蓮花文鐙瓦などの坂東北部系瓦群であり、蝦夷対策を含む特殊な事情をもつ陸奥国への中央集権化は畿内王権の陸奥国支配基盤としての東国、なかでも坂東北部の関与を如実に物語っている。評（郡）衙と隣接寺院での同笵瓦群の採用など、計画的な造営が進められる。しかし、石城郡では瓦の主体的出土が夏井廃寺跡となること、白河郡では関和久遺跡での郡衙正倉院を構成する総瓦葺となる倉庫が認められるものの、それ以前に同規模の倉庫群が造営されるなど、隣接して造営される寺院での瓦葺が大きな契機となり、官衙に採用された可能性が強い。官衙の固定化につながる瓦葺は全国的に規制された可能性があり（小笠原 2009）、地方官衙への瓦葺が出羽、陸奥、常陸、下

野、上野、武蔵、下総など東国7カ国で全体の約4割を占め、山陽道沿いや西海道諸国でやや集中するものの、他の地域では国府を除くとほとんど確認されない（志賀 2003）などの指摘は、陸奥国での特徴的なあり方をよく示している。また、瓦の移動もきわめて限定的で、陸奥国支配施設の整備に伴う坂東からの技術者の派遣、坂東での技術伝習が行われ陸奥国各地で瓦が生産された可能性があり、中央集権的支配施設の造営にあっても在地間の結びつきが強かったことを物語る。

　養老2（718）年5月乙未（2日）条には、陸奥国南部で石城石背2国を分置するなど、着実な中央集権化が進められてきた。しかし、養老4（720）年9月丁丑（28日）条の「蝦夷反き乱れて按察使正五位上上毛野朝臣広人を殺せり」を契機として、軍事基盤の強化が図られる大きな政策転換が迫られることになる。2国は再編され、軍事基盤強化を図る拠点として新たな国府である多賀城と北部を中心に城柵が整備され、陸奥国北部に偏在的に採用される坂東北部系の単弁8葉蓮花文を祖型とする重弁8葉蓮花文の多賀城様式が創出される。採用は地域的に限られる傾向があり、多賀城とともに付属寺院である多賀城廃寺をはじめ、乱の影響を直接被った黒川以北十郡の城柵など軍事施設や周辺郡衙、寺院の整備に伴い創建期窯から直接的に瓦群が供給される。丹取（玉造）郡衙と考えられる名生館官衙遺跡は、8世紀初頭から前葉のⅢ期から8世紀前葉のⅣ期で政庁は南500ｍ移動し、それぞれ単弁8葉と重弁8葉蓮花文鐙瓦が採用される。Ⅳ期は櫓を伴う区画施設が認められることから軍事施設整備に伴うものと考えられ、隣接寺院である伏見廃寺でも両瓦群が認められる。

　これに対して陸奥国南部では、創建期窯での生産に関与した工人によって得た技術を継承した多賀城系瓦群が展開することになる。多賀城系瓦群が採用される白河郡衙に関連する関和久上町遺跡でも、前代からの瓦群が認められるとともに瓦群転換後も郡衙と隣接寺院である借宿廃寺で共通瓦群が採用され、陸奥国における支配施設で瓦葺が継承されたことが読み取れる。これらは神亀5（728）年4月丁丑（11日）条にみる白河と丹取改め玉作の軍団設置、再編との関わりがうかがえ、陸奥国の北と南において両瓦群が展開した可能性が認められる。陸奥国で展開する寺院、官衙の瓦葺は、中央集権的国家形成の最前線地域での権力や権威の顕示であり、安定的な統治に欠かすことができない陸奥国、特に蝦夷対策としての「象徴」と位置づけることができるのである。

　また、陸奥国のみならず、地理的、歴史的にも関連の深い常陸国那賀郡正倉においても多賀城系瓦群が採用され、坂東を含めて郡衙正倉への瓦葺が展開する可能性が指摘できる。坂東北部では、この時期に郡衙正倉への瓦葺が下野国で6遺跡、常陸国で3遺跡確認されており（大橋 1999）、これらは国分寺創建段階に造営されるもので正倉内に大規模な丹塗瓦葺の倉「法倉」と考えられる。大橋泰夫は、「陸奥国に接する下野国や常陸国における地方官衙の配置や倉の数の多さ、威容を瓦葺建物で示すあり方は、それぞれの国や郡内統治を要因とするだけでは無く、国家の対蝦夷政策の中での必要性があったことにも要因を求めるべき」と指摘する（大橋 2012）。征夷に連動し、兵站拠点として神亀元（724）年に初見する「坂東」という地域概念の創出は、乱後の新たな体制による陸奥国の軍事、支配施設の中核となる多賀城の成立と表裏の関係となり、坂東と陸奥国間で相関する関係をよく示しているのである。

5 寺院・官衙の瓦からみた蝦夷・隼人施策の比較

　陸奥国同様蝦夷と境を接する出羽地域における中央集権化の展開は、和銅元（708）年9月丙戌（28日）に越後国での出羽建郡、和銅5（712）年9月己丑（23日）に出羽国を建国、同年10月丁酉（1日）に陸奥国の最上、置賜2郡を出羽国に編入し、旧領域から新領域を切り離すという分国支配方式で進められた。陸奥国では短期間、石城石背2国の分国がみられるものの、基本的に新領域を旧領域から切り離さない一体支配方式となるのとは対照的である。越国司である阿倍引田臣比羅夫による斉明4（658）年、5（659）年、6（660）年の3度に及ぶ北方遠征や、天平5（733）年12月己未（26日）、「出羽柵を秋田村高清水岡に遷し置く」など当初の庄内地方より100kmも北となる秋田城への進出は、海岸沿いの平野ごとに北進する点的支配のあり方を示している。特に日本海側では、渤海使として養老4（720）年正月丙子（23日）に渡嶋津軽津司従七位上諸君鞍男ら6人を靺鞨国に派遣、神亀4（727）年9月庚寅（21日）に渤海郡王使首領高斉徳ら8人が出羽国に来着して以来、延暦14（795）年11月丙申（3日）の呂定琳ら68人の漂着など第13回使までのうち、遣唐使や遣渤海使への同船による事例を除き出羽来着は6回を占め、関わりが深い。このことから出羽国域では北方および環太平洋を見据え、蝦夷との朝貢、饗給、斥候、征夷などの役割が実質的かつ面的な律令支配よりも重視された可能性が指摘されている（伊藤 2006）。

　陸奥国では南部で古墳が造営され、国造、評（郡）へと引き継がれる。北部にあっても色麻古墳群など大規模群集墳が見え、岩手県でも末期古墳が多数造営され、遺跡、古墳共に密な状況が読み取れる。しかし、出羽国での遺跡分布では8世紀初頭までに設置される出羽柵設置後の急速な展開はみられず、多くの遺跡が成立するのは、9世紀前半の城輪柵跡の成立後、特に9世紀後半以降、10世紀となる。陸奥国では8世紀後半から9世紀初頭に、海道蝦夷による桃生城攻撃にはじまる三十八年戦争と呼ぶ蝦夷の激しい抵坑があるものの、出羽国では秋田城を急襲する元慶2（878）年3月の元慶の乱までは、大規模な反乱は認められないこともそのことを示している。また陸奥国では鎮兵制が恒常的となり、軍団も2～7団置かれるのに対して、8世紀代の越羽では鎮兵制が恒常的ではなく、軍団が置かれるのは9世紀代以降となるという指摘（今泉 1992）も当時の情勢を的確に捉えている。

　出羽国では、建国当初の国府は不明であるが、宝亀初年から国府遷置が建議され、宝亀6（775）年10月癸酉（13日）に再度国府遷置を提起、宝亀11（780）年8月乙卯（23日）に河辺府への国府遷置を前提に秋田城停廃が議論される。延暦23（804）年11月癸巳（22日）には、国府の河辺移転と秋田城停止や郡制への移行が考えられ、仁和3（887）年5月癸巳（20日）に出羽郡井口の地にある国府を「旧府近側高敞之地」へと移転している。国府は北方に突出した立地となる秋田城跡から河辺府、井口府とされる城輪柵跡、そして旧府近側の高敞之地とされる八森遺跡など、庄内地方に置かれることになる。秋田城跡は8世紀前半からの創建期に政庁および外郭築地塀付近で瓦が集中して出土し、創建期以降、男、女瓦のみ確認される。9世紀になると外郭の改修で鐙瓦も使用されるが、終始宇瓦は用いられない。城輪柵跡では、Ⅰ期の9世紀前半に単弁10葉、Ⅱ期の9世紀代以降

複弁 8 葉蓮花文鐙瓦と花文宇瓦、八森遺跡でも城輪柵跡 II 期の瓦群に系譜をもった少量の宇瓦や女瓦がそれぞれの政庁を中心に出土する。このほか雄勝城、国府、山本郡衙など諸説ある払田柵跡でも外郭南門で不揃いとなる男、女瓦の出土がみられるがきわめて少ない。このように出羽国では国府想定地等に限定される瓦の出土となり、支配施設である郡衙と共に寺院の造営も想定されるが瓦葺の採用は極端に低い。寺院は 7 世紀後半以降、地方で多数建立され、それに伴い瓦葺が普及されることになるが、全国に建立される国分寺は、それまでの地方寺院に比して規模が大きく、瓦の使用量も多い。しかし、北陸地方で判明した若狭、能登国分寺での瓦は限定的な出土となり、その理由には降雪との密接な関係が考えられている（坂井 2008）。さらに出羽国で 9 世紀代以降に認められる官衙関連遺跡である生石 2 遺跡などでは板塀による区画施設の積極的な採用が認められ、豪雪への対処として地域的に有効な施設として選択された可能性が指摘されている（荒木 2010）。このように、わが国の北辺において同じ蝦夷対策をもつ、出羽国と陸奥国での中央集権的諸施策の中で瓦葺は、地理、歴史、気候など地域的環境により選択的に用いられていた可能性が強い。

　隼人に対する西海道では、筑紫、豊、肥、日向の 4 地域から国の分割が始まり、和銅 6（713）年までに 9 国が成立する。大宰府を中心に地方官衙が整備されるとともに、観世音寺をはじめ、国分寺、郡衙に隣接する寺院が造営され、中央集権的地方支配と仏教教化は隼人と関わる薩摩、大隅国へと進められる。薩摩国は、大宝 2（702）年 8 月丙申（1 日）に戸を調査し、国司が置かれ、10 月丁酉（3 日）唱更の国司等（今の薩摩国）柵を建てまもりを置くとし、和銅 2（709）年 6 月癸丑（29 日）までに薩摩国が建置される。郷名には合志、飽多、託万、宇土など肥後国郡名を冠したものがあり、これらの地域からの移住を物語る。大隅国は和銅 6（713）年 4 月乙未（3 日）に日向国から 4 郡を割いて建国される。しかし、後に分割される国府所在の桑原郡には豊国、仲川もと中津川、大分など豊前、豊後国の国郡名が見え、和銅 7（714）年 3 月壬寅（15 日）の豊前国の民二百戸を移す記事との関連がうかがえる。このように両国は分国方式で成立したことがわかる。仏教施策も持統 6（692）年閏 5 月己酉（15 日）には僧を大隅と阿多に遣わし、和銅 2（709）年 6 月癸丑（29 日）の大宰府管内諸国の「事力半減」においても薩摩と大隅両国の国司と国師はその対象から除かれる。また、天平 8（736）年の薩摩国正税帳にも毎年正月 14 日に僧 11 人により、金光明経、金光明最勝王経の読経が国分寺創建をさかのぼって行われ、積極的な仏教教化が図られている。

　西海道での寺院をはじめ瓦の出土地は 150 カ所あり、寺院として明らかなものが 68、官衙は太宰府および関連遺跡、国府、山城などで 10 数カ所、また国別には筑前 16、筑後 6、豊前 12、豊後 5、肥前 5、肥後 15、日向 2、大隅 2、薩摩 3、壱岐 1、対馬 1 となる（渡辺 1981）。豊後と肥後の中部を結ぶライン以北の北部九州で郡単位の分布を示す寺院が造営されるのに対して、薩摩、大隅国での奈良期の寺院としては国分寺が知られるに過ぎず、隼人と接する南部と北部での際立った差がみえる。瓦当文様としては、山城造営などによる単弁系鐙瓦、その後に畿内系瓦群、8 世紀代での大宰府や観世音寺での老司式、鴻臚館式瓦群が採用される。大宰府系瓦群は一部肥後において早く受容するものの、九州全域に広がる直接的な契機は天平 13（741）年の国分寺建立段階と考えられている。薩摩国分寺の創建時に珠文縁複弁 8 葉蓮花文鐙瓦、上縁に珠文、下縁および両縁凸鋸歯文を配した偏向唐草文宇瓦が採用される。鐙瓦は肥後国分寺創建瓦、宇瓦は老司系宇瓦の系譜をもつ豊前国分

寺創建瓦を祖型とするものであり、国府では男女瓦のみとなる。大隅国では国府、国分寺の2カ所とその他に1カ所となり、国分寺以外は男女瓦のみとなる。鐙瓦は、周縁に珠文をもつ複弁8葉、複弁6葉、単弁11葉蓮花文、宇瓦は周縁に珠文を巡らす偏向唐草文が4種ある。偏向唐草文宇瓦は日向国分寺の創建瓦に類似し、『弘仁式』にもみえる日向国からの援助との結び付きを裏付ける（池畑 1983）。西海道の国分寺の個別名称の初見は『続日本紀』天平勝宝8（756）年12月己亥（20日）の「筑後、肥前、肥後、豊前、豊後、日向」の六国となる。ここに記されない筑前、大隅、薩摩のうち、筑前は早く成立したと見て、大隅、薩摩の各国分寺が弘仁11（820）年成立の『弘仁式』主税の項に日向、肥後国からそれぞれ国分寺料稲を支出している規定から参照して、これを下限とした建立が考えられる（小田 1977）。このように両国は、隣接国との結び付きにより寺院が造営される様相がうかがえる。

肥後国を代表する古代山城の鞠智城は、大野城に祖型をもつ単弁8葉蓮花文鐙瓦が出土し、7世紀後半から8世紀初頭の土器群が最も多く認められることから白村江の戦い以後、軍事的拠点とされたことがわかる。また、文武2（698）年5月甲申（25日）、「大宰府をして大野、基肄、鞠智の3城を繕治はしむ」は、その後も大宰府下での有明海の対外防衛、物資や兵器備蓄など兵坦基地とされ続けたことを示している。このほか倉庫群と共に庁舎建物群を備え、南九州支配のため交通要衝となる内陸地での初期官衙的性格も指摘され、対外関係のみならず、国内支配、特に隼人の存在を抜きにしては考えられない。

肥後国は14郡で西海道唯一の大郡となる。玉名郡の立願寺廃寺、益城郡の陳内廃寺、託麻郡の渡鹿遺跡では単弁系鐙瓦類が出土し、寺院の造営が白鳳期に遡ることがわかっている。郡衙についても調査が進んできているものの不明な所が多く、瓦葺の動向は明らかとはいえない。しかし、八つの官衙遺跡で瓦葺がみられ全国的にも多いことがわかる（志賀 2003）。特に国府、国分寺造営を契機に採用される傾向がうかがえる。なかでも、玉名郡の立願寺廃寺は法起寺式伽藍をもち、単弁系のほか法隆寺系や老司系の複弁8葉蓮花文鐙瓦、2重弧文や4重弧文宇瓦、偏向唐草文宇瓦など白鳳期から平安時代の瓦群が出土する。また、寺院を中心に、西の玉名郡衙政庁、東南の正倉、西南の官衙関連遺跡、南の郡衙に至る古代道に接しての館などの玉名郡衙関連遺跡が展開することがわかっている。正倉を除き、これらの遺跡からは補修瓦まで立願寺と同一な瓦群が出土し、玉名郡衙が長期間関連をもちながら造営されることが指摘されている（玉名市秘書企画課 1994）。寺院と官衙での計画的な瓦葺の可能性があり、全国的にも郡衙への瓦葺が少ない中、陸奥国南部地域との類似性がうかがえる。このほか同郡内の旧大湊湾に近い丘陵上の稲荷山古墳（前方後円・110m）の前方部からは、重弧文や鬼瓦を含む立願寺瓦が多量に出土し、瓦葺建物の存在が考えられる（田辺 1990）。筑後肥後両国司となる道君首名や玉名郡司日置氏に関わる施設とする説もあるが、有明海を遠望できる古墳上での瓦葺建物は、立願寺廃寺とともに蕃客、帰化に関わる施設とする推定がある（田中 1998）。肥後国中部で分かれる西海道北部と南部での様相の違いや鞠智城の存在は、隼人を強く意識した施策として、蝦夷を控える陸奥国南部や坂東的な位置づけもうかがえる。

陸奥国での蝦夷居住域が複雑に入り込む「黒川以北十郡」と一括される地域では、いずれも領域が狭く、『和名類聚抄』にみる管内郷数は2から5郷で平均3.3郷となる。東山道諸国では、平均7.2

郷であり、規模が極端に小さいことがわかる。同様の状況は、薩摩国13郡のうち北部の出水郡、高城郡を除く、いわゆる「隼人十一郡」でもみられ、11郡で24郷、1郡あたり2.2郷となり、なかには1郡1郷も3例ある。陸奥国と薩摩国でみられる1郡内での少数郷の設置は国家の東、西両端で実施された蝦夷と隼人に対する同様の施策と考えられ、地方支配と仏教教化が国家の東西でそれぞれ中央集権的施策として展開した可能性がうかがえる。しかし、直接的に隼人と関わる薩摩大隅両国内での支配拠点となる官衙寺院の遺跡分布は薄く、瓦の出土遺跡も西海道内でも極端に少ない状況は、必ずしも陸奥国北部の最前線地域となる黒川以北十郡と一致するものではない。このことは天平2（730）年3月辛卯（7日）、大隅薩摩両国が班田の対象から除外し、墾田のままとするなど律令制の浸透が思うように進まない地域であること、養老4（720）年2月壬子（29日）の大隅国守陽侯史麻呂殺害による隼人平定以降、大きな乱が見られなくなることも一つの要因とすることができるのかもしれない。

6　考古学資料の語るもの

　ここでは、わが国の中央集権的国家の構築に向け、地方豪族のもつ直接的な支配権を行政的、制度的に継承することに大きな力が注がれる地方支配制度の特色を読み取るため、坂東と陸奥国の考古学的資料の検討を加えてきた。在地社会における首長墳・豪族居館から寺院・官衙などへの新たな時代を迎える中、前代からの伝統的な権威や地域の継承と施設構造の発展から、ヤマト王権に引き続き地方豪族層と結び付き、中央集権的国家の形成が進められたことがわかる。さらに、従来の地方豪族のもつ直接的な支配権とともに、在地社会における地域圏、交易圏をも取り込む形で新たな中央集権的国家の形成が図られたことも明らかとなった。また、石碑などに見る譜第性の表示とその主張に、地域における支配権の維持を図ろうとする在地社会における強い意識もうかがえる。中国における統一国家の出現により、近隣国においても中央集権的国家の形成が急がれる中、わが国での中央集権的国家のいち早い形成のため、畿内王権と地方豪族の一致した目的こそが、わが国独自の地方支配制度の構築につながったものと考えることができる。

　新たな中央集権的国家の形成は、従来からの坂東と陸奥国との結び付きにより、中央集権化が拡充され、地方支配施設となる官衙、寺院が造営される。地方支配が強力に進められ、8世紀初めには蝦夷居住域と接する黒川以北10郡に及んだ。評（郡）衙の整備の中で隣接する寺院造営を契機として評（郡）衙でも瓦が採用され、他地域には見えない官衙への瓦葺、官衙と寺院で同笵となるなど瓦の計画的かつ、陸奥国一円での採用が見える。そして、これらの瓦の祖型は坂東北部となる特徴的なあり方を示し、蝦夷を含む陸奥国においては、権威権力と結び付いた象徴的存在となったことを示している。隼人と関わる西海道においても一部官衙、寺院での瓦葺の可能性がうかがえる。蝦夷隼人の徳化、支配は、わが国の中央集権的国家支配にも取り入れられた日本型「華夷思想」に必要不可欠な構成要素であり、神亀元（721）年11月甲子（8日）の天皇の徳を示すために平城京の邸宅を丹塗白壁瓦葺建物により壮麗にするという施策も同様の思想によるものと考えられる。しかし、蝦夷や隼人の最前線地域である陸奥、出羽国、薩摩国では地理、歴史、気候など地域的環境

を踏まえ、中央集権的諸施策が使い分けられた可能性が読み取れる。

　一方で下総国、上総国に広がる龍角寺式や陸奥国での坂東北部と関わる瓦群とその意識には、在地社会の一面も持ち合わせていることも明らかである。特に陸奥国での中央集権的国家形成の拠点となる官衙、寺院など地方支配と仏教布教の拠点施設というきわめて政治的側面が強い「瓦」に、地域における譜第意識とその表示など前代を含めた地域間の交流や結び付きをうかがうことも可能で、わが国在地社会のあり方を認めることができる。

　従来、『日本書紀』『続日本紀』などの文献史料を中心に中央集権的国家体制の形成過程を捉えがちであったが、坂東、陸奥国における在地社会の考古学資料の検討は、より立体的、複合的視野から読み取ることを可能なものとしているのである。

註
（1）譜第とは、譜第重大のみならず才用により任命された郡司や伝統的豪族からなる複数の郡領氏族層の系譜継承という意味で用いている。

参考文献

赤山容造ほか　1971　『早乙女台古墳調査報告書』喜連川町教育委員会
秋元陽光　1994　『上神主浅間神社古墳・多功大塚山古墳』上三川町教育委員会
秋元陽光　2005　「栃木県における前方後円墳以降と古墳の終末」『シンポジウム前方後円墳以降と古墳の終末』東北・関東前方後円墳研究会
秋元陽光　2007　「河内郡における終末期古墳」『シンポジウム上神主・茂原遺跡の諸問題』栃木県考古学会
秋元陽光・大橋泰夫　1988　「栃木県南部の古墳時代後期の首長墓の動向―思川・田川水系を中心にして―」『栃木県考古学会誌』第9集　栃木県考古学会
浅香年木　1971　『日本古代手工業史の研究』法政大学出版会
荒木志伸　2010　「城輪柵政庁に関する一考察」『日本古代学』第2号　明治大学日本古代学・教育研究センター
安藤鴻基　1992　「終末期方墳」『東国における古墳の終末』国立歴史民俗博物館研究報告第44集
猪狩忠雄　1986　「古代屋瓦を出土する遺跡」『潮流』第11報　いわき地域学会
猪狩忠雄・佐藤典邦　1988　『寺台遺跡』いわき市教育委員会
猪狩みち子　2009　「福島県根岸遺跡」『日本古代の郡衙遺跡』雄山閣
池畑耕一　1983　「出土遺物から見た古代の薩摩・大隅」『大宰府古文化論叢』上巻　吉川弘文館
石川克博　1987　「山王廃寺の創建期について」『群馬県史研究26』群馬県史編さん委員会
伊勢崎市教育委員会　2007　『三軒屋遺跡Ⅰ―上野国佐位郡衙正倉跡の調査―』
板橋正幸　2007　「県内の郡内複数官衙について―古代下野国河内郡を中心として―」『シンポジウム上神主・茂原官衙遺跡の諸問題』栃木県考古学会
出浦　崇　2009　『新屋敷遺跡・上植木廃寺周辺遺跡・上植木廃寺』伊勢崎市教育委員会
出浦　崇　2012　「上野国からみた陸奥国―上植木廃寺出土軒先瓦との対比から―」『古代社会と地域間交流Ⅱ―寺院・官衙・瓦からみた関東と東北―』国士舘大学考古学会
出浦　崇　2013　「上野国佐位郡衙正倉院」『東国の古代官衙』高志書院
伊東信雄　1970　「出土瓦の考察」『多賀城跡調査報告Ⅰ―多賀城廃寺跡―』宮城県教育委員会
伊東信雄　1977　「福島市腰浜廃寺出土瓦の再吟味―広島県寺町廃寺跡出土瓦との比較において―」『考古論集』慶祝松崎寿和先生六十三歳論文集
伊東信雄ほか　1973　『関和久遺跡Ⅰ』福島県教育委員会
伊藤武士　2006　『秋田城跡』日本の遺跡12　同成社
糸原　清　1997　「上総国の初期寺院」『関東の初期寺院』関東古瓦研究会
稲垣晋也　1970　「図録解説」『飛鳥・白鳳の古瓦』奈良国立博物館
稲垣晋也　1981　「新羅の古瓦と飛鳥白鳳時代古瓦の新羅的要素」『新羅と日本古代文化』吉川弘文館
茨城県立歴史館　1977　『茨城の古瓦』
茨城県立歴史館　1994　『茨城県における古代瓦の研究』
今泉　潔　1981　「郡衙遺跡出土の瓦について（下）―関東地方の二、三の遺跡を中心として―」『史館』13号　史館同人
今泉隆雄　1985　「那須国造碑と新羅からの渡来人」『日本の古代』第一四巻　ことばと文字　中公文庫
今泉隆雄　1992　「律令国家とエミシ」『新版古代の日本9』東北・北海道　角川書店

今泉隆雄　2001　「陸奥国と白河郡」『史跡関和久官衙遺跡保存管理計画書』白河市教育委員会
いわき市　1976　『いわき市史』第8巻　原始・古代・中世資料　いわき市史編纂委員会
いわき市　1986　『いわき市史』第1巻　原始・古代・中世通史　いわき市史編纂委員会
いわき市教育委員会　2000　『根岸遺跡』
いわき市教育委員会　2004　『夏井廃寺跡』
いわき市教育委員会　2011　『八幡横穴群』
いわき市教育文化事業団　1989　「植田郷B遺跡現地説明会資料」『発掘ニュース』19号
いわき市教育文化事業団　1990　『砂畑遺跡現地説明会資料』
上原真人　1988　「平安貴族は瓦葺邸宅に住んでいなかった―平安京右京一条三坊九町出土瓦をめぐって―」『歴史学と考古学』高井悌三郎先生喜寿記念事業会
上原真人　1992　「白鳳瓦からみた畿内と地方」『天狗沢瓦窯跡と古代甲斐国』敷島町教育委員会
上原真人　1997　『瓦を読む』歴史発掘11　講談社
氏家和典　1967　「蝦夷とアイヌ」『東北の歴史』上巻　吉川弘文館
宇都宮市教育委員会・上三川町教育委員会　2003　『上神主茂原官衙遺跡』
海老原郁雄　2006　「那須の縄文土器―関東と東北の狭間で―」『那須の文化誌　自然・歴史・民俗を読む』随想舎
大江正行　1982　『第3回関東古瓦研究会』研究資料No1～3　関東古瓦研究会
大江正行　1988　「考察」『田畑遺跡』群馬県教育委員会
大金宣亮　1973　「出土遺物」『下野薬師寺跡発掘調査報告』栃木県教育委員会
大金宣亮　1974　「栃木県那須地方における古墳の分布と展開」『下野古代文化』創刊号　下野古代文化研究会
大金宣亮　1982　「栃木県古代廃寺跡発掘の現状」『歴史手帳』20巻10号　名著出版
大川　清　1982　『水道山瓦窯跡群』宇都宮市教育委員会
大川　清　1988a　「古代産金の里」馬頭町観光協会
大川　清　1988b　『川崎古墳石室調査報告書』馬頭町教育委員会
大川清・大金宣亮　1970　『尾の草遺跡発掘調査概報』栃木県史編さん室
大川　清・須田　勉・大門直樹　1993　『栃木県南河内町下野薬師寺跡史跡整備に伴う発掘調査』南河内町教育委員会
太田市　1996　『太田市史』通史編　原始古代
大田原市　1990　『湯津上村の文化財ガイドブック』
大谷女子大学資料館　1982　『龍泉寺Ⅱ』大谷女子大学資料館報告書第7冊
大津　透　2013　「古代日本律令制の特質」『思想』1067　岩波書店
大塚徳郎　1974　「古代陸奥国における部民制について」『東北の考古・歴史論集』平重道先生還暦記念会
大橋泰夫　1984　「下野における古墳時代後期の動向」『古代』第89号　早稲田大学考古学会
大橋泰夫　1995　「下野」『全国古墳編年集成』雄山閣
大橋泰夫　1999　「古代における瓦倉について」『瓦衣千年』森郁夫先生還暦記念論文集
大橋泰夫　2007　「丹塗り瓦倉の評価―上神主・茂原官衙遺跡を中心に―」『シンポジウム上神主・茂原官衙遺跡の諸問題』栃木県考古学会
大橋泰夫　2012　「坂東における瓦葺きの意味―クラからみた対東北政策―」『古代社会と地域間交流Ⅱ―寺院・官衙・瓦からみた関東と東北―』国士館大学考古学会
大橋泰夫・中野正人　1982　「古江花神窯跡採集の古瓦について」『栃木県考古学会誌』第7集　栃木県考古学会

大橋泰夫・藤木　海　2012　「福島県関和久官衙遺跡」『古代日本における法倉の研究』平成 21 年度～23 年度科学研究費補助金基盤研究（C）研究成果報告書
大脇　潔　1991a　「畿内と東国の初期寺院」『東国の初期寺院』栃木県教育委員会
大脇　潔　1991b　「研究ノート　丸瓦の製作技術」『研究論集Ⅸ』奈良国立文化財研究所
大和久震平　1981　「唐御所横穴群」『栃木県史』通史編 1 原始時代 1　栃木県
小笠原好彦　2009　「発掘された遺構からみた郡衙」『日本古代の郡衙遺跡』雄山閣
小笠原好彦・田中勝弘・西田　弘・林　博通　1989　『近江の古代寺院』真陽社
岡田茂弘　1975　「東北の重弁蓮華文軒丸瓦」『関和久遺跡Ⅲ』福島県教育委員会
岡本東三　1993　「下総龍角寺の山田寺式軒瓦について」『千葉史学』22 号　千葉歴史学会
岡本東三　1994　「東国の川原寺式軒瓦の波及年代をめぐって」『古代国家と東国社会』千葉史学叢書 1　千葉歴史学会
岡本東三　1996　『東国の古代寺院と瓦』吉川弘文館
岡山市教育委員会・岡山市立オリエント美術館　1980　『特別展吉備の古代瓦』
小川町教育委員会　1985　「浄法寺遺跡発掘調査概報　浄法寺廃寺跡・浄法寺館跡』
小川町教育委員会　1991　『小川町の遺跡』
尾崎喜佐雄　1980　『上野三碑の研究』尾崎先生著作刊行会
小田富士雄　1977　『九州考古学研究』歴史時代篇　学生社
小田富士雄　1988　『九州考古学研究』歴史時代・各論編　学生社
小山市立博物館　1993　「発掘調査」『小山市立博物館報』第 11 号
樫村友延　1988a　『小申田遺跡』いわき市教育委員会
樫村友延　1988b　「いわき市番匠地遺跡について―古代の鋳型（印章・鏡）を中心として―」日本考古学協会第 54 回研究発表要旨
勝浦令子　1999　「金井沢碑を読む」『東国石文の古代史』吉川弘文館
加藤謙吉　1999　「上野三碑と渡来人」『東国石文の古代史』吉川弘文館
鐘江宏之　1993　「国制の成立―令制国・七道の形成過程―」『日本律令論集上巻』笹山晴生先生還暦記念会
鐘江宏之　1998　「口頭伝達の諸相―口頭伝達と天皇・国家・民衆―」『歴史評論』574　校倉書房
鎌田元一　2001　『律令公民制の研究』塙書房
上三川町教育委員会　1980　『多功遺跡』
上三川町教育委員会　1993　『多功遺跡』Ⅱ
上三川町教育委員会　1997　『多功遺跡』Ⅲ
亀田修一　2012　「渡来人の東国移住と多胡郡建郡の背景」『多胡碑が語る古代日本と渡来人』吉川弘文館
河合英夫　2009　「神奈川県千年伊勢山台遺跡」『日本古代の郡衙遺跡』雄山閣
川口武彦　2008　「常陸国那賀郡における郡衙正倉院・正倉別院の瓦生産―陸奥国との関わりを中心に―」『国士舘大学考古学会発表要旨』国士舘大学考古学会
川口武彦　2012a　「常陸国の多賀城様式瓦からみた陸奥国との交流―那賀郡衙正倉院・正倉別院出土瓦を中心として―」『古代社会と地域間交流Ⅱ』国士舘大学考古学会
川口武彦　2012b　「台渡里官衙遺跡群における近年の調査成果」『古代常陸の原像』水戸市教育委員会
川口武彦・新垣清貴　2009　「茨城県台渡里廃寺跡長者山地区」『日本古代の郡衙遺跡』雄山閣
川崎市教育委員会　2005　『千年伊勢山台遺跡』第 1～8 次発掘調査報告書
川尻秋生　2003　『古代東国史の基礎的研究』塙書房
関東古瓦研究会　1997　『関東の初期寺院』

関東古瓦研究会　1984　『第9回関東古瓦研究会発表資料』石城国編
木曾武元撰針生宗伯編著　1970　『那須拾遺記』中央印刷工業
木津博明　1989　「古代群馬郡雑考（上）」『群馬文化』第219号　群馬文化の会
木津博明　1997　「上野国の初期寺院」『関東の初期寺院』関東古瓦研究会
木本元治　1989　「善光寺・黒木田遺跡及び宮沢窯跡群出土の飛鳥時代の瓦―東北地方への仏教伝播期の様相について―」『福大史学』第46・47合併号　福島大学史学会
木本元治・福島雅儀・中山正彦　1988　『国道113号バイパス遺跡調査報告Ⅳ』福島県教育委員会
木本元治・大越道正　1989　『国道113号バイパス遺跡調査報告Ⅴ』福島県教育委員会
九州歴史資料館　1981　『九州古瓦図録』柏書房
京都国立博物館　1990　『畿内と東国の瓦』
草間潤平　2007　「下野における後期・終末期古墳の地域設定と動向」『関東の後期古墳群』考古学リーダー12　六一書房
工藤雅樹　1968　「奈良時代に於ける陸奥国府系瓦の展開」『日本歴史考古学論叢』第2　日本歴史考古学会
熊谷公男　1992　「古代東北の豪族」『新版古代の日本9』東北・北海道　角川書店
熊谷公男　2000　「養老四年の蝦夷の反乱と多賀城の創建」『古代における北方交流史の研究』国立歴史民俗博物館研究報告第84集
熊谷公男　2004　『古代の蝦夷と城柵』吉川弘文館
栗原和彦　2010　「山王廃寺と上毛野氏―出土軒瓦から―」『坪井清足先生卒寿記念論集―埋文行政と研究のはざまで』坪井清足先生の卒寿をお祝いする会
栗原和彦　2011　「瓦整理作業から」『山王廃寺』平成21年度調査報告山王廃寺範囲内容確認調査報告書Ⅳ　前橋市教育委員会
栗原和彦　2012　「続・瓦整理から」『山王廃寺』平成22年度調査報告別冊山王廃寺範囲内容確認調査報告書Ⅴ　前橋市教育委員会
黒澤彰哉　1997　「常陸の初期寺院」『関東の初期寺院』関東古瓦研究会
黒澤彰哉　2012　「常陸国那賀郡における古代瓦の変遷とその背景」『古代常陸の原像』水戸市教育委員会
群馬県　1981　『群馬県史』資料編3　原始古代3
群馬県　1985　『群馬県史』資料編4　原始古代4
群馬県　1986　『群馬県史』資料編2　原始古代2
群馬県　1991　『群馬県史』通史編2　原始古代2
群馬県教育委員会　1988　『上野国分寺』
群馬県教育委員会　1992　『史跡十三宝塚遺跡』
群馬県立歴史博物館　1981　『群馬の古代寺院と古瓦』
群馬県立歴史博物館　1994　『日本三古碑は語る』
郡山市教育委員会　2006　『清水台遺跡―総括報告2006―』
国立歴史民俗博物館　1997　『古代の碑―石に刻まれたメッセージ』
古代城柵官衙遺跡検討会　2003　『第29回検討会資料』
小林信一　2009　「千葉県嶋戸東遺跡」『日本古代の郡衙遺跡』雄山閣
小宮俊久　2013　「上野国新田郡家」『東国の古代官衙』高志書院
小森哲也　1994　「栃木県」『前方後円墳集成』東北・関東編　山川出版社
小森哲也　2010　「栃木県―「絶えるもの」「続くもの」そして「生まれるもの」―」『前方後円墳の終焉』雄山閣
小森哲也ほか　1999　「古墳測量」『年報』栃木県立なす風土記の丘資料館

小森紀男ほか　1990　『市貝町史』第一巻　自然原始古代中世資料編　市貝町
埼玉考古学会　1984　「シンポジウム　北武蔵の古代寺院と瓦」『埼玉考古』第 22 号
斉藤　忠ほか　1973　『下野薬師寺跡発掘調査報告』栃木県教育委員会
斉藤　忠・大和久震平　1986　『那須国造碑・侍塚古墳の研究』吉川弘文館
佐伯有清　1958　「上毛野氏の性格によせて」『日本歴史』116 号　吉川弘文館
蔵王町教育委員会　2005　『都遺跡』
酒井清治　1982　「瓦の製作技法について」『埼玉県古代寺院跡調査報告書』埼玉県史編さん室
酒井清治　1988　「追加論考　武蔵国分寺創建期の瓦と須恵器」『埼玉考古』第 26 号　埼玉考古学会
坂井秀弥　2008　『古代地域社会の考古学』同成社
坂本太郎　1964　「郡司の非律令的性質」『日本古代史の基礎的研究』下　東京大学出版会
酒寄雅志　2003　「律令国家の誕生と下毛野国—西下谷田遺跡と上神主・茂原遺跡を中心に—」『律令国家の誕生と下野国　変革の七世紀社会』栃木県教育委員会
酒寄雅志　2008　「古代東国の渡来文化—上毛野、そして下（毛）野を中心に—」『那須の渡来文化』栃木県教育委員会
佐川正敏　2000　「陸奥国の平城宮式軒瓦六二八二—六七二一の系譜と年代—宮城県中新田町城生遺跡と福島県双葉町郡山五番遺跡・原町市泉廃寺—」『東北学院大学東北文化研究所紀要』第 32 号　東北学院大学東北文化研究所
佐川正敏　2012　「寺院と瓦生産からみた律令国家形成期の陸奥国」『古代社会と地域間交流Ⅱ』国士舘大学考古学会
佐川正敏・高橋誠明・高松俊雄・長島榮一　2005　「陸奥の山田寺系軒瓦」『古代瓦研究Ⅱ—山田寺式軒瓦の成立と展開—』古代瓦研究会
佐々木和博・菊池逸夫　1985　「白石市兀山遺跡出土の古瓦」『赤い本』赤い本同人会
佐々木茂禎　1971　「宮城県古川市伏見廃寺跡」『考古学雑誌』第 56 巻 3 号　日本考古学会
佐藤敏幸　2001　『赤井遺跡牡鹿柵・郡家推定地』矢本町教育委員会
佐藤　信　1999　「古代東国の石文」『東国石文の古代史』吉川弘文館
薛　貞連　1978　「百済蓮華文瓦当部編年に関する研究」『古文化談叢』第 4 集　九州古文化研究会
志賀　崇　2003　「瓦葺建物の比率と時期」『古代の官衙遺跡Ⅰ』遺構編　奈良文化財研究所
志賀　崇　2005　「『郡衙周辺寺院』の性格—考古資料を用いた分析への展望—」『地方官衙と寺院』奈良文化財研究所
滋賀県教育委員会　1975　『檜木原遺跡発掘調査報告—南滋賀廃寺瓦窯—』
敷島町教育委員会　1990　『天狗沢瓦窯跡発掘調査報告』
志田淳一　1957　「古代における毛野の性格」『日本歴史』110 号　吉川弘文館
志田淳一　1958　「ふたたび『毛野の性格』について」『日本歴史』120 号　吉川弘文館
志田諄一　1969　『高萩市史』上巻　高萩市
篠川　賢　1996　「『常陸国風土記』の建郡（評）記事と国造」『日本古代国造制の研究』吉川弘文館
篠原信彦　1993　『大蓮寺窯跡第 2・3 次発掘調査報告書』仙台市教育委員会
下野市教育委員会　2006　『史跡下野薬師寺第 33 次発掘調査現地説明会資料』
白井久美子　2009　「前方後円墳から方墳へ」『房総と古代王権古代と文字の世界』高志書院
白石太一郎　2005　「前方後円墳の終焉」『古代を考える終末期古墳と古代国家』吉川弘文館
白河市教育委員会　2007　『借宿廃寺跡確認調査報告書Ⅳ』
進藤秋輝　1976　「東北地方の平瓦桶型作り技法について」『東北考古学の諸問題』東北考古学会

進藤秋輝　　　1986　「多賀城創建をめぐる諸問題」『東北古代史の研究』吉川弘文館
進藤秋輝編　　2010　『東北の古代遺跡城柵・官衙と寺院』高志書院
眞保昌弘　　　1992　「夏井廃寺跡出土古瓦の基礎的研究」『研究紀要』第3号　(財)いわき市教育文化事業団
眞保昌弘　　　1994　「陸奥国南部に分布する二種の複弁系鐙瓦の歴史的意義」『古代』第97号　早稲田大学考古学会
眞保昌弘　　　1995　「陸奥国古代寺院建立の諸段階」『王朝の考古学』大川清博士古稀記念論文集
眞保昌弘　　　1997　「陸奥地域の関東系軒先瓦を中心とした受容とその背景」『関東の初期寺院』関東古瓦研究会
眞保昌弘　　　2005　「考古学よりみた古代から中世の那須」『那須与一とその時代』栃木県教育委員会
眞保昌弘　　　2008　『侍塚古墳と那須国造碑』日本の遺跡25　同成社
眞保昌弘　　　2010　「陸奥国南部における川原寺系鐙瓦の展開とその意義」『古代社会と地域間交流―寺院・官衙・瓦からみた関東と東北―』日本考古学協会第76回研究発表資料
眞保昌弘　　　2011　「那須の領域と歴史―毛野の隣接領域として―」『古墳時代毛野の実像』季刊考古学別冊17　雄山閣
眞保昌弘　　　2012a　「那須の古代文化―那珂川と東山道で形成された独自文化圏」『那須をとらえる2』随想舎
眞保昌弘　　　2012b　「陸奥国南部を中心とした川原寺系鐙瓦の展開と意義」『古代社会と地域間交流Ⅱ―寺院・官衙・瓦からみた関東と東北―』国士舘大学考古学会
眞保昌弘　　　2012c　『那須と白河』「律令国家における境界（関）の創出」栃木県教育委員会
眞保昌弘　　　2013　「「下毛野」と「那須」の古墳から寺院・官衙へ」『古墳から寺院へ―関東の7世紀を考える―』考古学リーダー22　六一書房
須賀川市教育委員会　2011　『上人壇廃寺跡』
菅原祥夫　　　1996　「陸奥国府系瓦における造瓦組織の再編過程―黄金山産金遺跡の所用瓦に対する再評価を中心として―」『論集しのぶ考古』目黒吉明先生頌寿記念
杉山　洋　　　1990　「奈良時代の金属器生産―銅器生産遺跡を通してみた考古学的素描―」『仏教芸術』190号　毎日新聞社
鈴木　功　　　2006　『白河郡衙遺跡群』日本の遺跡10　同成社
鈴木　啓　　　2004　「白河地方と大化改新」『白河市史―原始・古代・中世―』通史編　白河市
鈴木　啓　　　2009　『南奥の古代通史』歴史春秋出版
鈴木久男　　　1990　「一本造り軒丸瓦の再検討」『畿内と東国の瓦』京都国立博物館
須田　茂　　　1985　「上植木寺院跡の軒瓦の形式分類」『伊勢崎市史研究』第3号　伊勢崎市史編さん専門委員会
須田　勉　　　1991　「造寺のひろがり」『古代仏教の考古学』季刊考古学第34号　雄山閣
須田　勉　　　1993　『栃木県南河内町下野薬師寺跡』国士舘大学考古学研究室
須田　勉　　　1995　『栃木県南河内町下野薬師寺跡Ⅲ』国士舘大学考古学研究室
須田　勉　　　2005　「多賀城様式瓦の成立とその意義」『人文学会紀要』第37号　国士舘大学文学部
須田　勉　　　2012a　「山王廃寺と下層遺構」『山王廃寺』平成22年度調査報告　前橋市教育委員会
須田　勉　　　2012b　『古代東国仏教の中心寺院・下野薬師寺』シリーズ遺跡を学ぶ082　新泉社
須田　勉　　　2013　「上野国群馬郡家（山王廃寺の下層建物群）」『東国の古代官衙』高志書院
関　和彦　　　1984　『風土記と古代社会』塙書房
仙台市教育委員会　2005　『郡山遺跡発掘調査報告書』総括編（1）
相馬市教育委員会　1977　『黒木田遺跡』
高井悌三郎　　1964　『常陸台渡廃寺・下総結城八幡瓦窯跡』綜芸舎
高井佳弘　　　2004　「上野国における一本造り軒丸瓦の導入と展開」『研究紀要』22号　(財)群馬県埋蔵文化財調

査事業団

高井佳弘　2013　「上野国における寺院建立の開始」『古墳から寺院へ─関東の7世紀を考える─』考古学リーダー22　六一書房

高井佳弘・出浦　崇　2005　「上野の「山田寺式」軒瓦」『古代瓦研究Ⅱ─山田寺式軒瓦の成立と展開─』奈良文化財研究所

高島英之　1999　「多胡碑を読む」『東国石文の古代史』吉川弘文館

高野芳宏　1984　「兔田窯跡の瓦について（メモ）」『之波太』第17号　柴田町郷土研究会

高野芳宏　2000　「多賀城・陸奥国分寺の文字瓦」『文字瓦と考古学』国士舘大学考古学会

高橋一夫　1982　「女影系瓦の一式論」『研究紀要』第1号　埼玉県埋蔵文化財調査事業団

高橋富雄　1957　「蝦夷征伐の段階について」『日本歴史』114号　吉川弘文館

高橋誠明　2009　「宮城県名生館官衙遺跡」『日本古代の郡衙遺跡』雄山閣

田熊清彦・田熊信之　1979　『下野河内郡内出土の古瓦』中国・日本史学文学研究会

田熊信之・田熊清彦　1987　『那須国造碑』中国・日本史学文学研究会

辰巳四郎ほか　1975　『二ツ室塚発掘調査概報』栃木県教育委員会

辰巳四郎ほか　1979　「千駄塚古墳」『栃木県史』資料編考古二　栃木県

舘野和己　1998　『日本古代の交通と社会』吉川弘文館

田中裕ほか　2012　「茨大運動場地点で発見された堀状施設について」『古代常陸の原像』水戸市教育委員会

田中正日子　1998　「九州における律令支配と官衙」『古代文化』50号　古代学協会

田辺哲夫　1990　「立願寺瓦を出土する五遺跡の性格」『九州上代文化論集』乙益重隆先生古希記念論集刊行会

谷　豊信　1984　「西晋以前の中国の造瓦技法について」『考古学雑誌』69巻第3号　日本考古学会

玉名市秘書企画課　1994　『玉名郡衙』市制40周年記念

千葉県　1998　『千葉県の歴史』資料編　考古3

津金沢吉茂　1983　「古代上野国における石造技術についての一試論─山王廃寺の塔心柱根巻石を中心に─」『群馬県立歴史博物館紀要4』群馬県立歴史博物館

辻　史郎　1997　「下総国の初期寺院」『関東の初期寺院』関東古瓦研究会

辻　秀人　1981　「附章　昭和54年度調査出土瓦について」『腰浜廃寺Ⅲ』福島市教育委員会

辻　秀人　1984　「陸奥南部の造瓦技法─腰浜廃寺・関和久遺跡出土瓦の検討─」『大平臺史窓』第3号　史窓会

辻　秀人　1985　「遺物　1瓦」『関和久遺跡』福島県教育委員会

辻　秀人　1988　『陸奥の古瓦』福島県立博物館

辻　秀人　1992　「陸奥の古瓦の系譜」『紀要』第6号　福島県立博物館

辻　秀人　1994　「陸奥国における雷文縁複弁四弁、単弁八弁蓮華文軒丸瓦の展開について」『古代』97号　早稲田大学考古学会

常川秀夫　1974　「下石橋愛宕塚古墳」『東北新幹線埋蔵文化財発掘調査報告書』栃木県教育委員会

坪井清足　1988　「一本道り軒丸瓦について」『歴史学と考古学』高井悌三郎先生喜寿記念論集

東海埋蔵文化財研究会岐阜大会実行委員会　1992　『古代仏教東へ　寺と窯』

東野治之　2004　『日本古代金石文の研究』岩波書店

戸田有二　1985a　『古代安積郡出土古瓦の需給関係』国士舘大学文学部考古学研究室

戸田有二　1985b　「古代石背・石城地方に於ける初期古瓦の様相」『唐沢考古』第5号　唐沢考古会

戸田有二　1987　「古代石背地方古期屋瓦考」『人文学会紀要』第19号　国士舘大学文学部

戸田有二　1989　「東北地方に於ける屋瓦からみた官衙の成立」『シンポジウム福島県に於ける古代土器の諸問

題』万葉の里シンポジウム実行委員会

栃木県教育委員会　1987　『栃木県立しもつけ風土記の丘資料館常設展示解説　下野国の歴史』

栃木県教育委員会　1993　『栃木県立なす風土記の丘資料館常設展示解説　那須の歴史と文化』

栃木県教育委員会　2003　『西下谷田遺跡』

栃木県教育委員会　2007　『川でつながる縄文人─交流と交易から見た那須─』なす風土記の丘資料館

栃木県教育委員会　2008　『那須の渡来文化』栃木県立なす風土記の丘資料館

栃木県教育委員会　2009　『那須の横穴墓』栃木県立なす風土記の丘資料館

栃木県教育委員会　2010　『那須のゆりがね』栃木県立なす風土記の丘資料館

栃木県教育委員会　2011　『那須と白河』栃木県立なす風土記の丘資料館

富岡町教育委員会　1970　『小浜台遺跡第1次発掘調査概報』

富岡町教育委員会　1971　『小浜台遺跡第2次発掘調査概報』

富岡町教育委員会　1972　『小浜台遺跡第3次発掘調査概報』

内藤政恒　1937　「東北地方発見の重弁蓮花文鐙瓦に就いての一考察（上）」『寶雲20』寶雲舎

内藤政恒　1938　「東北地方発見の重弁蓮花文鐙瓦に就いての一考察（下）」『寶雲22』寶雲舎

中島広顕　2009　「東京都御殿前遺跡」『日本古代の郡衙遺跡』雄山閣

長島榮一　2009　『郡山遺跡』日本の遺跡35　同成社

長沼律朗　1992　「印旛沼周辺の終末期古墳」『東国における古墳の終末』国立歴史民俗博物館研究報告第44集

中村享史　2003　「栃木県における後期古墳諸段階」『シンポジウム後期古墳の諸段階』東北・関東前方後円墳研究会

中村享史　2011　「後期後半から終末期の下毛野」『毛野の実像』季刊考古学別冊17　雄山閣

中山雅弘・広岡　敏　1986　『向山遺跡』いわき市教育委員会

奈良国立博物館　1970　『飛鳥白鳳の古瓦』東京美術

奈良国立文化財研究所　1975　「瓦編2解説」『奈良国立文化財研究所基準資料Ⅱ』

奈良国立文化財研究所埋蔵文化財センター　1983　「飛鳥白鳳寺院関係文献目録」『埋蔵文化財ニュース40』

奈良文化財研究所　2005　『古代瓦研究Ⅱ─山田寺式軒瓦の成立と展開─』

奈良文化財研究所　2009a　『古代瓦研究Ⅲ─川原寺式軒瓦の成立と展開─』

奈良文化財研究所　2009b　『古代地方行政単位の成立と在地社会』

新田町教育委員会　1981　『入谷遺跡─律令期の瓦葺建築遺構の調査』

新田町教育委員会　1985　『入谷遺跡』第2巻

新田町教育委員会　1987　『入谷遺跡』第3巻

萩原恭一　2008　「下総地域における後期群集墳」『関東の後期古墳群』考古学リーダー12　六一書房

橋本澄朗　2000　「後期古墳と横穴墓」『南那須町史』南那須町

橋本　裕　1990　『律令軍団制の研究』吉川弘文館

橋本博幸　1990　「中野廃寺跡（黒木田遺跡）」『第32回福島県考古学会大会発表要旨』福島県考古学会

長谷川厚　1993　「関東から東北へ─律令制成立前後の関東地方と東北地方の関係について─」『21世紀への考古学』櫻井清彦先生古希記念論文集

馬頭町　1990　『馬頭町史』馬頭町史編さん委員会

花谷　浩　1995　「丸瓦作りの一工夫─畿内における竹状模骨丸瓦の様相─」『文化財論叢Ⅱ』奈良国立文化財研究所創立40周年記念論文集　同明舎出版

土生田純之　2012　「東国における渡来人の位相と多胡郡建郡」『多胡碑が語る古代日本と渡来人』吉川弘文館

林　博通　1999　「南滋賀廃寺式軒丸瓦製作技法」『瓦衣千年』森郁夫先生還暦記念論文集

原島礼二　1961　「上毛野『伝承』採用の条件―七世紀後半の上毛野氏の地位から―」『日本歴史』154号　吉川弘文館

兵庫県氷上郡市島町　1975　『丹波三ツ塚遺跡Ⅱ』

平川　南　1993　「多賀城の創建年代」『故土田直鎮館長献呈論文集』国立歴史民俗博物館研究報告第50集

平川　南　2012　「多胡碑の輝き」『多胡碑が語る古代日本と渡来人』吉川弘文館

平野卓治　1996　「蝦夷社会と東国の交流」『古代王権と交流1　古代蝦夷の世界と交流』名著出版

昼間孝志　1982　「国を越える同笵瓦に関する一考察」『研究紀要』第1号　埼玉県埋蔵文化財調査事業団

昼間孝志　1997　「武蔵国の初期寺院」『関東の初期寺院』関東古瓦研究会

昼間孝志ほか　1991　『北武蔵における古瓦の基礎的研究』Ⅰ―Ⅳ　埼玉県埋蔵文化財調査事業団

広岡　敏・中山雅弘　1987　『石坂遺跡』いわき市教育委員会

広岡　敏・中山雅弘　1987　『夏井廃寺跡Ⅰ』いわき市教育委員会

広岡　敏・中山雅弘　1988　『夏井廃寺跡Ⅱ』いわき市教育委員会

広岡　敏・中山雅弘　1989　『夏井廃寺跡Ⅲ』いわき市教育委員会

広瀬和雄　2011　「しもつけ古墳群の歴史的意義―6・7世紀の東国政策をめぐって―」『しもつけ古墳群―下毛野の覇王、吾妻ノ岩屋から車塚へ―』壬生町立歴史民俗資料館

深谷市教育委員会　2012　『幡羅遺跡Ⅷ―総括報告書Ⅰ―』

福島雅儀　1992　「陸奥南部における古墳時代の終末」『東国における古墳の終末』国立歴史民俗博物館研究報告第44集

福島県教育委員会　1985　『関和久遺跡』

福島県教育委員会　1994　『関和久上町遺跡』

福島県立博物館　1988　『陸奥の古瓦』

福島市教育委員会　1965　『腰浜廃寺』

福島市教育委員会　1979　『腰浜廃寺跡確認緊急調査報告書』

福島市教育委員会　1980　『腰浜廃寺2』

福島市教育委員会　1981　『腰浜廃寺3』

福島市教育委員会　1983　『腰浜廃寺4』

藤木　海　2009　「陸奥国行方郡衙周辺寺院の陸奥国府系瓦について―郡衙周辺寺院と定額寺との関連を巡る試論―」『国士舘考古学』第5号　国士舘大学考古学会

藤沢一夫　1961　「日鮮古代屋瓦の系譜」『世界美術全集』第2巻日本2飛鳥・白鳳　角川書店

双葉町教育委員会　1978　『郡山五番遺跡Ⅰ』

双葉町教育委員会　1979　『郡山五番遺跡Ⅱ』

双葉町教育委員会　1980　『郡山五番遺跡Ⅲ』

北陸古瓦研究会　1987　『北陸の古代寺院―その源流と古瓦―』桂書房

埋蔵文化財研究会　1997　『古代寺院の出現とその背景』第42回埋蔵文化財研究集会

前沢和之　1992　「豊城入彦命系譜と上毛野地域―その歴史的特性をめぐって―」『東国における古墳の終末』国立歴史民俗博物館研究報告第44集

前橋市教育委員会　2011　『山王廃寺』平成21年度調査報告　山王廃寺範囲内容確認調査報告書Ⅳ

前橋市教育委員会　2012　『山王廃寺』平成22年度調査報告　山王廃寺範囲内容確認調査報告書Ⅴ

前橋市埋蔵文化財発掘調査団　2000　『山王廃寺』山王廃寺等Ⅴ遺跡発掘調査報告書

前橋文化財研究会　1980　『山王廃寺第6次調査報告書』前橋市教育委員会

松田誠一郎　2000　「山王廃寺出土の塑像等について」『山王廃寺』山王廃寺等Ⅴ遺跡発掘調査報告書　前橋市

埋蔵文化財発掘調査団

松田　猛　　1991　「上毛野における古代寺院の建立―山王廃寺創建期軒丸瓦の再検討―」『信濃』第43巻第4号　信濃史学会

松田　猛　　2009　『上野三碑』日本の遺跡36　同成社

松原弘宣　　2004　「国造と碑―那須国造碑と阿波国造碑―」『文字と古代日本1　支配と文字』吉川弘文館

馬目順一　　1977　『白穴横穴群調査報告』いわき市教育委員会

馬目順一・原川虎夫・渡辺剛広・斎藤一夫　1994　「古瓦三題」『潮流』第22報　いわき地域学会

三木文雄　　1986　『駒形大塚古墳』吉川弘文館

三木文雄・村井嵒雄　1955　『那須八幡塚古墳』小川町古代文化研究会

右島和夫　　1994　「総社古墳群の研究」『東国古墳時代の研究』学生社

右島和夫　　2003　「切石積石室　上野と畿内」『古代近畿と物流の考古学』学生社

水野順敏　　2009　「神奈川県長者原遺跡」『日本古代の郡衙遺跡』雄山閣

水戸市教育委員会　2012　『古代常陸の原像』

南河内町教育委員会　2004　『史跡下野薬師寺跡Ⅰ―史跡整備にともなう調査―』

三舟隆之　　1999　「古代地方寺院造営の背景―7世紀後半の東国を中心として―」『史学雑誌』108-10　史学会

三舟隆之　　2003　『日本古代地方寺院の成立』吉川弘文館

三舟隆之　　2008　「多珂評の成立と大津廃寺」『地域と文化の考古学Ⅱ』明治大学文学部考古学研究室編　六一書房

壬生町立歴史民俗資料館　2011　『しもつけ古墳群―下毛野の覇王、吾妻ノ岩屋から車塚へ―』

宮城県教育委員会　1981　『名生館遺跡Ⅰ』

宮城県教育委員会　1983　『名生館遺跡Ⅲ』

宮城県教育委員会　1994　『下伊場野窯跡群』

宮城県教育委員会　1995　『大畑遺跡ほか』

宮城県教育委員会・宮城県多賀城跡調査研究所　1980　『多賀城跡』政庁跡・図録編

宮城県教育委員会・宮城県多賀城跡調査研究所　1982　『多賀城跡』政庁跡・本文編

宮城県多賀城跡調査研究所　2011　『日の出山窯跡群Ⅲ』

宮城県多賀城跡調査研究所　2013　『多賀城跡木簡Ⅱ』

村田晃一　　2000　「飛鳥・奈良時代の陸奥北辺―移民の時代―」『宮城考古学』第2号　宮城県考古学会

村田晃一　　2007　「陸奥北辺の城柵と郡家」『宮城考古学』第9号　宮城県考古学会

村田文夫　　2010　『川崎・たちばなの古代史―寺院・郡衙・古墳から探る―』有隣堂

森　郁夫　　1982　「古瓦から見た群馬の古代寺院」『群馬歴史散歩52』群馬歴史散歩の会

森　郁夫　　1983　「興福寺式軒瓦」『文化財論叢』奈良国立文化財研究所30周年記念論文集

森　郁夫　　1990　「瓦当文様に見る古新羅の要素」『畿内と東国の瓦』京都国立博物館

森　郁夫　　1991　『日本の古代瓦』雄山閣

森　郁夫　　2001　『瓦　ものと人間の文化史』法政大学出版局

八木勝行　　1985　「墨書土器からみた静岡県の古代官衙」『日本歴史』第447号　吉川弘文館

八木光則　　2010　『古代蝦夷社会の成立』同成社

山口耕一　　1999　「多功南原1号墳」『多功南原遺跡』栃木県教育委員会

山越　茂　　1979　「吾妻岩屋古墳」『栃木県史』資料編考古二　栃木県

山崎信二　　1983　「後期古墳と飛鳥白鳳寺院」『文化財論叢』奈良国立文化財研究所創立30周年記念論文集　同明舎出版

山路直充　1999　「東日本の飛鳥・白鳳時代の瓦について―下総龍角寺と尾張元興寺―」『飛鳥・白鳳の瓦と土器―年代論―』歴史考古学研究会・古代の土器研究会　帝塚山大学考古学研究所
山路直充　2000　「下総龍角寺」『文字瓦と考古学』国士舘大学考古学会
山路直充　2005a「下野薬師寺101型式（川原寺式）鐙瓦の祖型」『古代東国の考古学』大金宣亮氏追悼論文集
山路直充　2005b「文字瓦からみた陸奥と坂東―多賀城第Ⅰ期の文字瓦を中心に―」『第3回東北文字資料研究会資料』東北文字資料研究会
山路直充　2005c「文字瓦の生産―7・8世紀の坂東諸国と陸奥国を中心に―」『文字と古代日本3　流通と文字』吉川弘文館
山路直充　2010　「大和の文様、東へ―瓦等文様の伝播と関東・坂東・陸奥―」『古代社会と地域間交流Ⅱ―寺院・官衙・瓦からみた関東と東北―』日本考古学協会第76回総会実行委員会
山路直充　2013　「龍角寺の創建」『古墳から寺院へ―関東の7世紀を考える―』考古学リーダー22　六一書房
山田安彦　1984　『古代東北のフロンティア　東北日本における律令国家と蝦夷の漸移地帯に関する歴史地理学的研究』古今書院
山中敏史　1983　「評・郡衙の成立とその意義」『文化財論叢』奈良国立文化財研究所30周年記念論文集
山中敏史　1994　『古代地方官衙遺跡の研究』吉川弘文館
山中敏史　2001　「評制の成立過程と領域区分―評衙の構造と評支配域に関する試論―」『考古学の学際的研究』浜田青陵賞受賞者記念論文集（1）岸和田市教育委員会
山中敏史　2004　「館・厨家」『古代の官衙遺跡Ⅱ』遺物・遺跡編　奈良文化財研究所
山中敏史　2005　「地方官衙と周辺寺院をめぐる諸問題―氏寺論の再検討」『地方官衙と寺院―郡衙周辺寺院を中心として―』奈良文化財研究所
山中敏史　2009　「地方官衙と周辺寺院をめぐる諸問題」『地方官衙と寺院』奈良文化財研究所
山ノ井清人・水沼良浩　1992　「御鷲山古墳」『南河内町史』史料編1考古　南河内町
八溝古代文化研究会　2000　『那珂川と八溝の古代文化を歩く』随想舎
湯津上村文化財愛護協会　1990　『観音塚古墳墳丘測量調査報告書』
若狭　徹　1995　「上野西部における5世紀後半の首長墓系列」『群馬考古学手帳5』群馬土器観会
渡辺一雄ほか　1967　「いわき市夏井廃寺跡第1次調査報告書」『新産業都市指定地区遺跡発掘調査報告書』福島県教育委員会
渡辺正気　1981　「九州の古瓦について」『九州古瓦図録』九州歴史資料館編　柏書房
渡邊泰伸　1990　「瓦生産の諸段階―古代東北地方における瓦生産導入期―」『考古学古代史論攷』伊東信雄先生追悼論文集

図版出典一覧

図1-1　川崎市教育委員会 2005：第2図
　-2　河合 2009：図3
　-3・5・6　村田 2010：p42・p189・p165
　-4　関東古瓦研究会 1997：p99
図2-1　松田 2009：図25
　-2・3　前橋市教育委員会 2012：fig. 65・66
　-4　前橋市教育委員会 2011：Tab. 7
　-5・6　前橋市埋蔵文化財発掘調査団 2000：pl42-28・p127
　-7・8・9　右島 1994：図91、82、83・図84、85、86・図87、88
図3-1・2・3・4　小宮 2013：第1図・第2図・第3図・第5図
　-5・7　太田市 1996：図5-19・図Ⅵ-45、46
　-6　群馬県 1986：図610、図613
図4-1・2・3・4　出浦 2013：第1図・第4図・第9図・第2図
　-5・6　出浦 2012：第3図、第4図
図5-1・7・8　須田 2012b：図2・40・20
　-2・6　大橋 2007：図3・図2、板橋 2007：第11図を改変
　-3・4・5　板橋 2007：第6図・第7図・第10図
図6-1・2・4　小林 2009：図1・図2・図5
　-3・5　千葉県 1998：図2・図4と図8
図7-1　萩原 2008：第5図
　-2・4・7　千葉県 1998：「85 埴生郡衙関連遺跡」図8・「86 龍角寺」図2・「81 麻生・龍角寺遺跡群」図3
　-3　辻 1997：p287
　-5　安藤 1992：図3
　-6　永沼 1992：図3
　-8　山路 2013：第4図
図8-1　辻 1997：p282
　-2　山路 2000：p9
　-3・4　山路 2005b：p295・294
図9-1・3・4・6・8　いわき市教育委員会 2000：第242図・第29図・第230図・第240図・第231図
　-2・5　猪狩 2009：図9・図8
　-7　いわき市教育委員会 2011：第130図
図10-1・2・3・4・5・6・7・8　鈴木 2006：図87・図23・図34・図78・図32・図61と図58・図41・図66と図70
図11-1・2・3・4・7・8・9・10　長島 2009：図32・図21・図14・図26・図45・図39・図70・図77
　-5・6　仙台市教育委員会 2005：第28図・第27図

図 12-1・3　進藤 2010：p36・p77
　　 -2・4　高橋 2009：図1・図3
　　　-5　佐川ほか 2005：第89図と90図
　　　-6　古代城柵官衙遺跡検討会 2003：p125
　　　-7　佐々木 1971：第二図、図版第二、図版第三
図 13　深谷市教育委員会 2012：第17図と第49図と第48図
図 14　郡山市教育委員会 2006：第210図と第106図
図 15　水戸市教育委員会 2012：p115
図 16・17　中島 2009：図2・図3
図 18　水野 2009：図3
図 19　熊谷 2004：図3
図 20　奈良文化財研究所 2005：第7図、奈良文化財研究所 2009a：第1図・第2図
図 21　眞保 1997：第1図改変
図 22・23　亀田 2012：33・37図
図 24・25　群馬県 1981：付図8・図114、図115
図 26・27・28・29　右島 1994：図76・図91と82と83・図84と85と86・図87・88
図 30・31・32・33・34・35　国立歴史民俗博物館 1997：p25・p28・p31・p21・p7
図 36・37　前橋市教育委員会 2012：fig.65・66
図 38　前橋市教育委員会 2011：Tab.7
図 39　田熊ほか 1987：図版17
図 40・41　眞保 2008：図48・49
図 42・43・44・45・46・47・48・49・53・54・55・56　眞保 2012a：図3・4・5・6・7・8・11・10・13・16・14・17
図 50・51・52　眞保 2011：図2・3・4
図 57　栃木県教育委員会 1993：p32、35
図 58　栃木県教育委員会 1987：p37
図 59・60　壬生町立歴史民俗資料館 2011：p81
図 61-1　山越 1979：p529 第1図
　　 -2　山ノ井ほか 1992：第100、103、108図
　　 -3　常川 1974：第6、図版1、2、4、567
　　 -4　秋元 1994：第26、41図
　　 -5　山口 1999：第1226、1230図
　　 -6　辰巳ほか 1979：p460 第1図
　　 -7　小山市立博物館 1993：p28
図 62　須田 2012b：図40
図 63　大金 1973：図版9、10、11、77
図 64　眞保 1994：第4図
図 65-1　湯津上村文化財愛護協会 1990：第23図
　　 -2　辰巳ほか 1975：第2、4、5図
　　 -3　小川町教育委員会 1991：p38
　　 -4　大川 1988b：第2、3図

図66　眞保 2005：図1
図67　栃木県教育委員会 1993：p42
図68　大和久 1981：p671
図69　赤山ほか 1971：図版2
図70　眞保 1994：第5図
図71　小森ほか 1999：p23
図72・73・74・75　眞保 2008：図5
図76　今泉 1992：図3
図77　奈良文化財研究所 2009b：p12
図78　栃木県教育委員会 2011：p26
図79　著者作成
図80　福島市教育委員会 1979：図1を改変
図81　福島市教育委員会 1979：図8を改変
図82　福島市教育委員会 1979：図18と著者作成
図83　著者作成
図84・85　福島市教育委員会 1965：第31図・第23、28、30、34図
図86・88・90・94・95・96・97・98　著者作成
図87・89・91・92・93　広岡・中山 1989：第1、22、25・26、25・27、25・28図
図99-1・2・3・4　大江 1988：附図
　　　-5・6・7・8・9・10・11　木本・大越 1989：図51・32
　　　-12　佐々木・菊池 1985
図100-1　森 2001：p175
　　　-2　九州歴史資料館 1981：図版70
　　　-3　大金 1973：図版9、11
図101　著者作成
図102　大江 1988：附図4を改変
図103　眞保 1994：第3図
図104　著者作成
図105　眞保 1994：第5図
図106　眞保 1994：第6図
図107　眞保 1995：第1図
図108・111・112・113・114　眞保 1997：第2図上・第2図下・第3図・第4図・第5図
図109-1・30　北陸古瓦研究会 1987：図184-1・4-1
　　　-2・3・24　東海埋蔵文化財研究会 1992：p186-1・p530-3・4
　　　-15・18・19・23　京都国立博物館 1990：p221-13・14・15・7
　　　-9・10・11・12・13・21・22・25・26・27　小笠原ほか 1989：p614第2図1・p307第4図ⅠA・p340第3図2・3・p83（29）・p210第15図22・図版編図版 24-5・p209第14図15・16・p384第2図1
　　　-5・6・7・8・16・17・20・28・29　九州歴史資料館 1981：p51-1・p59-1・2・3・p252・p157-5・p83-1・p127-1・p157-3
　　　-14・31・32　埋蔵文化財研究会 1997：p757-1・p773-4・p45-1
図110-1・2・3・4　東海埋蔵文化財研究会 1992：p70-1・p622第3図1・p644

-5　敷島町教育委員会 1990：第14図1
　　　-6・7　埋蔵文化財研究会 1997：p351-3・5
　　　-8・9　奈良国立文化財研究所埋蔵文化財センター 1983：p73-2・p225-3
　　　-10・11　北陸古瓦研究会 1987：図119-1・図71-4
図115-1・2　鈴木 2006：図78・図32
　　　-3　鈴木 2006をもとに筆者作成
図116　いわき市教育委員会 2000：第29図・第227図・第240図、いわき市教育委員会 2004：第32図・第152図を一部改変
図117-1・2　古代城柵官衙遺跡検討会 2003：p72
　　　-3　宮城県教育委員会 1994：第19図、第20図
　　　-4・5　宮城県教育委員会ほか 1980
　　　-6・7・8　古代城柵官衙遺跡検討会 2003：p136・p139・p219
　　　-9　高野 1984：p29、渡邊 1990：第19図
　　　-10　蔵王町教育委員会 2005：第37図
　　　-11　宮城県教育委員会 1995：第10図
図118-1・2・4　眞保 2012b：第3・4・5図
　　　-3　眞保 1992：第4図、いわき市教育委員会 2004：第141図1、61図2
図119-1　川口 2012b：第8図
　　　-2　川口ほか 2009：図2
　　　-3　川口 2008：第15図、須田 2005：図13、高井 1964：第25図
図120　筆者作成
表1　国立歴史民俗博物館 1997：p17
表2　栃木県教育委員会 2008：p31
表3　中村 2003を参考に作成
表4　関 1984：p72表1
表5　著者作成
表6　著者作成
表7　著者作成
表8　著者作成
表9　著者作成

あとがき

　本書は、平成26年度に国士舘大学大学院人文科学研究科に提出した学位請求論文「古代国家成立期在地社会の考古学的研究─坂東と陸奥国を中心として─」をベースに加筆・修正したものである。主査として審査にあたっていただいた須田勉先生をはじめ、副査の高橋一夫、保坂智両先生には、懇切丁寧な御指導を賜わった。深く感謝を申し上げたい。

　私が文化財調査、保護、活用の最前線での仕事に就き、このような形で研究を続けることができたのは、いままで巡り会った多くの方々からの支援があったからにほかならない。考古学との出会いは、昭和57年に入学した国士舘大学文学部考古学研究室への在籍に始まる。恩師である故大川清先生をはじめ、故戸田有二、大門直樹両先生ほか諸先輩から考古学の基礎を学び、研究室内では常に多くの遺物に囲まれ、長期休暇中の発掘調査では貴重な遺跡と出会う機会を得た。それらの多くが古代に関わるものであることから、歴史考古学の魅力に取りつかれるようになっていった。学外では、学生ながら特別に参加させていただいた関東古瓦研究会での緊張感あふれる研究者の発表の数々が、ただの歴史愛好から学問へと目覚める大きな動機となった。また、卒業後も国士舘大学イラク古代文化研究所の大沼克彦、沼本宏俊先生のお誘いにより、学外研究員としてシリア・アラブ共和国の宮殿遺跡の調査に参加させていただいた。そこで目の当たりにした過去人類の営みによる巨大構築物の廃墟への感銘は、より広い視野での歴史観を与えてくれた。

　平成18年からは同郷の先学である故大金宣亮、大橋泰夫両先生の後を受け、永村眞先生のお勧めにより日本女子大学、さらに平成21年からは須田勉先生のお勧めにより母校で、それぞれ考古学の講座を受け持たせていただき、今日までつとめることができている。教壇に立つことが、どれだけの知識を必要とするものか、自分の至らなさを知るよい機会となった。講義後は大学図書館という張りつめた空気の中で多くの貴重な書物に眼を通すことができ、さらに学生との有益なコミュニケーションも互いの学殖を深めることにつながった。これらの機会は地方に引きこもりがちな私の自己成長に大いに役立った。

　本書で扱った坂東、陸奥国という接圏地域は、福島県、栃木県など関東、東北地方を中心とする。筆者は埋蔵文化財発掘調査事業団、教育委員会、資料館に籍を置きながら、常に古代中央集権的国家の展開という問題意識をもち続けることができた。また地理的にも両域での資料実見や現地探索の機会を得ることができた。特に学芸員として十余年勤務することができた「なす風土記の丘資料館」では、このテーマを深化させる上で欠くことのできない経験を積むことができた。本書の内容もこれら地域の研究蓄積を基礎とするもので、この間、下記の方々には並々ならぬ御指導を賜り、記して謝意を申し上げるものである。

　　秋元陽光　阿久津久　網田龍生　有吉重蔵　池上悟　石部正志　石本弘　伊藤邦弘　伊藤博幸
　　稲田健一　上原真人　上原学　宇佐見雅夫　海老原郁雄　大江正行　大河原基典　大塚初重

大嶌正之　大橋泰夫　小野亜矢　鐘江宏之　金子智美　川井正一　金田一精　川口武彦　河野一也　瓦吹堅　木津博明　木本邪康　日下和寿　轡田克史　車田敦　黒澤彰哉　児玉利一　木幡成雄　小森紀男　小森哲也　坂井秀弥　酒寄雅志　佐川正敏　佐々木茂禎　佐藤敏幸　佐藤信　佐藤洋一　佐藤義弘　嶋村一志　菅原祥夫　鈴木功　鈴木一寿　鈴木勝　鈴木雅　高島好一　高橋満　高橋誠明　高松俊雄　田中敏　辻秀人　永田英明　新堀昭宏　橋本澄朗　塙静夫　原充広　日高慎　平川南　昼間孝志　広瀬和雄　福山宗志　藤木海　堀江格　前沢和之　益子剛　松田猛　馬目順一　皆川貴之　三舟隆之　宮原正樹　宮本長二郎　村田晃一　柳沼賢治　山路直充　山中敏史　吉原啓　和深俊夫（敬称略）

　また、本書の出版では同成社の工藤龍平氏に、並々ならぬお骨折をいただいた。これまでお世話になった方々とともに深く感謝したい。

　最後になるが、両親には、考古学を学ぶ切っ掛けと今日まで続ける上でのさまざまな助力をいただいている。また、那須那珂川畔の陋居では妻と3人の子供が、日々机に向かい書物を開く環境を整えてくれた。このような多くの支援により、自分の能力をはるかに越えた書籍刊行という仕事をやり遂げることができた。ここに感謝の言葉を捧げたい。

2015年3月

眞保　昌弘

古代国家形成期の東国
（こだいこっかけいせいき　とうごく）

■著者略歴■

眞保昌弘（しんぼ　まさひろ）

1963年　埼玉県に生まれる
1986年　国士舘大学文学部史学地理学科国史学専攻考古学コース卒業
　　　　栃木県立なす風土記の丘資料館主任学芸員を経て
現　在　栃木県那珂川町教育委員会生涯学習課課長補佐
　　　　人文科学博士
　　　　日本女子大学文学部非常勤講師
　　　　国士舘大学文学部非常勤講師
　　　　国士舘大学古代イラク文化研究所学外研究員
著　書　『侍塚古墳と那須国造碑―下野の前方後方墳と古代石碑―』日本の遺跡24　同成社　2008
　　　　『近世の好古家たち―光圀・君平・貞幹・種信―』雄山閣　2008（共著）
　　　　『日本古代の郡衙遺跡』雄山閣　2009（共著）
　　　　『古代社会と地域間交流Ⅱ』六一書房　2012（共著）
　　　　『古墳から寺院へ―関東の7世紀を考える―』考古学リーダー22　六一書房　2013（共著）
　　　　『東国の古代官衙』高志書院　2013（共著）
　　　　『日本の金銀山遺跡』高志書房　2013（共著）

2015年3月31日発行

著　者　眞　保　昌　弘
発行者　山　脇　洋　亮
印　刷　三報社印刷㈱
製　本　協栄製本㈱
発行所　東京都千代田区飯田橋4-4-8
　　　　（〒102-0072）東京中央ビル　㈱同成社
　　　　TEL 03-3239-1467　振替 00140-0-20618

ⓒShinbo Masahiro 2015. Printed in Japan
ISBN978-4-88621-691-5 C3021